実戦演習 刑法

予備試験問題を
素材にして

関根 徹 *SEKINE Tsuyoshi*

弘文堂

はしがき

　本書は、すでに刊行されている『実戦演習行政法』の刑法版である。したがって、司法試験予備試験の問題を素材にして、基礎知識を確認しつつ、事例問題への対応力を養うという目的や、構成及び内容は、すべて『実戦演習行政法』を踏襲している。ただ、行政法と刑法とでは、問題形式に違いがあるため、その意味では、おのずと違う部分も出てくる。特に行政法の試験問題では、まず事例が示され、その事例に関する設問があるのに対し、刑法の試験問題では、事例が示されるだけで、その中から問題になる事実を探し出して、犯罪の成否を検討するという形式になっている。そこで、『実戦演習行政法』にはなかった「問題の捉え方」という項目を基礎編の最初に入れた。

　2012年に、前任校である高岡法科大学法学部から獨協大学法科大学院に移籍し、それ以後、実務法曹を志望する学生の指導に当たってきた。その際に意識してきたことは、以下の点である。

　・まずは拾いだした事実を条文に当てはめる。

　・条文に当てはめるのに必要な基礎知識を理解する。

　・条文に当てはめる過程で必要な範囲で規範を考える。

　・規範を考える上で必要な判例の論旨を理解する。

　・判例を理解するうえで必要と思われる基礎的知識や学説を理解する。

　本書でも以上の点を意識して執筆した。したがって、特に応用編では、事実を条文に当てはめることに力点を置いて記述している。細かい事実までできるだけ拾い出したため、多少詳しすぎて、しつこくなった嫌いはあると思うが、実学である法律学の中核と考えているため、あえて詳しく記述した。参考答案も、事実認定に紙幅を割いたため、少し長くなっている。また、判例については、単にこれを紹介するだけでなく、筆者なりのものになるが、できるだけその論旨の理解を示すように心がけた。さらに、事例を解決するにあたり、必要な基礎知識、特に条文の文言の理解や論点が生じる理由などもできるだけ示しておいた。教科書などの説明の行間を埋めるつもりで解説

することを心がけた。

　他方で、刑法特有のものであると思うが、華やかに対立して目が奪われがちになる学説については、できる限り排除し、必要最小限のものに抑えた。また、よく答案などで見受けられるが、問題を判断するための規範、すなわち判断基準を判断するための、いわば下位規範又は考慮要素というようなものも示していない。というのも、筆者が指導している中で気づいたことであるが、下位規範や考慮要素を覚えるとそれに当てはめることが目的化してしまい、何を判断しようとしているのかということを見失ってしまいがちになるからである。例えば、共謀共同正犯の成立要件の１つである正犯意思を認定するのに、様々な考慮要素が示されているが、当該事案でそれらすべてを充足するとは限らないのに、それらを覚え、当該事案でそれらすべてを充足するように事実を探そうとした結果、かなり困難な事実認定がなされていることがある。しかし、正犯意思の有無を判断できればいいのであるから、正犯意思の概念を理解し、それを充足するような事実を探せば足りると思われる。正犯意思とは、自己の犯罪を行う意思を言うので、行為者の犯罪と言えるような事実を抜き出せば足りるはずである。そこで、解説では、下位規範や考慮要素には言及せずに事実認定を示すようにした。予備試験及び本試験の受験を考えている受験生諸君には物足りず、不安を感じさせるかもしれない。しかし、そのようなことを知らなくても考え方次第で判断できるということを示したつもりである。同じように、事例を類型化し、類型ごとに犯罪の成否などが示されているが、これも本書ではあえて示していない。確かに、類型化し、類型ごとに犯罪の成否を考える方が予測可能性をもたらし、適切であるかもしれないし、また想定しうる犯罪はほとんど類型化が可能であるかもしれない。しかし、中にはこれまででは想像すらできなかったような犯罪が起こりうるのも事実であるので、これまでの犯罪を分析し、それらを類型化又はパターン化することが妥当なのかということには疑問を持っている。それよりも、当該事案をどのように解決するのかということの方が重要なので、類型化することが自己目的化しないように、あえてそれを避けた。

　筆者は食べ歩くことが好きで、和洋中こだわらずに、様々な店に行くが、その際に出会い、懇意にしてくれている２人の料理人に、よく料理についての話を聞かせてもらった。１人はイタリアン、もう１人は和食の料理人であ

る。全くジャンルの違う2人が共通して話していたのは、料理は基本の繰り返しであり、毎日毎日正直に基本に忠実に料理をすることが大切であり、そうしているうちに少しずつ料理についての理解が深まっていき、ある日突然これまで思いもよらなかった料理法がひらめくことがあるということである。これを聞いた筆者は、法律学の世界も同じであると感じた。考えてみれば、料理人も法律家も同じ職人であるので、当然共通するところもあると思われる。その一つが基本にしたがうことの大切さであると考えられる。法律学の基本とは、条文の理解、特に刑法学では各犯罪の構成要件及び基本構造を理解し、事案を条文に当てはめることであると考えている。これを繰り返すことでしだいに事案解決能力が身についていき、これまで発生したことがなく、解決方法が示されていないような事案を解決することができるようになると信じている。本書を通じて、法律学の基本を繰り返すことの大切さを感じ取ってもらえれば、幸いである。

　最後に、本書の執筆にあたり多くの方々にご協力いただいた。橋元啓太氏、古田島大輔氏（中央大学法学部）及び宮川美幸氏（中央大学法科大学院）には受験生の立場から、全体を見ていただき、貴重なご意見をいただいた。また、本書の執筆のご依頼をいただいた弘文堂の高岡俊英氏、高岡氏に私をご紹介いただいた中央大学法科大学院の土田伸也教授及び高橋直哉教授に感謝申し上げたい。

　2020年1月

関　根　　徹

本書の構成

　本書の構成も、『実戦演習行政法』と同じである。したがって、予備試験問題を年度順に扱っており、各年度の記述はいずれも基礎編、応用編、展開編から成っている。各編の内容もほぼ同じである。

基礎編

　基礎編は当該年度の予備試験問題を解くうえで必要な基礎的事項について解説している。

　各年度の基礎編の冒頭では「基礎的事項のチェック」という項目を設け、最初に基礎的事項がどれだけ理解できているかを確認するための問いを設けた。それらの設問に適切に答えることができれば、当該年度の予備試験問題を解くのに必要な基礎的知識はあるということがいえるから、その場合は、基礎編を読み飛ばして、いきなり応用編を読んでいただいても構わない。

　『実戦演習行政法』と異なる点として、基礎的事項のチェックのあとに、「問題の捉え方」という項目を入れたことが挙げられる。これは、行政法と刑法とで、問題の形式が異なるためである。筆者は、細かい部分をできるだけ捨象して大まかに事例を捉え、条文に当てはめることで、問題点が見えてくると考えているので、そのような方針で問題の捉え方を示している。そうして捉えた問題点について、基礎編で取り上げる事項として解説した。解説は、判例を中心にして行っている。教科書などでは紹介されているだけの判例も含めて、筆者なりの判例の理解のしかたを示しておいた。繰り返し出題されている犯罪や問題点、例えば横領罪や放火罪、抽象的事実の錯誤などについての解説は、当該年度の試験問題に関連する範囲に止めた。年度順に、前から順番に読んでいただければ、特に問題はないように思うが、興味のある年度から読み進める場合には、当該事項を扱っている前の年度の解説を確認しながら（どの年度の解説を参照すべきかは、その都度本文の中で示してある。）、読み進めていただくと理解が深まると思う。

応用編は基本的に当該年度の予備試験問題の解説である。既に基礎的事項を修得済みの方や、「とにかく予備試験問題の解説だけを読みたい」と思っている方は、この応用編からいきなり読んでいただけばよい。

応用編では、まずもって当該年度の予備試験問題の解説を行うが、ひと通り解説を行った後で、法務省から公表されている当該年度の出題趣旨を掲載し、併せて若干のコメントもしておいた。応用編でも可能な限り判例に従った解説を行っており、問題の解決方法も判例に従ったものが中心になっている。参考答案も、最後に掲載している。参考答案では事実認定に重点を置いたため、長めになっている。

展開編は当該年度の予備試験問題に関連する発展的な問題を扱っている。予備試験に合格できれば、司法試験の合格に一歩近づいたと言えるが、予備試験と司法試験の間にはレベルの差があるため、予備試験の合格が即座に司法試験の合格に結びつくとは言えない。そこで、予備試験問題を素材にしつつ、発展的な問題に取り組むことで、少しでも司法試験合格レベルの実力を養成できるように意図して執筆したのが、展開編である。この展開編では、当該年度の予備試験に関連する範囲で、司法試験で出題された問題点又は今後出題されてもおかしくないと思われる問題点を解説しておいた。教科書などには解説されていないものも扱っている。したがって、予備試験の解説のみで十分であるという方は、この展開編まで通読していただく必要はない。

CONTENTS

凡　例

〔判例・裁判例〕

＊判例または裁判例は、以下のように略記した。

　例：最判平成 16 年 1 月 20 日刑集 58 巻 1 号 1 頁

＊判例あるいは裁判例を示す際の略記は、以下のとおりである。

　　民集　最高裁判所民事判例集

　　刑集　最高裁判所刑事判例集

　　集刑　最高裁判所裁判集刑事

　　高刑集　高等裁判所刑事判例集

　　高刑特報　高等裁判所刑事裁判特報

　　高検速報　高等裁判所刑事裁判速報

　　東高刑時報　東京高等裁判所判決時報（刑事）

　　下刑集　下級裁判所刑事裁判例集

　　刑月　刑事裁判月報

　　判時　判例時報

　　判タ　判例タイムズ

論点表

年　度	論　点
平成 23 年度	嘱託殺人罪の成否 　因果関係 　因果関係の錯誤 非現住建造物放火罪の成否 　抽象的事実の錯誤 証拠隠滅罪・死体損壊罪の成否
平成 24 年度	傷害罪の成否 　同意傷害 　併発事実と具体的事実の錯誤 傷害罪の共犯の成否 　傷害罪の客体 　共謀共同正犯 詐欺罪の未遂の成否 共犯関係の解消
平成 25 年度	詐欺罪の既遂時期 窃盗罪及びその共犯の成否 建造物侵入罪及びその共犯の成否 不能犯 片面的共犯の成否
平成 26 年度	詐欺罪と窃盗罪の区別 強盗殺人罪の未遂の成否 正当防衛の成否 盗品等保管罪の成否 　盗品性の認識時期 横領罪の成否 　保管している盗品の横領
平成 27 年度	業務上横領罪の成否 贈賄罪及びその共犯の成否 収賄罪の間接正犯と従犯の成否 共犯と身分 二重の身分犯と共犯
平成 28 年度	非現住建造物放火罪の成否 　抽象的事実の錯誤 現住建造物放火罪の成否 　現住性 　建造物の一体性 中止犯の成否 中止犯と共犯
平成 29 年度	不能犯 離隔犯の実行の着手 業務上過失致死罪の成否 　因果関係 間接正犯の成否 虚偽診断書作成罪・犯人隠避罪・証拠偽造罪の成否
平成 30 年度	詐欺罪の成否 業務上横領罪の成否 強盗利得罪の成否 強盗罪の成否 共謀の射程

嘱託殺人罪、非現住建造物放火罪及び証拠隠滅罪の成否

◀ **問題** ▶

以下の事例に基づき，甲の罪責について論じなさい。

1　甲（35歳）は，無職の妻乙（30歳）及び長女丙（3歳）と，郊外の住宅街に建てられた甲所有の木造2階建て家屋（以下「甲宅」という。）で生活していた。甲宅の住宅ローンの返済は，会社員であった甲の給与収入によってなされていた。しかし，甲が勤務先を解雇されたことから，甲一家の収入が途絶え，ローンの返済ができず，住宅ローン会社から，甲宅に設定されていた抵当権の実行を通告された。甲は就職活動を行ったが，再就職先を見つけることができなかった。このような状況に将来を悲観した乙は，甲に対して，「生きているのが嫌になった。みんなで一緒に死にましょう。」と繰り返し言うようになったが，甲は，一家3人で心中する決意をすることができず，乙に対して，その都度「もう少し頑張ってみよう。」と答えていた。

2　ある日の夜，甲と丙が就寝した後，乙は，「丙を道連れに先に死のう。」と思い，衣装ダンスの中から甲のネクタイを取り出し，眠っている丙の首に巻き付けた上，絞め付けた。乙は，丙が身動きをしなくなったことから，丙の首を絞め付けるのをやめ，台所に行って果物ナイフを持ち出し，布団の上で自己の腹部に果物ナイフを突き刺し，そのまま横たわった。

　　甲は，乙のうめき声で目を覚ましたところ，丙の首にネクタイが巻き付けられていて，乙の腹部に果物ナイフが突き刺さっていることに気が付いた。甲が乙に「どうしたんだ。」と声を掛けると，乙は，甲に対し，「ごめんなさい。私にはもうこれ以上頑張ることはできなかった。早く楽にして。」と言った。甲は，「助けを呼べば，乙が丙を殺害したことが発覚してしまう。しかし，このままだと乙が苦しむだけだ。」と考え，乙殺害を決意し，乙の首を両手で絞め付けたところ，乙が動かなくなり，うめき声も出なくなったことから，乙が死亡したと思い，両手の力を抜いた。

3　その後，甲は，「乙が丙を殺した痕跡や，自分が乙を殺した痕跡を消してしまいたい。家を燃やせば乙や丙の遺体も燃えるので焼死したように装うこと

ができる。」と考え，乙と丙の周囲に灯油をまき，ライターで点火した上，甲宅を離れた。その結果，甲宅は全焼し，焼け跡から乙と丙の遺体が発見された。

4 乙と丙の遺体を司法解剖した結果，両名の遺体の表皮は，熱により損傷を受けていること，乙の腹部の刺創は，主要な臓器や大血管を損傷しておらず，致命傷とはなり得ないこと，乙の死因は，頸部圧迫による窒息死ではなく，頸部圧迫による意識消失状態で多量の一酸化炭素を吸引したことによる一酸化炭素中毒死であること，丙の死因は，頸部圧迫による窒息死であることが判明した。

Ⅰ. 基礎編

▶**基礎的事項のチェック**

1. 嘱託殺人罪の成立要件
   - 「人」
   - 「その嘱託を受けて」
   - 「殺した」──殺害行為と死の結果の間の因果関係及び故意
   - 因果関係とその判断方法
   - 因果関係の錯誤とその解決方法

2. 現住建造物放火罪と非現住建造物放火罪の成立要件
   - 「現に人の住居に使用する建造物」
   - 「放火した」
   - 放火罪の故意──現住性についての錯誤
   - 抽象的事実の錯誤とその処理方法

3. 証拠隠滅罪の成立要件と親族間の特例
   - 「他人の刑事事件に関する証拠」
   - 「隠滅」
   - 「犯人の親族」
   - 「犯人の利益のために犯した」
   - 「刑を免除できる」

1. 問題の捉え方

本問では甲の罪責しか問われていないので、甲の行為を見ていこう。まず、甲は、まだ生きている乙から自身を殺害してほしいと懇願されて乙の殺害を決意し、乙の首を両手で絞めた結果、乙は死亡していることから、嘱託殺人罪が成立しないかということが問題になる。ただ、乙が死亡したのは、甲が、乙の首を絞めて動かなくなったため、乙は死亡したと思い、放火したところ、その放火により一酸化炭素中毒により死亡している。そこで、甲が乙の首を絞めた行為と乙の死との間の因果関係が認められるのかということが問題になる。また、因果関係が認められるとしても、甲が想定していた乙の死亡の因果経過と実際に生じた乙の死亡の因果経過に食い違いすなわち錯誤が生じているため、甲に嘱託殺人罪の故意が認められるのかということが問題になる。次に、甲は、乙が死亡したと考え、甲宅に火を放っており、甲の主観では非現住建造物放火罪を行っているのに対し、実際には甲が放火した時点では乙はまだ生きていたため、客観的には現住建造物放火罪を行っていることから、この甲の錯誤をどのように処理するべきなのかということが問題になる。この場合に甲に生じている錯誤は、現住性という構成要件に該当する事実に関するものなので、事実の錯誤又は構成要件の錯誤と呼ばれる。最後に、甲は、自分が乙を殺害したという痕跡や乙が丙を殺害したという痕跡を消すために、甲宅に放火して乙及び丙の死体を燃やそうとしたことから、証拠隠滅罪が成立しないかということが問題になる（なお、丙の死体を燃やした点については死体損壊罪も成立する）。以下では、嘱託殺人罪の構成要件、因果関係、因果関係の錯誤、現住建造物放火罪の構成要件、非現住建造物放火罪の構成要件、事実の錯誤及び証拠隠滅罪の構成要件について見ていこう。

2. 嘱託殺人罪に関する基礎的事項

（1）はじめに

刑法202条は、「人を教唆し若しくは幇助して自殺させ、又は人をその嘱託を受け若しくはその承諾を得て殺した者は、6月以上7年以下の懲役又は禁錮に処する。」と規定する。

(2) 202条に規定されている類型

202条には以下の4つの犯罪が規定されている。すなわち、自殺教唆罪、自殺幇助罪、嘱託殺人罪及び承諾殺人罪の4つがこれである。自殺教唆罪は自殺する意思がない者に自殺を決意させる場合であり、自殺幇助罪は自殺を決意している者に、精神的又は物理的に自殺を容易にする場合である。両者を併せて自殺関与罪と呼んでいる。また、嘱託殺人罪は被害者から依頼を受けてこれを殺害する場合であり、承諾殺人罪は被害者の承諾を得てこれを殺害する場合である。両者を併せて同意殺人罪と呼んでいる。

(3) 成立要件

本罪の「人」も殺人罪と同様に自分以外の他人を意味する。また、自殺教唆・幇助行為と被教唆者・被幇助者の自殺及びその死の間に、又は殺害行為と被害者の死の間に因果関係が必要である。

被害者が自殺した又は被害者の有効な嘱託若しくは承諾があったと言えるための要件は、①被害者に自殺又は死の意味について理解する能力があり、②その能力を有する被害者が真意に基づいて自ら命を絶つか又は死ぬことについて同意していたことである。

3. 因果関係に関する基礎的事項

(1) はじめに

刑法上の因果関係の判断は、その行為が原因となってその結果が発生したと言えるのかということを判断する客観的帰属の問題である。

(2) 条件関係

因果関係を判断するには、まず条件関係が認められなければならない。この条件関係は「その行為がなければその結果が発生しなかった」と言える場合に認められる。これを条件公式と呼ぶ。条件関係の判断に当たって注意するべき点は、現に存在する事実を1つ1つ取り出してていねいに条件公式に当てはめることである。例えば、甲が乙の首を絞めなければ、乙は死ななかったと言えるというように、行為と結果だけを当てはめて、条件関係についての結論を

出すという答案では不十分で、例えば甲が乙の首を絞めなければ、乙は気を失うことはなく、乙が気を失わなければ、甲が甲宅に放火することはなく、甲が放火しなければ、乙は一酸化炭素中毒により死ぬことはなかったというように、事態の流れに従って、1つ1つ公式に当てはめて、条件関係についての結論を出す必要がある。

なお、山口厚最高裁判所裁判官は、後述する危険の現実化という「理解からは、事実的な因果関係を検討し、さらにそれを限定するという理解は採られない。危険の『現実化』自体が行為と結果の事実的なつながりを示すものであり、また、その間の関係を限定するものであるからである。」とする（山口厚『刑法（第3版）』（有斐閣、2015）33頁注12）。「事実的な因果関係」が条件関係を意味するとすれば、この説明は、条件関係の判断は不要であるということを意味する。しかし、危険の現実化に類似したドイツの客観的帰属の理論は条件関係を必要としており、また、判例も条件関係を不要とは明言していないことからすれば、条件関係の判断を省略するのは妥当ではないと思われる。判例で条件関係が問題にされないのは、条件関係が争われていないためであろう。少なくとも、答案では、条件関係が認められることを示しておいた方がよい。

(3) 因果関係論

条件関係が認められれば直ちに因果関係を肯定する説を条件説と言う。この条件説に対しては、因果関係が無限に広がる可能性があるため、それを限定する必要があるという批判がなされている。

その限定を加える見解が、相当因果関係説である。これは、条件関係があることを前提にその行為からその結果が発生することが通常ありうるかという判断も必要とする見解である。相当因果関係説は、その判断の基礎となる事情をどのように取り上げるのかという点で以下の3つに分かれる。

・主観説

行為当時に行為者が認識していた事情及び行為者が認識しえた事情を基礎に、それらの事情が存在したとすれば、その行為からその結果が発生することが通常ありうるかという判断をする見解

・客観説

行為当時に存在した事情と行為後に生じた事情に分け、行為当時に存在した

事情については全事情を、行為後に生じた事情については、それらのうち一般
人に認識しえた事情を取り上げ、それらの事情が存在したならば、その行為か
らその結果が発生することが通常ありうるかという判断をする見解（客観説にお
ける一般人は、通常の一般人とする見解と科学的一般人とする見解が考えられるが、客観的
に判断するのであれば、科学的一般人の方が適切であろう）

・折衷説

　行為当時に一般人ならば認識しえた事情及び行為者が特に認識していた事情
を取り上げ、それらの事情が存在したならば、その行為からその結果が発生す
ることが通常ありうるかという判断をする見解

(4) 判　例

　判例は、従来条件説に立っているとされてきたが、近時、最高裁は、行為の
危険性が結果に現実化したと言える場合に因果関係を肯定するという考え方を
採用することを明確にしている。

　判例が行為の危険性が結果に現実化したと言えるときに因果関係を認める見
解であるということを最初に指摘したのは、いわゆる柔道整復師事件に関する
最決昭和63年5月11日刑集42巻5号807頁の最高裁判所判例解説である
（永井敏雄「判批」『最高裁判所判例解説刑事篇（昭和63年度）』（法曹会、1991）256頁以下）
これは、柔道整復師である被告人が、被害者から風邪ぎみであるとして診察治
療を依頼されたため、熱を上げ、水分や食事を控えるなどの誤った指示を出し
た結果、被害者がこれに従ったため、病状が悪化し、脱水症状により死亡した
という事案である。

○最決昭和63年5月11日刑集42巻5号807頁

> 　……右事実関係のもとにおいては、被告人の行為は、それ自体が被害者
> の病状を悪化させ、ひいては死亡の結果をも引き起こしかねない危険性を
> 有していたものであるから、医師の診察治療を受けることなく被告人だけ
> に依存した被害者側にも落度があったことは否定できないとしても、被告
> 人の行為と被害者の死亡との間には因果関係があるというべきであり、こ
> れと同旨の見解のもとに、被告人につき業務上過失致死罪の成立を肯定し
> た原判断は、正当である。

この判断では、それまでの判例（例えば、最判昭和25年11月9日刑集4巻11号2239頁、最決昭和42年10月24日刑集21巻8号1116頁、最決昭和46年9月22日刑集25巻6号769頁、最決昭和59年7月6日刑集38巻8号2793頁等）で特に指摘されてこなかった被告人の行為の危険性が認定されていること、またそれに加えて「被告人の強い指示」と「これに忠実に従った被害者等の落ち度」が指摘された上で、これらの事実によれば、「被告人の行為の危険性がそのまま現実化した場合であることを判示する趣旨」のものであるとされた（永井敏夫、前掲275頁）。さらに、いわゆる大阪南港事件に関する最決平成2年11月10日刑集44巻8号837頁が、危険の現実化という基準を鮮明にし、その後の判例はこれに従って因果関係を判断するようになったとされている。ただ、それまでの判例は、特に危険の現実化という言葉を用いずに、行為の危険性を認定するなどして判断してきただけであったが、いわゆる日航機ニアミス事件に関する最決平成22年10月26日刑集64巻7号1019頁及びいわゆる三菱自動車ハブ欠損事故に関する最決平成24年2月8日刑集66巻4号200頁において危険の現実化という文言が用いられるようになり、ここに判例は「行為の危険性が結果に現実化したかどうか」という見解を採用することを明言したと言える。

○最決平成22年10月26日刑集64巻7号1019頁

……本件ニアミスは、言い間違いによる本件降下指示の危険性が現実化したものであり、同指示と本件ニアミスとの間には因果関係があるというべきである。

○最決平成24年2月8日刑集66巻4号200頁

……本件瀬谷事故は、Dハブを装備した車両についてリコール等の改善措置の実施のために必要な措置を採らなかった被告人両名の上記義務違反に基づく危険が現実化したものといえるから、両者の間に因果関係を認めることができる。

この危険の現実化という基準に従って判断する際に重要なのは、行為の危険性である。すなわち、行為そのものが実際に生じた結果を発生させる危険性を

有していたということを認定する必要がある。例えば、いわゆる夜間スキュー
バダイビング事件の最決平成4年12月17日刑集46巻9号683頁は、「被告
人が、夜間潜水の講習指導中、受講生らの動向に注意することなく不用意に移
動して受講生らのそばから離れ、同人らを見失うに至った行為は、それ自体が、
指導者らの適切な指示、誘導がなければ事態に適応した措置を講ずることがで
きないおそれがあった被害者をして、海中で空気を使い果たし、ひいては適切
な措置を講ずることもできないままに、でき死させる結果を引き起こしかねな
い危険性を持つもの」と認定している。また、最決平成16年2月17日刑集
58巻2号169頁も、被告人らが被害者を激しく暴行した結果、被害者は入院
し、緊急手術を受け、それにより容体が安定したが、被害者が無断退院しよう
と暴れたことから、死亡したという事案について、「被告人らの行為により被
害者の受けた前記の傷害は、それ自体死亡の結果をもたらし得る身体の損傷」
であると認定している。さらに最決平成16年10月19日刑集58巻7号645
頁も、被告人が高速道路で自車を運転中、Aの運転態度に立腹し、これに謝
罪させるため、高速道路上の第3通行帯に停車させ、約20分後に被告人は立
ち去ったが、自動車の鍵が見つからなかったAがさらにそのまま停車してい
たところ、A車後部に被害者が運転する自動車が追突し、被害者らが死傷し
たという事案について、「Aに文句を言い謝罪させるため、夜明け前の暗い高
速道路の第3通行帯上に自車及びA車を停止させたという被告人の本件過失
行為は、それ自体において後続車の追突等による人身事故につながる重大な危
険性を有していたというべきである。」と認定している。

　行為と結果の間に介在事情が入った場合には、その介在事情の状況や性質等
も認定しなければならない。前述の柔道整復師事件の判例も、行為の危険性が
実際に生じた結果を発生させる危険を有するだけでなく、介在事情がその行為
に誘発されたものである等の認定をしている。また、大阪南港事件の判例は、
被告人の当初の暴行が被害者の死因となる傷害を形成したということに加え、
介在事情は幾分被害者の死期を早めたに過ぎないということを認定している。
このように、行為と結果の間に介在事情が入った場合には、その介在事情が行
為者の行為に由来するものなのかどうかということや、介在事情が結果の発生
に対してどのような役割を果たしたのかということ等を認定し、その介在事情
が行為の危険の現実化の妨げとなるものではないということを認定していくこ

とになる。

4. 因果関係の錯誤に関する基礎的事項

（1）はじめに

　甲は乙が首を絞めたことにより死亡したと考えていたが、実際には、その後に甲が放火することによって生じた火災により乙は死亡している。このような場合をヴェーバーの概括的故意の事例と言う（近時は遅すぎた構成要件の実現の事例とも言う）。この甲の錯誤をどのように処理するのかということが問題になる。

（2）因果関係の錯誤の処理方法

　従来の一般的な見解は、因果関係も故意の認識対象であるという立場から、ヴェーバーの概括的故意の事例も因果関係の錯誤の事例の１つであり、行為者が認識していた因果経過と実際に発生した因果経過の食い違いが相当因果関係の範囲内にある場合には、その錯誤は、通常起こりうる範囲内のものであることから重要な錯誤ではないとして、故意を認めてきた。他方で、近時は、因果関係は故意の認識対象ではないとする立場から、この事例は因果関係の問題であり、因果関係が認められる以上結果についての故意責任を認めることができるとする見解も有力に主張されている。

　問題は、判例が採用しているとされている危険の現実化による場合である。因果関係は故意の認識対象ではないとする見解によれば、危険の現実化が認められる場合には、直ちに結果についての故意責任を認めることができる。それに対して因果関係も故意の認識対象であるとした場合には、危険の現実化という観点から、ヴェーバーの概括的故意の事例をどのように解決するべきなのかということが問題になるが、これまでその判断方法は示されていない。おそらく、相当因果関係説と同様に、行為の危険性が結果に現実化したと言える場合には、その錯誤は行為の危険の現実化の範囲内にある錯誤になるので、重要な錯誤ではないとして、故意を認めるとすることになるであろう。

5. 放火罪に関する基礎的事項

（1）はじめに

刑法 108 条は、「放火して、現に人が住居に使用し又は現に人がいる建造物、汽車、電車、艦船又は鉱坑を焼損した者は、死刑又は無期若しくは 5 年以上の懲役に処する。」と規定し、109 条は、1 項で「放火して、現に人が住居に使用せず、かつ、現に人がいない建造物、艦船又は鉱坑を焼損した者は、2 年以上の有期懲役に処する。」と規定し、2 項で「前項の物が自己の所有に係るときは、6 月以上 7 年以下の懲役に処する。ただし、公共の危険を生じなかったときは、罰しない。」と規定する。放火罪については説明することが多いので、本問と関連する範囲での説明にとどめる。

（2）両構成要件の内容

「現に人の住居に使用し」とは、自分以外の他人が起臥寝食に使用している場合を言う。「現に人の住居に使用」している建造物か、又は「現に人がいる」建造物のうちのいずれか一方に該当すれば、108 条の客体になる。両者のうちのいずれにも該当しない場合には 109 条の客体になる。「建造物」とは、家屋その他これに類似する建築物を指称し、屋蓋を有し障壁又は柱材により支持されて土地に定着し少なくともその内部に人が出入りできるものを言う。

「焼損した」とは、火が媒介物を離れて、独立に燃焼するに至ったことを言う（独立燃焼説。これについては平成 28 年度予備試験を参照）。

客体が自己所有の場合には、109 条 2 項により、公共の危険が認められるかどうかということを示す必要がある。但し、109 条の客体の場合には、これに放火すれば公共の危険が発生したと評価するのが通常であろう。この公共の危険の内容は、これまで、108 条及び 109 条 1 項に規定されている物件への延焼の危険と解されていたのであるが、最決平成 15 年 4 月 14 日刑集 57 巻 4 号445 頁は、それらの物件への延焼の危険に限られるものではなく、「不特定又は多数の人の生命、身体又は前記建造物等以外の財産に対する危険も含まれる」とする。したがって、公共の危険の判断は、不特定又は多数の人の生命、身体又は建造物等も含めた財産に対する危険が生じたかという判断になる。

公共の危険の発生が必要とされる放火罪については、その認識の要否も問題

になる。学説上は認識必要説が通説である。公共の危険の発生は構成要件要素であり、その認識は放火の故意に必要であるというのがその根拠である。それに対して、判例は不要説に立っている。例えば、最判昭和60年3月28日刑集39巻2号75頁は、「刑法110条1項の放火罪が成立するためには、火を放って同条所定の物を焼燬（現在は「焼損」（筆者））する認識のあることが必要であるが、焼燬の結果公共の危険を発生させることまでを認識する必要ないものと解すべきである」としている。この趣旨は109条2項にも妥当するとされている。不要説は、110条1項は「よって公共の危険を生じさせた」と規定しており、これは結果的加重犯と解されることを根拠にする。判例に従い、公共の危険の認識を不要とするのであれば、不要であることを理由とともに示す必要がある。それに対して公共の危険の認識を必要とするのであれば、その事実認定を示す必要がある。

なお、刑法109条2項の自己所有物件に放火した場合であっても、当該物件について、「差押えを受け、物権を負担し、賃貸し、又は保険に付したものである場合において、これを焼損したときは、他人の物を焼損した者の例による」ことに注意を要する（115条）。

6. 事実の錯誤に関する基礎的事項

（1）はじめに

刑法上の錯誤は大きく2つに分けられる。1つは事実の錯誤であり、もう1つは法律の錯誤である。前者は認識した事実と客観的に発生した事実に食い違いが生じた場合であり、構成要件的錯誤とも呼ばれている。それに対して、後者は自己の行為が許されないのに、これを許されると思っていた場合であり、違法性の錯誤とも呼ばれている。本問では、甲は乙が死んでいると思っていたが、実は乙は生きていたので、甲の錯誤は事実の錯誤になる。そこで、ここでは事実の錯誤について見ていこう。

事実の錯誤は行為者が認識した事実と実際に発生した事実が同一の構成要件の範囲内にあるかどうかということにより、具体的事実の錯誤と抽象的事実の錯誤に区別される。具体的事実の錯誤は行為者が認識した事実と実際に発生した事実が同一構成要件内にある場合であり、抽象的事実の錯誤は両事実が同一

構成要件内になく、異なる構成要件にまたがる場合である（実際に発生した事実については、それについて故意犯が成立するとすれば、何罪になるかということを考えることになる）。甲が認識していた事実は非現住建造物放火罪（109条1項）の事実であり、実際に発生した事実は現住建造物放火罪の事実（108条）であり、2つの構成要件にまたがっているため、甲の錯誤は抽象的事実の錯誤である。そこで、ここでは、事実の錯誤のうち抽象的事実の錯誤について見て行こう（具体的事実の錯誤については平成24年度予備試験を参照）。

(2) 抽象的事実の錯誤の処理

　抽象的事実の錯誤は行為者が認識した犯罪事実の重さと客観的に発生した犯罪事実の重さの関係により、以下の①～③の3つに区別される（犯罪の軽重は法定刑を基準に考えることになる（10条参照））。

　　①行為者が認識した犯罪事実の方が客観的に発生した犯罪事実より軽い場合
　　②行為者が認識した犯罪事実の方が客観的に発生した犯罪事実より重い場合
　　③行為者が認識した犯罪事実と客観的に発生した犯罪事実の重さが同じ場合

　抽象的事実の錯誤の場合には、行為者が認識していた事実と実際に発生した事実が異なる構成要件にまたがっているので、発生した事実に対応する故意は認められない。したがって、原則として38条1項の「罪を犯す意思」を認めることはできない。そこで、38条2項は、「重い罪に当たるべき行為をしたのに、行為の時にその重い罪に当たることとなる事実を知らなかった者は、その重い罪によって処断することはできない。」と規定する。これは、上述の3つの類型のうちの①について規定しており、①の場合には実際に発生した重い犯罪事実に当たる故意犯で処断することはできないとする。しかし、38条2項はそれ以上の解決方法を示していないので、同項からは甲にどのような犯罪が成立するのかということは明らかではない。すなわち、甲には現住建造物放火罪が成立するが、刑罰だけ他人所有の非現住建造物放火罪に制限されるのか、非現住建造物放火罪が成立し、これにより甲は処罰されるのか、それとも故意犯は成立せず、せいぜいのところ失火罪しか成立しないのかということが、38条2項からは明らかではない。そこで、解釈により、解決していくことになる。

　抽象的事実の錯誤の場合には、必ず、問題になっている事案が上述の①～③

のどの類型に当てはまるのかということを確認し、①に当てはまる場合には38条2項に当てはめながら、処断しえない重い犯罪を示した上で、38条2項が軽い犯罪の成否について示していないということを指摘しなければならない。また、②及び③に当てはまる場合には38条2項がそれらについて何も示していないということを指摘しなければならない（判例は38条2項について言及していないが、裁判では、38条2項に当てはめた後の解釈による解決方法が問題になるためであり、答案では同項について指摘する必要がある）。そして、抽象的事実の錯誤に関する解決方法を検討することになる。

(3) 法定的符合説

　抽象的事実の錯誤の解決方法については、行為者が認識していた犯罪事実と客観的に発生した犯罪事実が法定の範囲で一致していれば、故意を認めることができるとする法定的符合説が通説判例である。法定的符合説は、故意責任の本質を、ある犯罪事実を認識して、その犯罪事実に関する規範の問題（その犯罪事実を生じさせるような行為を行ってよいかどうかという問題）に直面したにもかかわらず、あえてそのような行為を行為者が行ったという反規範的な態度に求める。抽象的事実の錯誤の場合には行為者が認識していた犯罪事実と客観的に発生した犯罪事実が法定の範囲で一致していないため、行為者はそのような規範の問題に直面しない（行為者は客観的に発生した犯罪事実を生じさせるような行為を認識していない）。したがって、原則として発生した結果についての故意責任を行為者に認めることができない。但し、法定的符合説は、行為者が認識した犯罪事実についての構成要件と客観的に発生した犯罪事実についての構成要件が同質的で重なり合う場合には、その重なり合う限度で規範の問題に直面していると言えるため、故意犯を認めることができるとする。この考え方によれば、両構成要件の重なり合いを判断するための基準が問題になるが、法益が同一であり、かつ行為態様が同一である場合に重なり合いを認めるとする構成要件的符合説が判例である（最決昭和54年3月27日刑集33巻2号140頁）。

> 　麻薬と覚せい剤とは、ともにその濫用による保健衛生上の危害を防止する必要上、麻薬取締法及び覚せい剤取締法による取締の対象とされているものであるところ、これらの取締は、実定法上は前記2つの取締法によって各別に行われているのであるが、両法は、その取締の目的において同一であり、かつ、取締の方式が極めて近似していて、輸入、輸出、製造、譲渡、譲受、所持等同じ態様の行為を犯罪としているうえ、それらが取締の対象とする麻薬と覚せい剤とは、ともに、その濫用によってこれに対する精神的ないし身体的依存（いわゆる慢性中毒）の状態を形成し、個人及び社会に対し重大な害悪をもたらすおそれのある薬物であって、外観上も類似したものが多いことなどにかんがみると、麻薬と覚せい剤との間には、実質的には同一の法律による規制に服しているとみうるような類似性があるというべきである。

　行為者が認識した事実についての構成要件と実際に発生した事実についての構成要件の重なり合いが認められる場合には、行為者に成立する犯罪が問題になる。故意犯の成否の問題は、本来であれば客観的に発生した犯罪事実が故意に惹起されたものであるかどうかという問題であるので、抽象的事実の錯誤の事例の場合も、原則として客観的に発生した犯罪事実についての故意犯が認められるかどうかということを検討することになる。しかし、前述の3つの類型のうち、①の行為者が認識した犯罪事実の方が客観的に発生した犯罪事実よりも軽い場合には、38条2項があるため、重い犯罪事実に関する故意犯で処断することはできない。この「処断することはできない」という言葉の意味について、重い犯罪の刑で処罰することはできないということは明らかであるが、成立する犯罪については議論の余地がある。理論上は、客観的に発生した重い犯罪事実についての故意犯が成立し、科される刑を行為者が認識していた軽い犯罪事実についての故意犯の刑の限度にとどめるという考え方と、軽い犯罪事実についての故意犯が成立し、その刑を科するという考え方があるが、判例はそれらのうちの後者を採る（前掲最決昭和54年3月27日）。

○最決昭和 54 年 3 月 27 日刑集 33 巻 2 号 140 頁

　……被告人は、覚せい剤を無許可で輸入する罪を犯す意思であったというのであるから、輸入にかかる貨物が輸入禁制品たる麻薬であるという重い罪となるべき事実の認識がなく、輸入禁制品である麻薬を輸入する罪の故意を欠くものとして同罪の成立は認められないが、両罪の構成要件が重なり合う限度で軽い覚せい剤を無許可で輸入する罪の故意が成立し同罪が成立するものと解すべきである。

　それに対して、②の行為者が認識した犯罪事実の方が客観的に発生した犯罪事実よりも重い場合と③行為者が認識した犯罪事実と客観的に発生した犯罪事実の重さが同じ場合には、判例は、原則どおり、客観的に発生した犯罪事実についての故意を認め、その故意犯を認める（前掲最決昭和 54 年 3 月 27 日。最決昭和 61 年 6 月 9 日刑集 40 巻 4 号 269 頁）。

○最決昭和 54 年 3 月 27 日刑集 33 巻 2 号 140 頁

　本件において、被告人は、営利の目的で、麻薬であるジアセチルモルヒネの塩類である粉末を覚せい剤と誤認して輸入したというのであるから、覚せい剤取締法 41 条 2 項、1 項 1 号、13 条の覚せい剤輸入罪を犯す意思で、麻薬取締法 64 条 2 項、1 項、12 条 1 項の麻薬輸入罪にあたる事実を実現したことになるが、両罪は、その目的物が覚せい剤か麻薬かの差異があるだけで、その余の犯罪構成要件要素は同一であり、その法定刑も全く同一であるところ、前記のような麻薬と覚せい剤との類似性にかんがみると、この場合、両罪の構成要件は実質的に全く重なり合っているものとみるのが相当であるから、麻薬を覚せい剤と誤認した錯誤は、生じた結果である麻薬輸入の罪についての故意を阻却するものではないと解すべきである。

　次に、特に②の類型のうち客体の錯誤の場合には、行為者が認識していた重い犯罪についての未遂犯処罰規定がある場合には、その未遂犯が成立するかということを検討しなければならない場合がある。これはいわゆる不能犯の問題である（不能犯については平成 25 年度予備試験を参照）。そして、重い犯罪についての危険性が認められる場合には、その未遂犯が認められることになる。なお、

②の類型のうち方法の錯誤の場合、例えば、犬を散歩させている人を殺そうと考えて発砲したが、人には命中せず、犬に命中しこれが死亡したというような場合には、不能犯の問題を検討する必要はなく、そのまま殺人罪の未遂を認めることができる。

7. 死体損壊罪及び証拠隠滅罪に関する基礎的事項

(1) はじめに

　刑法190条は「死体、遺骨、遺髪又は棺に納めてある物を損壊し、遺棄し、又は領得した者は、3年以下の懲役に処する。」と規定する。

(2) 構成要件

　190条における「死体」とは死亡した人の身体又はその一部である。また、「損壊」とは死体を切断する等物理的に損傷・破壊することを言い、器物損壊罪における「損壊」とは異なる。

8. 証拠隠滅罪

(1) はじめに

　刑法104条は、「他人の刑事事件に関する証拠を隠滅し、偽造し、若しくは変造し、又は偽造若しくは変造の証拠を使用した者は、3年以下の懲役又は30万円以下の罰金に処する。」と規定する。

(2) 構成要件

　「他人の」刑事事件に関する証拠に限定されている。自己の刑事事件に関する証拠が除かれているのは、証拠の隠滅などをしないという適法行為を期待しえないという期待可能性の欠如を理由とする。また「刑事事件」は、起訴後の被告事件だけでなく、起訴前の被疑事件及び捜査開始前の事件も含まれる（大判昭和10年9月28日刑集14巻997頁）。「刑事事件」に関する証拠である必要があることから、当然のことながら民事事件に関する証拠は含まれない。なお、自己の刑事事件に関して罪証隠滅の惧れが認められる場合には、逮捕などの身柄

拘束がなされる場合がある。さらに「証拠」とは、物理的存在としての証拠を言い、物証、書証及び人証のすべてを含む。

行為は、「隠滅」、「偽造」及び「変造」である。「隠滅」とは、証拠を滅失させ、その顕出を妨げ、その効力を喪失させ、証人を隠匿し又は逃避させる場合をいう（大判明治 43 年 3 月 25 日刑録 16 輯 470 頁）。したがって、帳簿書類を隠匿、焼損したり、その資料の出現を妨げたり、その効力を喪失させ又は証人を隠匿したり、逃避させたりする場合もこれに含まれる（前掲大判昭和 10 年 9 月 28 日）。「偽造」とは、新たな証拠を創造する場合を言い、「変造」とは既存の証拠に変更を加えることを言う（大判昭和 10 年 9 月 28 日刑集 14 巻 997 頁）。

（3）親族間に関する特例

証拠隠滅罪については、親族間に関する特例が規定されている。刑法 105 条は、「前二条の罪については、犯人又は逃走した者の親族がこれらの者の利益のために犯したときは、その刑を免除することができる。」と規定する。

「親族」とは 6 親等内の血族、配偶者及び 3 親等内の姻族を言う（民法 725 条）。問題には何親等の親族とか示されていない場合が多いので、問題になっている者がこれらの範囲に入るかどうかということを判断できるようにしておく必要がある。

証拠隠滅などは犯人又は逃走した者の「利益のため」に行われなければならず、もっぱら親族以外の共犯者のために証拠隠滅などを行った場合には、105 条の適用はない（大判大正 8 年 4 月 17 日刑録 25 輯 568 頁）。したがって、これを反対解釈すれば、親族の利益のためという目的が存在しているのであれば、他の目的が併存していても 105 条を適用することができると考えることができる。

「その刑を免除することができる」とは、犯罪は成立するが、刑罰を科さない場合があるという趣旨であり、これを処罰阻却事由という。

Ⅱ. 応用編

1. 乙の殺害について

甲は、まだ生きている乙から自身を殺害してほしいと懇願されて乙の殺害を

決意し、乙の首を両手で絞めたところ、その結果、乙は死亡したので、甲に乙の殺害について嘱託殺人罪が成立するのかということが問題になる。嘱託殺人罪の成否を検討するに当たり重要なのは、乙の嘱託が有効なのかということ、甲の殺害行為と乙の死に因果関係が認められるかということ及び乙の死についての甲の主観と客観の間に生じている錯誤は重要かということである。

(1) 乙による嘱託の有効性

乙による嘱託が有効であると認められるためには、乙に死の意味について理解する能力があり、乙が真意に自己の殺害を嘱託したということが必要になる。乙は、「丙を道連れに先に死のう。」と自らの判断において、甲のネクタイを丙の首に巻き付け、絞め付け、自らも果物ナイフを自己の腹部に突き刺していることなどから、死の意味を理解する能力はあると考えられる。また、乙は、今置かれている自分たちの状況に悲観して、たびたび甲に3人で心中をしようと持ち掛けるなど、かなり精神的に追い詰められている状況を見て取ることができるが、自らの判断において丙を殺害し、果物ナイフを自己の腹部に突き刺しているなどの状況を見ると、乙が甲に「早く楽にして」と依頼したことも真意に基づいて殺害を依頼したと考えられるので、嘱託の真意性も認められる。したがって、乙の嘱託は有効であると言える。

(2) 甲による絞首と乙の死の間の因果関係

甲が乙の殺害を決意し、乙の首を両手で絞め付けたところ、乙が動かなくなり、うめき声も出さなくなったことから、乙が死亡したと思い、両手の力を抜いた。その後、甲は、「乙が丙を殺した痕跡や、自分が乙を殺した痕跡を消してしまいたい。家を燃やせば乙や丙の遺体も燃えるので焼死したように装うことができる。」と考え、乙と丙の周囲に灯油をまき、ライターで点火した上、甲宅を離れた。その結果、甲宅は全焼し、焼け跡から乙と丙の遺体が発見され、司法解剖の結果、乙は放火による一酸化炭素中毒により死亡したことが判明した。この場合に、乙の首を絞めた行為と乙の死の間に因果関係が認められるのかということが問題になる。

甲の行為と乙の死の間の因果関係を判断するに当たり、まず条件関係が認められなければならない。本問では、甲が乙の首を絞めなければ、乙は動かなく

ならなかったと言え、乙が動かなくならなければ、甲は、乙が死んだものと考えて、甲宅に放火することはなかったと言え、甲が放火しなければ、乙はそれにより一酸化炭素中毒で死亡することはなかったと言えるので、条件関係は認められる。

条件説によれば、条件関係が認められる以上、因果関係が認められることになる。

他方で、相当説により判断する場合にはさらに相当性の判断をしなければならない。相当説のうち、主観説は今日ほとんど主張されていないので、客観説と折衷説に従って判断していく。客観説は、行為時の事情と行為後の事情を区別する。本問で問題になるのは、甲が乙の首を絞めたところ、乙が動かなくなったので、死亡したと考え、その後殺害の痕跡を消すために放火したという点である。殺害目的で首を絞めた時点から見ると、甲による放火は行為後の事情である。この場合に被害者の首を絞めた結果被害者が動かなくなったので、死亡したと思ったが、実は被害者は生きていたということが、（科学的）一般人に予見可能かということを検討することになる。被害者が首を絞められ、動かなくなったが、まだ生きているということは一般的にありうることなので、（科学的）一般人も予見しうる事情と言え、この事情は相当性を判断するための基礎事情に入ることになる。そして、そのような事情の下で乙がいる甲宅に放火すれば乙が死亡するのは通常であると言えるため、甲が乙の首を絞め付けた行為と乙の死の間の因果関係を認めることができる。また、折衷説により判断する場合も、首を絞められ、動かなくなった乙がまだ生きているということは一般人に予見可能なので、客観説と同様に、甲が乙の首を絞め付けた行為と乙の死の間の因果関係を認めることができる。

危険の現実化説により判断する場合、重要なのは、行為の危険性の認定である。甲の行為は乙の首を絞めるというものであり、それ自体乙の死を招きかねない危険な行為である。また、首を絞められた乙が動かなくなったとはいえ、まだ死亡せずに意識を喪失した状態であることも、一般の経験則上十分ありうることである。さらに、甲が、乙が動かなくなったため、乙が死亡したと考えて甲宅を放火するということも一般の経験則上十分ありうることである。したがって、これらの事情は、首を絞める行為に含まれる危険と言うことができる。その結果、甲が甲宅を放火し、乙は頸部圧迫による意識消失状態で多量の一酸

化炭素を吸引したことによる一酸化炭素中毒で死亡したのであるから、乙の死は乙の首を絞める行為が有する危険性の範囲に含まれると考えることができる。したがって乙の首を絞める行為の危険性が乙の死という結果に現実化したと言え、乙の首を絞める行為と乙の死の間の因果関係を認めることができる。

(3) 因果経過に関する甲の錯誤

甲が乙の首を絞めたところ、乙が動かなくなったので、乙が死亡したと考えた甲は、自らによる乙殺害の痕跡及び乙による丙殺害の痕跡を消すために甲宅に放火したが、実際には乙は甲が放火した時点ではまだ生きていて、甲の放火により一酸化炭素中毒で死亡している。甲には、乙の死に方すなわち因果関係についての錯誤が生じている。因果関係は故意の認識対象にならないと解すれば、甲の錯誤は嘱託殺人の故意の成否に影響しない。甲は首を絞める行為と乙の死を認識していたので、嘱託殺人の故意が認められ、甲が乙の首を絞めた行為と乙の死の間に因果関係が認められる以上、甲には嘱託殺人罪の既遂の責任が認められることになる。また、因果関係の認識を必要としたとしても、甲が乙の首を絞めた行為と乙の死との間に相当因果関係又は危険の現実化が認められる以上、通常起こりうる範囲内又は行為の危険性の範囲内での錯誤であるので、甲の錯誤は重要ではないと考えられる。したがって、嘱託殺人の故意が阻却されることはなく、甲には嘱託殺人罪の既遂の責任が認められることになる。

2. 甲による放火について

甲は乙も丙も死亡したと考えている。108条に言う「人」は行為者自身を含まないので、甲宅に甲がいたとしても、その現住性は否定される。したがって、甲の主観においては非現住建造物放火罪が行われたことになる。非現住建造物放火罪は、他人所有物件に放火した場合（109条1項）と自己所有物件に放火した場合（同条2項）に分けて規定されている。甲は甲宅の所有者であることから、109条2項の客体になると考えられる。しかし、甲宅には抵当権が設定されていることから、甲宅は115条により他人所有物件として扱われることになる。そして、抵当権の実行が甲に通告されていたことから、甲も抵当権が設定されていることについて認識していたと考えられる。したがって、主観的に

は他人所有非現住建造物放火罪が行われたことになる。ただ、実際には乙は生きていたことから、甲宅は現住建造物に当たるので、客観的には現住建造物放火罪が行われたことになる。甲の主観の非現住建造物放火罪と客観の現住建造物放火罪を比較すると現住建造物放火罪の方が重いので、甲は軽い非現住建造物放火罪に当たる事実の認識で、重い現住建造物放火罪の事実を実現したことになる。38条2項によれば、甲は、現住建造物放火罪に当たる事実を実現したのに、放火するときに乙が生きていて現住建造物放火になるということを知らなかったので、重い現住建造物放火罪で処断できないことになる。しかし、38条2項は「重い犯罪で処断することができない」とするのみで、同項からは甲にどのような犯罪が成立するのかということは明らかではない。そこで解釈により解決することになる。

　行為者が認識した犯罪事実と客観的に発生した犯罪事実が法定の範囲で一致していれば、故意を認めることができるとする法定的符合説によれば、甲が認識していた非現住建造物放火罪と現住建造物放火罪は法定の範囲で一致しないため、原則として既遂の責任を負わせることはできない。但し、行為者が認識した犯罪事実についての構成要件と客観的に発生した犯罪事実についての構成要件が同質的で重なり合う場合には、重なり合う限度で故意犯の既遂を認めることができる。この重なり合いを、法益が同一であり、かつ行為態様が同一である場合に認める構成要件的符合説によれば、以下のとおりになる。甲が認識していた非現住建造物放火罪の法益は公共の安全であり、客観的に発生した現住建造物放火罪の法益も公共の安全であることから、法益は同一であると言える。また建造物が非現住なのかそれとも現住なのかということに違いがあるだけで、建造物に放火するという点では行為態様も同一であると言える。したがって、非現住建造物放火罪と現住建造物放火罪は、軽い非現住建造物放火罪の限度で重なり合っているので、甲の非現住建造物放火罪の故意を肯定することができ、同罪の既遂犯が成立する。

3. 甲の証拠隠滅について

　まず、甲は、乙が丙を殺害した痕跡を消すため、甲宅に放火し、その結果丙の死体の表皮を熱により損傷させていることから、甲に死体損壊罪が成立する

（乙についてはすでに嘱託殺人罪が成立しているため、死体損壊罪は問題にならない）。

次に、乙及び丙の死体は、甲及び乙による殺人という刑事事件の証拠になるものであり、104 条に言う証拠に当たると言える。また、甲は殺害の痕跡を消そうとしたのであるから、甲の行為は隠滅に該当する。ただ、乙殺害の痕跡は、甲にとって自己の刑事事件に関する証拠であり、他人の刑事事件に関する証拠に該当しないので、そもそも証拠隠滅罪の構成要件に該当しない。他方で丙殺害の痕跡は、乙の刑事事件に関する証拠であり、放火はその顕出を妨げるものであることから、証拠隠滅罪の構成要件に該当する。また、違法性及び責任を阻却するような事情も特に認められないため、証拠隠滅罪は成立すると考えられる。

ただ、丙を殺害した乙は、甲の妻であり、甲の配偶者であること、また、自らの乙殺害の痕跡を消すという自分の利益のために証拠隠滅を図ったという側面は否定できないが、他方で乙が丙を殺した痕跡を消すという目的も甲に認められるので、乙の利益のために証拠を隠滅したと言うことができ、甲による証拠隠滅に 105 条が適用され、刑が免除される可能性がある。

4. まとめ

以上をまとめると、以下のとおりになる。

甲には、乙についての嘱託殺人罪、甲宅についての他人所有非現住建造物放火罪及び丙の死体についての証拠隠滅罪が成立する。但し、証拠隠滅罪は 105 条によりその刑が免除される可能性がある。他人所有非現住建造物放火罪と証拠隠滅罪は、1 個の放火行為で両罪を行ったと言えるので、観念的競合になる。また、乙の死の結果が放火によって発生していることから、嘱託殺人罪と非現住建造物放火罪の行為の一部が重なっていると考えられるので、観念的競合になる。そして、非現住建造物放火罪をかすがいとして全体が観念的競合になると考えられる。これをかすがい現象という。

5. 出題趣旨について

（1）出題趣旨

　法務省から公表された平成23年度予備試験の出題趣旨は以下のとおりである（http://www.moj.go.jp/content/000081212.pdf）。

　　本問は、甲が、無理心中を図って子丙を殺害した妻乙から乙殺害の嘱託を受け、殺意をもって乙の首を絞め、乙が死亡したものと誤信し、乙及び丙それぞれの殺害に関する証拠を隠滅する目的で犯行現場である甲宅に放火し、甲宅を全焼させるとともに、乙と丙の遺体を焼損させたが、乙の死因は一酸化炭素中毒であったという事案を素材として、事案を的確に分析する能力を問うとともに、行為者の行為の介在と因果関係、事実の錯誤、証拠隠滅等に関する理解とその事例への当てはめの適切さを問うものである。

（2）コメント

　出題趣旨にあるように、本問は、行為者の行為の介在と因果関係、事実の錯誤、証拠隠滅等が主に問われているものである。いずれも刑法学では基本的な問題点であり、また内容的にも、それらの問題点の基本的な知識及び判例や通説を理解することができていれば、十分に解答することができるものである。

　もっとも、因果関係を判断する際に判例が採用しているとされている危険の現実化説に従う場合には、因果関係の錯誤の処理についての判例が出ていないため、因果関係の認識の要否を含め、解答者なりに考えて判断しなければならない。その意味では、難しい問題も含まれていると思われる。

6. 参考答案例

第1　乙の殺害について
1　甲は、乙から懇願されて乙の殺を決意し、乙の首を両手で絞め、乙は死亡したので、甲に嘱託殺人罪が成立するのかが問題になる。
2　嘱託殺人罪は、「人をその嘱託を受けて殺した」場合に成立する。

乙の嘱託は、嘱託の意味を理解する者が真意に自己の殺害を依頼した場合を言う。乙は30歳の成人女性であり、特にその理解力が問題になるような事情はなく、また、自らの判断において、果物ナイフを自己の腹部に突き刺しているなどの状況から、乙の依頼は真意に基づいていると言えるため、乙の嘱託を受けたと言える。

3　甲が乙の首を絞めた行為と乙の死の結果の因果関係が問題になる。まず甲の行為と乙の死の間に「あれなければ、これなし」という条件関係が認められなければならない。

　甲が乙の首を絞めなければ、乙は動かなくならなかったと言え、乙が動かなくならなければ、甲は乙が死んだと考えて甲宅に放火することはなかったと言え、甲が放火しなければ、乙はそれにより一酸化炭素中毒で死亡することはなかったと言えるので、条件関係は認められる。

4　刑法上の因果関係は行為者が負うべき責任の範囲を適切に確定する役割があるため、条件関係が認められたうえで行為の危険性が結果へと現実化したと言えることが必要である。

　甲の行為は乙の首を絞めるというものであり、それ自体乙の死を招きかねない危険な行為である。また、首を絞められた乙がまだ死亡せずに意識を喪失したにすぎず、甲がそれを見て乙が死亡したと考え、甲宅を放火するということは一般の経験則上十分ありうるので、この事情は、乙の首を絞める行為に含まれる危険と言うことができる。したがって、乙の首を絞める行為の危険性が乙の死という結果に現実化したと言える。

　以上より、乙の首を絞めた行為と乙の死の間の因果関係を認めることができる。

5　乙の首を絞める行為と乙の死の間に因果関係が認められるとしても、甲にその因果関係について錯誤が生じている。因果関係も客観的構成要件要素であり、故意の認識対象になるので、この錯誤が乙の死についての故意を阻却しないかということが問題になる。この点、甲が乙の首を絞めた行為の危険性が乙の死に現実化したと言える以上、甲の錯誤は乙の首を絞める行為の危険性の範囲内にあるので、その錯誤は重要ではないと言える。したがって、嘱託殺人の故意を阻却せず、甲には嘱託殺人罪の既遂の責任が認められる。

第2　放火について

1　甲が甲宅に放火したとき、乙も丙も死亡したと考えていたので、甲自身が

いたとしても、甲の認識では甲宅は非現住建造物になる。甲宅は甲所有物件であるが、甲宅には抵当権が設定されているので、他人所有物件として扱われる（115条）。また、抵当権の実行が甲に通告されていたので、甲も抵当権について認識していたと考えられる。したがって、甲の主観では他人所有非現住建造物放火の事実が実現されている。しかし、実際には乙は生きていたので、甲宅は現住建造物であった。したがって、客観的には現住建造物放火の事実が実現されている。現住建造物放火罪の方が重いので、甲には軽い非現住建造物放火の認識で、重い現住建造物放火を実現したという抽象的事実の錯誤が認められる。

　甲は、現住建造物放火罪に当たる事実を実現したのに、放火するときに現住建造物であるということを知らなかったので、重い現住建造物放火罪で処断することはできない（38条2項）。しかし、38条2項からは、甲に成立する犯罪は何かということが明らかではない。そこで解釈により解決することになる。

2　故意責任の本質は、ある犯罪事実を認識して、その犯罪事実に関する規範の問題に直面したにもかかわらず、あえてそのような行為を行為者が行ったという反規範的な態度にある。したがって行為者が認識した犯罪事実と客観的に発生した犯罪事実が法定の範囲で一致していれば、発生した結果についての故意責任を認めることができる。しかし、非現住建造物放火罪と現住建造物放火罪は法定の範囲で一致しないため、原則として故意犯の既遂を認めることはできない。但し、両構成要件が同質的で重なり合う場合には、その重なり合う限度で、規範の問題に直面していると言えるので、故意犯の既遂を認めることができる。この重なり合いは、法益及び行為態様の同一性により判断される。非現住建造物放火罪の法益も現住建造物放火罪の法益も公共の安全で同一であり、また、建造物に放火するという点で行為態様も同一であるので、非現住建造物放火罪と現住建造物放火罪は、軽い非現住建造物放火罪の限度で重なり合っていると言える。そこで、甲には軽い非現住建造物放火罪の既遂犯が成立する。

第3　甲による証拠隠滅について

1　甲は、甲宅に放火した結果丙の死体の表皮を熱により損傷させていることから、甲に死体損壊罪が成立する。

2　甲は、殺人の痕跡をなくすために放火していることから、証拠隠滅罪が成

立しないか。

　証拠隠滅罪は、他人の刑事事件に関する証拠を隠滅した場合に成立する（104条）。乙の死体は甲自身の殺人事件に関する証拠なので、そもそも証拠隠滅罪の客体にはならない。他方で丙の死体は、乙という他人の殺人事件の証拠であるので、他人の刑事事件に関する証拠である。また、放火は乙による殺人の痕跡の顕出を妨げるものである。以上より、甲に証拠隠滅罪が成立する。

　ただ、丙を殺害した乙は甲の配偶者であり、また、乙殺害の痕跡を消すという甲の利益のためという側面があるものの、乙が丙を殺した痕跡を消すという乙の利益のために証拠を隠滅したと言えるので、証拠隠滅罪についてはその刑が免除される（105条）。

第4　罪　数

　以上より、甲には乙についての嘱託殺人罪、甲宅についての他人所有非現住建造物放火罪、丙の死体についての死体損壊罪及び証拠隠滅罪が成立する。他人所有非現住建造物放火罪、死体損壊罪及び証拠隠滅罪は、1個の放火行為によるものなので、観念的競合になる（54条1項前段）。また、乙の死の結果も放火によって発生しているので、嘱託殺人罪と非現住建造物放火罪も観念的競合になるので、成立するすべての犯罪が観念的競合になる。

以上

Ⅲ. 展開編

　乙の首を絞めるという甲の行為は、それ自体乙の死という実際に生じた結果を招きうる危険性を有する行為である。したがって、本問ではその点を認定し、甲自身が甲宅に放火したという介在事情もその危険性に含まれることを認定し、因果関係を肯定すれば足りるものであった。しかし、行為から結果までの因果経過は様々に起こりうるため、本問の場合とは異なり、必ずしも、実際に生じた結果の危険性が行為に含まれているとは限らず、その場合の因果関係が問われることも考えられる。そのような場合には、行為に結果の危険性が認められないため、直ちに因果関係を否定することになるのであろうか。

実際に生じた結果の危険性が行為に含まれていない場合の因果関係を判断するのに、いわゆる高速道路侵入事件に関する最決平成15年7月16日刑集57巻7号950頁が参考になるであろう。この事案は、被告人4名が、他の2名と共謀の上、被害者に対し、長時間にわたり、間断なく極めて激しい暴行を繰り返したが、その後、被害者は、すきをみて、マンション居室から逃走し、約10分後、高速道路に進入し、自動車にれき過されて、死亡したというものである。この被害者の直接の死因は高速道路で自動車にれき過されたことであり、被告人らの行為に、自動車にれき過されて死亡するという危険性が含まれていると見るのは難しいと考えられる。そうすると、暴行に含まれる危険が現実化した結果とはいえず、被告人らの暴行と被害者の死の間の因果関係が否定されるべきであるようにも考えられる。この点、最高裁は、「被害者が逃走しようとして高速道路に進入したことは、それ自体極めて危険な行為であるというほかない」としつつ、「被害者は、被告人らから長時間激しくかつ執ような暴行を受け、被告人らに対し極度の恐怖感を抱き、必死に逃走を図る過程で、とっさにそのような行動を選択したものと認められ、その行動が、被告人らの暴行から逃れる方法として、著しく不自然、不相当であったとはいえない。」として因果関係を認めた。最高裁は、高速道路に侵入するという一定の被害者の落ち度を認めつつも、それが被告人らの暴行に起因し、かつ、その暴行から逃れる手段として、不自然・不相当とは言えないため、被告人らの暴行と自動車によるれき過による被害者の死亡との間の因果経過がつながり、被告人らの暴行の危険性が被害者の死という結果に現実化したと判断したと思われる。この高速道路侵入事件の場合には「被害者の行為が『著しく不自然、不相当』であれば格別、そうでない限り、逃走を余儀なくするような暴行が行われている以上、暴行の危険が、逃走過程における被害者の行為を介して、その死へと現実化した」ということになる（山口厚『新判例から見た刑法（第3版）』（有斐閣、2015）15頁）。

傷害罪、詐欺罪及びそれらの共謀共同正犯の成否

◀ 問題 ▶

　以下の事例に基づき，甲，乙及び丙の罪責について論じなさい（特別法違反の点を除く。）。

1　甲は，中古車販売業を営んでいたが，事業の運転資金にするために借金を重ね，その返済に窮したことから，交通事故を装って自動車保険の保険会社から保険金をだまし取ろうと企てた。甲は，友人の乙及び丙であれば協力してくれるだろうと思い，2 人を甲の事務所に呼び出した。

　甲が，乙及び丙に対し，前記企てを打ち明けたところ，2 人はこれに参加することを承諾した。3 人は，更に詳細について相談し，①甲の所有する普通乗用自動車（以下「X 車」という。）と，乙の所有する普通乗用自動車（以下「Y 車」という。）を用意した上，乙が Y 車を運転して信号待ちのために停車中，丙の運転する X 車を後方から低速で Y 車に衝突させること，②その衝突により，乙に軽度の頸部捻挫の怪我を負わせること，③乙は，医師に大げさに自覚症状を訴えて，必要以上に長い期間通院すること，④甲が X 車に付している自動車保険に基づき，保険会社に対し，乙に支払う慰謝料のほか，実際には乙が甲の従業員ではないのに従業員であるかのように装い，同事故により甲の従業員として稼働することができなくなったことによる乙の休業損害の支払を請求すること，⑤支払を受けた保険金は 3 人の間で分配することを計画し，これを実行することを合意した。

2　丙は，前記計画の実行予定日である×月×日になって犯罪に関与することが怖くなり，集合場所である甲の事務所に行くのをやめた。

　甲及び乙は，同日夜，甲の事務所で丙を待っていたが，丙が約束した時刻になっても現れないので，丙の携帯電話に電話したところ，丙は，「俺は抜ける。」とだけ言って電話を切り，その後，甲や乙が電話をかけてもこれに応答しなかった。

　甲及び乙は，丙が前記計画に参加することを嫌がって連絡を絶ったものと認識したが，甲が丙の代わりに X 車を運転し，その他は予定したとおりに

前記計画を実行することにした。

　　そこで，甲はX車を，乙はY車をそれぞれ運転して，甲の事務所を出発した。

3　甲及び乙は，事故を偽装することにしていた交差点付近に差し掛かった。乙は，進路前方の信号機の赤色表示に従い，同交差点の停止線の手前にY車を停止させた。甲は，X車を運転してY車の後方から接近し，減速した上，Y車後部にX車前部を衝突させ，当初の計画どおり，乙に加療約2週間を要する頸部捻挫の怪我を負わせた。

　　甲及び乙は，乙以外の者に怪我を負わせることを認識していなかったが，当時，路面が凍結していたため，衝突の衝撃により，甲及び乙が予想していたよりも前方にY車が押し出された結果，前記交差点入口に設置された横断歩道上を歩いていたAにY車前部バンパーを接触させ，Aを転倒させた。Aは，転倒の際，右手を路面に強打したために，加療約1か月間を要する右手首骨折の怪我を負った。

　　その後，乙は，医師に大げさに自覚症状を訴えて，約2か月間，通院治療を受けた。

4　甲及び乙は，X車に付している自動車保険の保険会社の担当者Bに対し，前記計画どおり，乙に対する慰謝料及び乙の休業損害についての保険金の支払を請求した。しかし，同保険会社による調査の結果，事故状況について不審な点が発覚し，保険金は支払われなかった。

Ｉ．基礎編

▶基礎的事項のチェック

1. 傷害の成立要件
   - 「人の身体」
   - 「傷害した」
2. 被害者による同意の有効要件と効果
   - 同意の有効要件
   - 同意の法的効果
3. 具体的事実の錯誤
   - 具体的事実の錯誤の意義

1. 問題の捉え方

　甲は、自分が乗るX車を乙が乗るY車に追突させて、乙に頸部捻挫の傷害を与えている。しかし、この傷害は乙から同意（嘱託及び承諾）を得てのものである。そこで、頸部捻挫に関する乙の承諾がどのような効果を持つのかということが問題になる。また、Y車が追突されて押し出されたことにより、予想外のAにも右手首骨折の傷害を負わせている。これは、甲が意図していた乙の他にAにも傷害を負わせていることから、併発事実と呼ばれる事例である。この場合に、甲は、Aに負わせた傷害についても、傷害罪の責任を負うのかということが問題になる。また、乙は、甲から保険金をだまし取るという相談を受けて、これを承諾し、その上で計画を実行していることから、自らが負った傷害及びAが負った傷害について責任を負うのかということが問題になる。さらに、その後、甲及び乙は、当初の計画どおりに、保険金を請求したが、保険金が支払われなかった点について、詐欺罪の未遂にならないかということも問題になる。その一方で、甲は当初乙とともに、丙にも保険金をだまし取ることを相談し、丙から承諾を受けていたのであるが、丙は計画の実行日に現れず、

甲及び乙からの電話に対して、「俺は抜ける。」とだけ伝え、以後電話に一切出なくなり、甲及び乙も丙が参加することを嫌がって連絡を絶ったと認識しながら、その後計画を実行したことから、丙には、共犯関係の解消が認められ、甲及び乙の行為についての責任を負わないのではないかということが問題になる。以下では、傷害罪、被害者の同意、併発事実、詐欺罪、共同正犯及び共犯関係の解消について見ていこう。

2. 傷害罪に関する基礎的事項

(1) はじめに

刑法 204 条は「人の身体を傷害した者は、15 年以下の懲役又は 50 万円以下の罰金に処する。」と規定する。

(2) 構成要件

「人」とは自分以外の自然人を言う。「身体」とは肉体的機能及び精神的機能の両者を含む。「傷害」とは、生理的機能に障害を与えることを言う。但し最高裁は「傷害とは、他人の身体に対する暴行によりその生活機能に障がいを与えることであって、あまねく健康状態を不良に変更した場合を含む」とする（最決昭和 32 年 4 月 23 日刑集 11 巻 4 号 1393 頁）。

傷害罪に傷害の故意、すなわち「人の身体を傷害する」認識が必要かという問題があるが、有形的な方法による場合には傷害の故意は不要で、暴行の故意があれば足り、無形的方法による場合には傷害の故意が必要であるというのが一般的な見解である。無形方法による場合の例としては、騒音を発生させるなどしてノイローゼなどを発症させる場合が挙げられる。

なお、傷害罪に傷害の故意が必要で、暴行の故意で暴行した結果傷害の結果が生じた場合には、過失致傷罪の他に暴行罪が成立し、1 個の行為で過失致傷罪と暴行罪の 2 つの罪名に触れる場合として 54 条前段の観念的競合になるとする見解がある。しかし、208 条は「傷害するに至らなかったとき」と規定しているため、傷害が発生しなかったという結果まで含めて判断した上で 208 条を適用しなければならず、人の身体に対する有形力の行使という行為だけで判断すればよいというものではない。過失致傷罪と暴行罪の観念的競合とする

場合には、結局暴行罪で処断されることになり、実質的に見れば、傷害の結果の有無にかかわらず、暴行罪が適用されることになるが、これが208条の文言に反することは明らかである。過失致傷罪と暴行罪の観念的競合とする説は、暴行の故意で傷害するに至らないと暴行罪になり、傷害するに至ると過失致傷罪しか成立しないという結論の不都合を回避するために、本来適用できない暴行罪を行為者に不利益に適用するものであり（傷害罪を行為者に有利に軽くするものではない）、罪刑法定主義上問題がある。

3. 被害者の同意に関する基礎的事項

　傷害罪は被害者の意思に反することを前提とするが、被害者の同意があったときに、その同意がどのような効果を持つのかという問題がある。

　被害者の同意の一般的な効果は、以下の4つに分類される。

①被害者の同意があるとそもそも構成要件に該当しなくなる場合

　構成要件上被害者の意思に反することが前提となっている犯罪の場合には、被害者の同意があるとそもそも構成要件に該当しなくなる。例えば130条の住居侵入罪（同意を得て住居などに立ち入ったのち、退去の要求を受けた場合には不退去罪の成否が問題になる）や235条の窃盗罪がこれに当たる。

②被害者の同意があっても、その同意は無効とされ、犯罪が成立する場合

　被害者に一律に同意能力がないとされている場合には、被害者の同意があったとしても、その同意は無効とされる。13歳未満の者に対して行われた176条の強制わいせつ罪や177条の強制性交等罪がこれに当たる。

③被害者の同意があると構成要件が変わる場合

　法律上、同意があると該当する構成要件が変わる場合がある。これには法律上のものと解釈上のものがある。法律上のものとしては199条の殺人罪が202条の同意殺人に、また、215条の不同意堕胎罪が214条の同意堕胎罪になるというのが挙げられる。また解釈上のものとしては108条の現住建造物放火罪が109条の非現住建造物放火罪になるというのが挙げられる（平成23年度予備試験を参照）。

④①～③以外の場合

　本問で問題になっている同意傷害がこれに当たる。この場合、学説上は被害

者の同意を構成要件該当性の問題とする見解もあるが、違法性阻却の問題とするのが通説判例である（最決昭和 55 年 11 月 13 日刑集 34 巻 6 号 396 頁）。

　被害者の同意の有効要件は以下の 3 つである。

I　被害者に法益の処分権があること

II　同意の意味を理解する能力があること

III　真意に同意したこと

　I については、同意の対象になるのは基本的に個人的法益であるが、放火罪などの社会的法益の場合も同意の対象になる。II については、幼児（大判昭和 9 年 8 月 27 日刑集 13 巻 1086 頁）や通常の意思能力を持たない者（最決昭和 27 年 2 月 21 日刑集 6 巻 2 号 275 頁）の同意は無効である。III については、強制や冗談でなされた同意は無効である。

　I〜III までの要件を充足すれば、直ちに被害者の同意は有効になるのかという問題が、特に④の場合に生じる（例えば責任をとるために指を詰める場合など）。この点、下級審は、被害者の同意があっても、社会的相当性がない場合には傷害罪が成立するとしている。最高裁は、傷害罪の成否は、承諾を得た動機、目的、身体傷害の手段、方法、損傷の部位、程度など諸般の事情を照らし合せて決すべきであるとする（前掲最決昭和 55 年 11 月 13 日）。

○最決昭和 55 年 11 月 13 日刑集 34 巻 6 号 396 頁

　なお、被害者が身体傷害を承諾したばあいに傷害罪が成立するか否かは、単に承諾が存在するという事実だけでなく、右承諾を得た動機、目的、身体傷害の手段、方法、損傷の部位、程度など諸般の事情を照らし合せて決すべきものであるが、本件のように、過失による自動車衝突事故であるかのように装い保険金を騙取する目的をもって、被害者の承諾を得てその者に故意に自己の運転する自動車を衝突させて傷害を負わせたばあいには、右承諾は、保険金を騙取するという違法な目的に利用するために得られた違法なものであって、これによって当該傷害行為の違法性を阻却するものではないと解するのが相当である。

　最高裁は社会的相当性という文言を用いていないが、実質的には最高裁の見解は社会的相当性を要求する見解と同じになると思われる。なお、最高裁が言

う「承諾を得た動機、目的、身体傷害の手段、方法、損傷の部位、程度など」の諸般の事情が、同意の有効要件の1つなのか、それとも同意とは別の要件なのかということは、最高裁の文言からは明らかではない（おそらく後者だと思われる）。

4. 併発事実に関する基礎的事項

（1）はじめに

　甲は意図していた乙とともに、想定外のAも傷害している。これを併発事実と呼ぶ。この併発事実は行為者が意図した客体に一定の結果が発生しているので、行為者の想定外の客体に結果が発生したとしても、錯誤の事例ではないのではないかということが問題になるが、通説判例は錯誤の事例として解決する。錯誤の事例として考えた場合には、具体的事実の錯誤なのか、それとも抽象的事実の錯誤なのかということが問題になるが、本問の場合には、甲は、乙という「人」に対する傷害の意思でAという「人」を傷害していることから、甲の主観と客観は204条の傷害罪の範囲で一致するため、甲の錯誤は同一構成要件内の錯誤すなわち具体的事実の錯誤になる。また、実在する乙を傷害しようとして、乙とともにAまでも傷害したことから、これは方法の錯誤にあたる。

　以下では、具体的事実の錯誤について見ていこう（錯誤に関する基礎的事項については平成23年度予備試験の解説を参照）。

（2）具体的事実の錯誤の解決方法

　具体的事実の錯誤の場合には、刑法38条1項が「罪を犯す意思がない行為は、罰しない。」と規定するが、客体をどの程度まで認識していれば、この「罪を犯す意思」すなわち故意を認めることができるのかということが問題になる。本問で考えると、乙という「人」を傷害しようとしてAという「人」を傷害したのであるから、204条にいう「人」という範囲で一致しているからAの傷害についても故意を認めることができると考えるべきなのか、それとも、「乙」という人を傷害しようとして、「A」という人を傷害したのであるから、もはや「A」を傷害したという結果については故意を認めることはできな

いと考えるべきなのかということが問題になる。前者の、法定の範囲で一致していれば、発生した結果について故意を認めることができるという見解を法定的符合説という（抽象的法定符合説とも呼ばれている）。それに対して、後者の、「乙」や「A」というように、客体が具体的に一致しなければ、発生した結果についての故意を認めることができないとする見解を具体的符合説という（具体的法定符合説とも呼ばれている）。法定的符合説によれば、具体的事実の錯誤の場合には、客体が行為者の意図した犯罪事実と実際に発生した犯罪事実が法定の範囲で一致しているため、発生した事実について故意犯を認めることができる。それに対して、具体的符合説の場合には、客体が具体的に一致していないため、原則として発生した結果について故意犯を認めることができない。但し、客体の錯誤の場合には、少なくとも行為者が狙った客体に結果が発生しているため、具体的符合説によっても、発生した結果についての故意犯を認めることができるとする。判例は、警察官から拳銃を奪う目的で、改造した建設用鋲打ち銃を撃ったところ、発射された鋲が狙った巡査Cの胸部に命中して貫通し、さらに背後の通行人Dの腹部にも命中したという事案で、法定的符合説を採用した（最判昭和53年7月28日刑集32巻5号1068頁）。

○最判昭和53年7月28日刑集32巻5号1068頁

> 　犯罪の故意があるとするには、罪となるべき事実の認識を必要とするものであるが、犯人が認識した罪となるべき事実と現実に発生した事実とが必ずしも具体的に一致することを要するものではなく、両者が法定の範囲内において一致することをもって足りるものと解すべきである……。

　法定的符合説によると、本問のような併発事実の場合にすべての客体に故意を認めるべきなのかということも問題になるが、すべての客体に故意を認めるのが数故意犯説であり、行為者が発生させようとした結果が1個であったことを理由に1個の故意犯しか認めないのが一故意犯説である。判例は数故意犯説を採用する（前掲最判昭和53年7月28日）。

```
              ┌ 数故意犯説
    ┌ 法定的符合説 ┤
    │          └ 一故意犯説
    └ 具体的符合説
```

○最判昭和 53 年 7 月 28 日刑集 32 巻 5 号 1068 頁

> ……被告人が人を殺害する意思のもとに手製装薬銃を発射して殺害行為
> に出た結果、被告人の意図した巡査 C に右側胸部貫通銃創を負わせたが殺
> 害するに至らなかったのであるから、同巡査に対する殺人未遂罪が成立し、
> 同時に、被告人の予期しなかった通行人 D に対し腹部貫通銃創の結果が発
> 生し、かつ、右殺害行為と D の傷害の結果との間に因果関係が認められる
> から、同人に対する殺人未遂罪もまた成立し……、しかも、被告人の右殺
> 人未遂の所為は同巡査に対する強盗の手段として行われたものであるから、
> 強盗との結合犯として、被告人の C に対する所為についてはもちろんのこ
> と、D に対する所為についても強盗殺人未遂罪が成立するというべきであ
> る。

　法定的符合説数故意犯説に対しては、1 人しか殺害しようとしなかったのに、複数の故意を認めるのは行為者の責任を超えるのではないかという批判があるが、これに対して法定的符合説数故意犯説は、複数の故意犯の観念的競合になるので問題はないと反論する。

5. 詐欺罪に関する基礎的事項

(1) はじめに

　刑法 246 条 1 項は「人を欺いて財物を交付させた者は、10 年以下の懲役に処する。」と規定し、2 項は「前項の方法により、財産上不法の利益を得、又は他人にこれを得させた者も、同項と同様とする。」と規定する。

(2) 詐欺罪の構成要件

　詐欺罪の構成要件は、人を欺く行為（欺罔行為）があり、これにより相手方が

錯誤に陥り、その錯誤に基づいて財物の交付又は財産上の処分がなされ、その結果財産上の損害が発生したというものである。またこれらについての認識が必要である（詐欺罪の故意）。

欺罔行為 → 相手方の錯誤 → 財物の交付 → 財産上の損害
　　　　　　　　　　　　　　財産上の処分

認識 ＝ 故意

　欺罔行為は、財物の交付若しくは財産上の処分又は財産上の損害に向けられたものでなければならない。欺罔行為がこれらに向けられたとは言えない場合には、そもそも詐欺罪の欺罔行為として認められないため、詐欺罪の未遂にもならない。また、欺罔行為は、財産的処分につき、その判断の基礎となる重要な事項についてなされなければならない（最決平成22年7月29日刑集64巻5号829頁）。したがって、答案においても、これらの2点について事実を認定する必要がある。

○最決平成22年7月29日刑集64巻5号829頁

　……搭乗券の交付を請求する者自身が航空機に搭乗するかどうかは、本件係員らにおいてその交付の判断の基礎となる重要な事項であるというべきであるから、自己に対する搭乗券を他の者に渡してその者を搭乗させる意図であるのにこれを秘して本件係員らに対してその搭乗券の交付を請求する行為は、詐欺罪にいう人を欺く行為にほかならず、これによりその交付を受けた行為が刑法246条1項の詐欺罪を構成することは明らかである。

　客体について、本問のような保険金などの現金は、2項の財産上の利益とも考えられるが、1項の財物とされている。財物とは有体物を言う（平成25年度予備試験を参照）。2項の財産上の利益は財物以外の利益を言い、積極財産の増加や消極財産の減少のいずれも含み、また一時的な利益でも良い。詐欺罪の主観的要素として詐欺の故意の他に、不法領得の意思が必要である（最判昭和8年6月26日刑集12巻963頁）。詐欺罪においても、例えば、壊す目的で財物を騙し

取った場合など、窃盗罪などと同様に毀棄隠匿罪との区別などが問題になるからである。不法領得の意思とは、「権利者を排除し他人の物を自己の所有物と同様にその経済的用法に従いこれを利用し又は処分する意思をいう」（最判昭和26年7月13日刑集5巻8号1437頁。平成25年度予備試験を参照）。なお、「財産上不法の利益を得」るとは、「財産上の利益を不法に得る」という意味であることに注意を要する。

6. 共犯に関する基礎的事項

（1）はじめに

　共犯は、必要的共犯と任意的共犯に分けられる。必要的共犯とは内乱罪や重婚罪などのように、構成要件上複数の者が関与することが前提とされる犯罪である。それに対して、任意的共犯とは構成要件上単独でも犯しうる犯罪を複数の者で犯罪を行った場合である。

　任意的共犯は、刑法60条から62条に規定されている。60条は「2人以上共同して犯罪を実行した者は、すべて正犯とする。」と規定し、61条1項は「人を教唆して犯罪を実行させた者には、正犯の刑を科する。」と規定し、62条1項は「正犯を幇助した者は、従犯とする。」と規定する。

　60条は共同正犯の規定であり、その成立要件は共同実行の事実と共同実行の意思の2つである。共同実行の事実とは、2人以上の者が共同して犯罪を実行したという事実を言い、共同実行の意思とは、行為者相互間の意思の連絡即ち共同犯行の認識（大判大正11年2月25日刑集1巻79頁）を言う。

　61条は教唆犯に関する規定である。教唆とは犯罪の決意をしていない者に犯罪を決意させることを言う。その成立要件は教唆行為と教唆の故意である。教唆行為とは人に対して特定の犯罪を実行する決意をさせるという事実を言い、教唆の故意とは人に対して特定の犯罪を実行する決意をさせ、その結果正犯が実行するという認識を言う。教唆犯が成立するためには、以上の他に教唆の結果正犯が実行したことが必要とされている。これを共犯の従属性と言い、これを必要とするのが共犯従属性説である。それに対して、教唆行為が行われれば、教唆犯として処罰が可能で、教唆の結果正犯が実行することまでは必要ないとするのが、共犯独立性説である。共犯従属性説が通説判例である（平成27年度

予備試験を参照)。

　62条は従犯に関する規定である。幇助とは犯罪を実行する決意をしている者に有形無形の方法でその実行を容易にすることである。その成立要件は幇助行為と幇助の故意である。幇助行為とは実行行為以外の方法で正犯の行為を容易にすることを言い、幇助の故意とは他人の犯罪に加功する意思で、実行行為以外の方法で正犯の行為を容易にするという認識を言う。従犯の場合も、教唆犯と同様に、幇助の結果正犯が実行したことが必要とされている。

(2) 共謀共同正犯

　共同正犯は、共同者全員で実行行為を分担する実行共同正犯の他に、実行行為を分担しない共同正犯も認めるのが、判例である。乙は、甲と交通事故を装った傷害により保険金を詐取するという謀議を行っただけで、傷害の実行行為を行っていない。このように、犯罪を行う謀議に参加しただけで、実行行為を分担していない場合でも共同正犯の責任を負うとするのが共謀共同正犯である。判例は、大審院以来、この共謀共同正犯を認めてきている（大判昭和11年5月28日刑集15巻175頁。最判昭和33年5月28日刑集12巻8号1718頁。最決昭和57年7月16日刑集36巻6号695頁など）。この共謀共同正犯の成立要件は、判例によれば、共謀、一部の者による実行及び正犯意思であるとされている。これらのうち、共謀とは2人以上の者が、特定の犯罪を行うため、共同意思の下に一体となって互に他人の行為を利用し、各自の意思を実行に移すことを内容とする謀議（最判昭和33年5月28日刑集12巻8号1718頁）を言い、正犯意思とは他人の行為を自己の手段として犯罪を行う意思を言う。これらの要件を満たせば、実行行為を行っていない者も、刑法60条により、正犯とされることになる。

7. 共犯関係の解消に関する基礎的事項

(1) はじめに

　共犯関係の解消の問題は、もともと中止犯を適用することができないのかという問題として論じられてきた。中止犯の規定は、行為者が犯罪の実行に着手した後、結果の発生を阻止して未遂で終わらせた場合にしか適用できないため、一部の者が離脱した後に他の共犯者が結果を発生させた場合には、離脱した者

に中止犯の規定を適用できないことになる。しかし、機械的に結果が発生した以上中止犯の規定を適用できないとすると離脱した者に酷な場合があるのではないかということが指摘された。例えば、共同正犯者の一部の者が、共同実行の途中で、共同実行の意思を放棄し、自己の実行行為を中止するとともに、他の共同者の実行行為をも中止させようと真剣な、すなわち、精一杯の努力を払ったのに、他の共同者により既遂に至った場合とか、共同実行の終了後、なお、共同正犯が既遂に至らず、かつ、既遂に至ることを阻止しうる状況の下で、共同者中の一部の者が既遂に至るのを阻止するために真剣な努力を払ったのに、既遂となってしまった場合などで、中止のための真剣な努力をしたとして、共同正犯の障害未遂に準ずる責任が問われるべきであるという指摘がなされた（大塚仁『刑法概説（総論）（第 4 版）』（有斐閣、2008）347 頁以下）。その後、実行の着手前の共謀の段階で離脱した場合の問題も指摘され、中止犯とは独立に論じられるようになった。以上の共犯関係の解消の問題が論じられるようになった経緯からすれば、共犯関係の解消が問題になる場合には、まず、実行の着手の前後について検討し、実行の着手後であれば、次に、結果が発生したことを認定して、法定されている中止犯の規定を適用することができないことを指摘したうえで、共犯関係の解消の問題を検討していくことになる。

（2）用語について

　従来、共犯関係の離脱と共犯関係の解消という言葉は、特に両者を区別しないで論じられたり、共同遂行の途中でその意思を放棄して離脱する場合を共犯関係からの離脱、共同遂行が終了したとして離れる場合を共犯関係の解消と呼んで両者を区別して論じられたりしてきたが、最決平成 21 年 6 月 30 日刑集 63 巻 5 号 475 頁は、共犯関係からの離脱を事実的な行為の意味で用い、共犯関係の解消を法的な評価を加えた場合に用いている（任介辰哉「判解」『最高裁判所判例解説刑事篇（平成 21 年度）』（法曹会、2013）172 頁以下）。また、最決平成 21 年 6 月 30 日は共謀関係の解消としているが、これは共同正犯が問題になり、その共謀から離脱した行為者の責任が問題にされた事案であるためであると考えられ、この問題は共同正犯だけでなく、共犯全体について考えられる。したがって、共犯関係の解消とする方が適切であろう。

(3) 共犯関係の解消

　実行の着手前の例としては、東京高判昭和25年9月14日高刑集3巻3号407頁が挙げられる。これは、被告人が窃盗現場に行く途中で自発的に窃盗の意思を放棄し、これを他の共謀者にも明示した上引返したが、他の共犯者3名は被告人の脱退を了承し、3名だけで意思連絡の上窃盗を遂行したという事案である。

○東京高判昭和25年9月14日高刑集3巻3号407頁

> 　……一旦他の者と犯罪の遂行を共謀した者でもその着手前他の共謀者にもこれが実行を中止する旨を明示して他の共謀者がこれを諒承し、同人等だけの共謀に基き犯罪を実行した場合には前の共謀は全くこれなかりしと同一に評価すべきものであって、他の共犯者の実行した犯罪の責を分担すべきものでない。

　また、実行の着手後の例としては、最判昭和24年12月17日刑集3巻12号2028頁が挙げられる。これは、被告人と共犯者が包丁を突き付けて金を出すよう脅したところ、被害者の妻から教員のゆえに金がない旨言われたことから、被害者の妻が出した900円を、「自分はそんな金はいらん、俺も困って入ったのだからお前の家も金がないのならばその様な金は取らん……。」などと言って、受け取りを拒否し、共犯者に「帰ろう」と言って表へ出たが、共犯者が900円を盗ってきたという事案である。

○最判昭和24年12月17日刑集3巻12号2028頁

> 　……被告人において、その共謀者たる一審相被告人Ｈが判示のごとく右金員を強取することを阻止せず放任した以上、所論のように、被告人のみを中止犯として論ずることはできないのであって、被告人としても右Ｈによって遂行せられた本件強盗既遂の罪責を免れることを得ない……。

　これらの判例を契機に実行の着手の前後で区別するという考え方が一般的になったとされている（林幹人「共犯の因果性」法曹時報62巻7号2頁）。そして、実行の着手前に共謀から離脱した場合には、他の共謀者に離脱の意思を表明し、

他の共謀者がそれを了承した場合に共犯関係の解消が認められ（一方的に離脱の意思を表明しただけでは、たとえ相手方がそれを知ったとしても、すでに形成された心理的因果性を解消したとは言えない）、実行の着手後に共謀から離脱した場合には、他の共犯者に離脱の意思を表明し、他の共犯者がこれを了承しただけでは足りず、結果が発生するのを阻止するための何らかの措置が必要であるとされてきた。

　ところが、前述の最決平成21年6月30日は、着手前に被告人が離脱したにもかかわらず、犯行の継続を防止する措置を講じなかったことを理由に共犯関係の解消を認めなかった。これは、被告人は住居侵入・強盗の共謀をしたうえ、犯行当日午前2時ころ、共犯者2名が侵入したところ、見張り役の共犯者は、屋内にいる共犯者2名が強盗に着手する前の段階において、現場付近に人が集まってきたのを見て犯行の発覚をおそれ、屋内にいる共犯者らに電話をかけ、やめて出てくるよう言ったところ、「もう少し待って。」などと言われたので、「危ないから待てない。先に帰る。」と伝え、付近に止めてあった自動車に乗り込み、被告人が運転して自動車で現場付近から立ち去ったが、屋内にいた共犯者2名は、被告人ら3名が立ち去ったことを知りつつ、その後、他の共犯者3名と共にそのまま強盗を実行し、被害者2名を負傷させたという事案である。

○最決平成21年6月30日刑集63巻5号475頁

　　……被告人は、共犯者数名と住居に侵入して強盗に及ぶことを共謀したところ、共犯者の一部が家人の在宅する住居に侵入した後、見張り役の共犯者が既に住居内に侵入していた共犯者に電話で『犯行をやめた方がよい、先に帰る』などと一方的に伝えただけで、被告人において格別それ以後の犯行を防止する措置を講ずることなく待機していた場所から見張り役らと共に離脱したにすぎず、残された共犯者らがそのまま強盗に及んだものと認められる。そうすると、被告人が離脱したのは強盗行為に着手する前であり、たとえ被告人も見張り役の上記電話内容を認識した上で離脱し、残された共犯者らが被告人の離脱をその後知るに至ったという事情があったとしても、当初の共謀関係が解消したということはできず、その後の共犯者らの強盗も当初の共謀に基づいて行われたものと認めるのが相当である。

この事案では、確かに、強盗はまだ実行の着手前の段階にあったが、住居侵入はすでに実行された後であり、この事案を被告人らが共謀した住居侵入強盗としてとらえると、すでに強盗に向けた因果経過が始動した状態にあったと考えられる。したがって、この事案は、完全に実行に着手する前の段階にあったとは言えないものであって、このような場合には共犯者が強盗に着手しないように積極的な防止措置を行う必要があるのは明らかである。この事案であれば、被告人はせめてすでに住居に侵入している共犯者をいったん外に連れ出してきて、中止を呼び掛けるとともに離脱することを伝えるなどのことをしないと共犯関係の解消を認めることはできないであろう（但し、被告人らは共犯者の了承を得られていないため、いずれにせよ共犯関係の解消を認めることはできない）。このように実行の着手前であっても、結果発生を防止するための積極的な措置が必要とされる場合が考えられる。

　そもそも、従来、実行の着手の前後で区別し、実行の着手の前では、他の共犯者に対して離脱の意思を表明し、他の共犯者がこれを了承するだけで足り、実行の着手の後では、他の共犯者に対して離脱の意思を表明し、他の共犯者がこれを了承するだけでは足りず、他の共犯者によるその後の実行を積極的に阻止することが必要であるとされてきたことの意味を考える必要がある。実行に着手する前の共謀段階で離脱する場合には、因果経過がまだ始動していないため、そのまま放置しておいても、結果が発生することがないのに対して、実行に着手した後になると、すでに因果経過が始動しているため、そのまま放置すると結果が発生してしまうことになる。したがって、実行に着手する前であれば、他の共犯者に離脱の意思を表明し、他の共犯者がこれを了承するだけで、因果性が遮断されるのに対し、実行に着手した後では、他の共犯者への離脱の意思の表明と他の共犯者によるその了承によって心理的な因果性が遮断されるだけでは足りず、結果発生を阻止するための積極的な措置を行って初めて、すべての因果性が遮断されることになる。このような観点でみると共犯関係の解消が認められるために積極的な措置が必要かどうかという問題にとって重要なのは、離脱の意思表明が実行の着手の前であったのか、それとも実行の着手の後であったのかということではなく、自己の関与の因果性を遮断するためにどのような措置が必要なのかということであるということが分かる。そもそも、因果経過は計画の段階から徐々に結果へ向けて進行していくのであり、それぞ

れの段階に応じて、結果発生を防止するために必要な措置は変わってくる。したがって、実行の着手前でも何らかの積極的な措置が必要な場合が考えられるのであって、実行の着手の前だから離脱の意思表明と他の共犯者による承諾で足りるとすることはできない。現在の判例も、この因果性の遮断という観点から判断していると考えられる。

（4）中止犯との関係

　以上のように、共犯関係の解消の問題は、因果性の遮断という観点から考えられるべきであるが、このことは中止犯にも妥当する。

　従来、未遂を実行行為がまだ終了していない着手未遂と実行行為がすでに終了した実行未遂に分け、着手未遂の段階であれば、その後の実行行為を放棄するという不作為で中止犯が成立するのに対し、実行未遂の段階では、中止犯を認めるためには、結果の発生を防止するための積極的な作為が必要であるとされてきた。着手未遂の場合に不作為で足りるとされるのも、実行行為が終了していないことからまだ因果経過が始動しておらず、そのまま放置しておいても結果が発生しないため、そのまま実行行為を中止するという不作為で足りるとされるのである。それに対し、実行未遂の場合には、すでに実行行為が終了しているため、因果経過が始動している以上、そのまま放置すると結果が発生してしまうことから、結果が発生しないように積極的な作為が必要になるのである。したがって、決定的なのは、具体的な因果性を遮断したかどうかということであり、因果性の遮断という基準は、共犯関係の解消だけでなく、中止犯における中止行為にも妥当することになる。

Ⅱ. 応用編

1. 甲の刑事責任について

（1）同意傷害について

　同意傷害の場合には、傷害罪の構成要件に該当するが、有効な同意があると違法性が阻却されることから、まず、甲の行為が204条の傷害罪の構成要件に該当するのかということを検討する必要がある。甲は、自己が運転するX

車を乙が運転するＹ車に衝突させ、その結果、乙に頸部捻挫を負わせている。Ｘ車をＹ車に衝突させる行為は、有形的な方法すなわち暴行に当たり、その結果生じた頸部捻挫は生理的機能又は生活機能の障害に当たると言えるので、傷害罪にいう「傷害した」に該当する。また、甲は乙に傷害を負わせることを乙と話し合っているため、甲には乙に対する傷害の故意が認められる。したがって、Ｘ車をＹ車に衝突させるという甲の行為は傷害罪の構成要件に該当する。

　しかし、乙は、甲と話し合って、自己が傷害を負うことに同意していることから、この同意により、甲の行為の違法性が阻却されないかということが問題になる。乙による同意の有効要件は、乙に法益の処分権があり、乙に同意の意味を理解する能力があり、乙が真意に基づいて同意したことが必要であり、さらにその同意が社会的相当性を有するものでなければならない。本問では、問題になっている法益は乙の身体であるので、乙に処分権がある法益であり、また、同意の意味を理解する能力についても、これが特に問題になる事情は示されていないため、乙にこの能力があると考えられ、乙が強制又は欺罔されて同意したという事情や冗談で同意したという事情なども認められないため、乙による同意それ自体は有効であると考えられる。しかし、本問の甲は、交通事故を装って、保険会社から保険金を詐取することを目的として、乙にその事情を話して乙から同意を得ているため、乙の同意には社会的相当性が認められない。したがって、甲の乙に対する傷害行為の違法性は阻却されず、甲は乙に対する傷害罪の責任を負うことになる。

（2）併発事実について

　甲は乙に傷害を負わせるとともに、路面の凍結により、Ｙ車が想定以上に押し出され、横断歩道上を歩いていたＡにも衝突し、Ａにも右手首骨折という怪我を負わせている。甲はＡという他人にＹ車を衝突させるという有形力を行使し、その結果右手首の骨折という生理的機能又は生活機能の障害を与えて、Ａを傷害したと言える。しかし、甲は乙以外の者に怪我を負わせることを想定していなかったことから、Ａについても傷害罪の責任を負うのかということが問題になる。この点、本問のような併発事実を錯誤の事例と理解し、行為者が認識した事実と客観的に発生した事実が法定の範囲内で符合一致して

いれば、38条1項の罪を犯す意思を認めることができるとする法定的符合説によれば、甲が傷害しようとしたのは乙という「人」であり、実際にはAという「人」にも傷害の結果が発生していることから、「人」という204条の範囲内で傷害という結果が発生しているため、Aについても傷害の故意が認められ、したがって傷害罪が認められることになる。

　以上より、判例が採用する法定的符合説の数故意犯説によれば、甲には、乙及びAの両者について傷害罪が認められ、2つの傷害罪は観念的競合になる。

（3）詐欺罪の未遂について

　甲は保険金を得る目的で、意図的にX車をY車に追突させたにもかかわらず、交通事故を装って自動車保険の保険会社に、乙に対する慰謝料及び乙の休業損害についての保険金を請求しているため、甲に詐欺罪が成立しないかということが問題になる。甲は保険金を請求する際に交通事故であることを装っているが、交通事故でなければ保険会社は保険金を支払う必要はないので、交通事故であったかどうかということは、保険会社が保険金を交付するかどうかという判断をするための基礎となる重要な事項であると言える。そして、保険金の交付に向けた欺罔行為があったことから、詐欺の実行に着手したと言える。しかし、保険会社による調査の結果、事故状況について不審な点が発覚したため、保険会社側の錯誤が生じずに、保険金が支払われなかったことから、詐欺罪の未遂になる。

2. 乙の刑事責任について

（1）詐欺罪の未遂について

　交通事故を装って自動車保険の保険会社から保険金をだまし取ろうと企てた甲が乙及び丙と相談し、①甲の所有する「X車」と、乙の所有する「Y車」を用意した上、乙がY車を運転して信号待ちのために停車中、丙の運転するX車を後方から低速でY車に衝突させ、②その衝突により、乙に軽度の頸部捻挫の怪我を負わせ、③乙は、医師に大げさに自覚症状を訴えて、必要以上に長い期間通院し、④甲がX車に付している自動車保険に基づき、保険会社に対し、乙に支払う慰謝料のほか、実際には乙が甲の従業員ではないのに従業員

であるかのように装い、同事故により甲の従業員として稼働することができなくなったことによる乙の休業損害の支払を請求し、⑤支払を受けた保険金は3人の間で分配することを計画し、これを実行することを合意している。したがって、甲、乙及び丙の間で保険金をだまし取ることについての共同実行の意思が認められる。また、甲及び乙は、X車に付している自動車保険の保険会社の担当者Bに対し、計画どおりに、乙に対する慰謝料及び乙の休業損害についての保険金の支払を請求したので、共同実行の事実も認められる。したがって、乙には、甲と詐欺罪の未遂についての共同正犯が認められる。

(2) 傷害罪について

　甲は、乙から同意を得て、これに傷害を与えているが、前述のとおり乙の同意は無効であると解されるため、甲に乙についての傷害罪が成立する。この場合に乙は甲の傷害罪についての共犯としての責任を負わないかということが問題になる。乙は乙の傷害についての実行行為を行っていないので、実行共同正犯は成立しない。そこで、その他の共犯が成立しないかということが問題になる。この場合には、一番重い共謀共同正犯の成否から検討することになる。

　乙は、甲と前述の①～⑤のような計画で保険金をだまし取ることを話し合っており、そのうちの②において乙の傷害についても話し合っていることから、乙の傷害についての共謀は認められる。次に甲による実行もあり、さらに、乙が交通事故の被害者として保険金詐取計画の中で医師に大げさに自覚症状を訴えて、必要以上に長い期間通院するという重要な役割を担っていること、詐取した保険金をみんなで分け合うことを約束していることなどから、乙の犯罪であるとも考えられるので、乙に正犯意思も認められる。そうすると、乙は、形式的には乙の傷害について甲との共謀共同正犯になると考えることができる。しかし、204条にいう「人の身体」とは、自分以外の他人の身体を意味するので、自分自身を傷害する自傷行為は処罰されない。したがって、乙は自分自身が負った傷害について正犯としての責任を負わないことになる。乙は自らの傷害の正犯たりえない以上、共謀共同正犯も認められないと考えられる。

　共謀共同正犯にならないとすると、教唆犯又は従犯の成否が問題になる。両者は実行の意思がない者に実行の意思を生じさせたのか、それともすでに実行の意思を有する者のその意思を強めたのかということにより区別される。本問

では甲、乙及び丙の保険金詐取の計画の話し合いがどのように行われたのかが明らかではないが、計画を3人で話し合って決めたのであれば、基本的には教唆犯になると考えられるであろう。ただ、乙に正犯意思が認められ、本来ならば共謀共同正犯が成立するのに、乙を共謀共同正犯では処罰できないから教唆犯になるとすることには疑問がある。教唆犯を処罰するのに正犯の実行を必要とする共犯従属性説によるならば、共謀共同正犯と教唆犯は正犯意思が認められるかどうかにより区別されるため、乙の主観により、処罰の対象になるかどうかが決まるということには疑問があるし、より重い共謀共同正犯が処罰の対象ではないのに、より軽い教唆犯になると処罰の対象になるというのはバランスが取れないように思われる。共謀共同正犯を否定する立場によれば教唆犯になるものの一部を共謀共同正犯として共同正犯に取り込んだのであるから、共謀共同正犯になるのか、それとも教唆犯になるのかということで、処罰の対象になるかどうかが変わってくるというのは疑問であろう。乙は頸椎捻挫という自己の傷害についての共謀共同正犯として処罰の対象にならないというのであれば、その教唆犯も処罰の対象にならないとする方が一貫するように思われる。他方で、乙に正犯意思が認められず、教唆犯になるというのであれば、乙が共謀共同正犯として処罰の対象になるかどうかということとは関係なく、教唆犯として処罰しうるとすることも可能である（処罰しえないという結論も可能である）。但し、前述のとおり、本問の場合には乙には正犯意思が認められるべきである。

　他方で、自傷行為の正犯としては責任を負わないが、他人に自分を傷害してもらうことまでは不可罰とすることはできないと考えることも可能である。この考え方によれば、乙に、甲による乙の傷害について共犯としての責任を負わせることは可能である。この場合、3つある共犯形式のうち、どの共犯の責任を乙は負うのかということが問題になるが、前述のとおり、乙にも正犯意思が認められるので、甲の傷害行為への関与形式として共謀共同正犯になると考えられる。

　また、Aの傷害について乙は責任を負うのかということが問題になる。乙に頸椎捻挫という自己の傷害罪の共謀共同正犯又は教唆犯を認めるのであれば、傷害の故意が認められるため、前述の法定的符合説の数故意犯説に従い、Aに対する傷害の故意も認められ、Aの右手首骨折についての傷害罪の共謀共同正犯又は教唆犯が認められることになるであろう。

他方で、乙が自分の傷害についての責任を負わないとした場合には、乙には傷害の故意が認められないため、法定的符合説によっても、Aに対する傷害の故意が認められず、また暴行の故意も同じく認められないため、Aの傷害についての故意犯を認めることはできない。したがって、Aの傷害については、乙は自動車運転過失致傷罪の責任を認めることができるにすぎない（自動車運転過失致傷罪は自動車運転死傷処罰法という特別法上の犯罪であるが、司法試験委員会によれば出題の対象になっているため、自動車運転過失致傷罪についても言及する必要がある）。この場合、乙は自動車運転過失致傷罪の単独犯になるのか、それとも甲との共同正犯になるのかということが問題になる。甲の追突を知りながら、路面が凍結した場所にY車を停止させたことについての過失を認めることもできるし、甲とともにY車が押し出されないようにするべき共同の注意義務を認めることもできるので、単独犯にも共同正犯にもできるであろう。但し、最近の判例は、可能な限り、それぞれの立場に応じた注意義務を検討し、その注意義務に違反したかどうかということを検討し、そうした個別の注意義務違反が認められない場合に共同の注意義務を検討しているようである。

3. 丙の刑事責任について

丙は、計画を実行する当日になって、待ち合わせ場所であった甲の事務所に現れず、その後、甲及び乙が丙の携帯電話に電話したところ、丙は、「俺は抜ける。」とだけ言って電話を切り、その後、甲や乙が電話をかけてもこれに応答しなかった。その後、甲及び乙は2人で計画を実行することにし、現に2人で実行した。そこで、丙は、保険金詐取計画からの離脱を表明した後、甲及び乙が2人で計画を実行したことについて、共犯関係が解消したものとして、責任を負わないのではないかということが問題になる。

因果性の遮断という観点から考えると、丙が離脱を表明したのは、保険金詐取の計画を実行するために甲の事務所に集まる段階になったときである。確かに、まだ傷害及び詐欺の実行の着手前ではあるが、甲及び乙はすでに甲の事務所にいるのであり、計画の実行に向けて因果が動き始めた段階であると言える。このような状況では、離脱の表明とそれに対する甲及び乙の了承だけでは足りず、甲及び乙を説得して翻意させるなどの積極的な行動が丙に求められると言

えるであろう。しかし、丙は、甲及び乙からの電話を受けて初めて離脱を表明しただけであり、しかも一方的に「俺は抜ける」と言って、甲及び乙の了承を取り付けないまま電話を切り、以後甲及び乙からの電話に一切出なかったというだけである。これでは、乙に対する傷害の実行の着手前の段階であるとは言え、丙は因果性を遮断したと評価することはできないであろう。したがって、丙に共犯関係の解消を認めることできず、丙は甲及び乙の行為についての責任、すなわち乙及びAについての傷害と詐欺罪の未遂についての共謀共同正犯の責任をまぬかれることはできないであろう。

4. まとめ

以上をまとめると以下のとおりになる。

甲には乙及びAについての傷害罪が成立し、これらは、X車をY車に追突させるという1個の行為で行われたので、観念的競合になる。さらに保険金についての詐欺罪の未遂が成立し、これと傷害罪は併合罪になる。

乙については、乙自身についての傷害罪を認めるかどうかにより、変わる。乙に乙自身についての傷害罪を認めるのであれば、Aについての傷害罪も認められ、両者は観念的競合になる。これと詐欺罪の未遂は併合罪になる。他方で、乙自身の傷害罪を否定する場合には、Aについての自動車運転過失致傷罪と詐欺罪の未遂が成立し、両者は併合罪になる。

丙には乙及びAについての傷害罪と詐欺罪の未遂の共謀共同正犯が成立することになる。2つの傷害罪については、甲の行為が1個であることから、丙の共謀も1個と評価されるため、観念的競合になり、傷害罪と詐欺罪の未遂は併合罪になる。

5. 出題趣旨について

(1) 出題趣旨

法務省から公表された平成24年度予備試験の出題趣旨は以下のとおりである（http://www.moj.go.jp/content/000104034.pdf）。

本問は、甲、乙及び丙が、故意に人身事故を発生させ、保険金をだまし取ろうと企てたが、丙は、犯罪に関与することを恐れて実行行為に参加せず、甲、乙が故意に人身事故を惹起して、乙及び通行人Aに傷害結果を生じさせ、乙の慰謝料及び休業損害について保険金請求を行ったものの保険金は支払われなかったという事案を素材として、事案を的確に分析する能力を問うとともに被害者の承諾、方法の錯誤、共謀の意義、共犯関係からの離脱、傷害罪における「人」の意義等に関する基本的な理解とその事例への当てはめが論理的一貫性を保って行われているかを問うものである。

(2) コメント

　出題趣旨にあるように、本問は、被害者の承諾、方法の錯誤、共謀の意義、共犯関係からの離脱、傷害罪における「人」の意義が主に問われているものである。いずれも刑法学では基本的な問題点であり、また内容的にも、それらの問題点の基本的な知識及び判例や通説を理解することができていれば、十分に解答することができるものである。

　もっとも、乙の傷害についての乙の責任は、普段の勉強の中で気づきにくい問題点であることから、難しく感じた人もいたかもしれない。

6. 参考答案例

　第1　甲の刑事責任について
　(1)　乙の傷害について
　1　甲は自己が運転するX車を乙が運転するY車に衝突させ、その結果、乙に頸部捻挫を負わせている。甲に傷害罪が成立しないか。
　2　傷害罪は人の身体を傷害した場合に成立する（204条）。
　　甲はX車をY車に衝突させるという暴行を行い、その結果乙に頸部捻挫という生理的機能の障害を負わせているので、「傷害した」と言える。また、甲は乙に傷害を負わせることを乙と話し合っているため、甲には乙に対する傷害の故意が認められる。したがって、X車をY車に衝突させた行為は傷害罪の構成要件に該当する。
　3　しかし、甲は、乙から傷害を与えることについて同意を得ているため、こ

れにより、甲による傷害行為の違法性が阻却されないか。

4　乙による同意が有効となるためには、乙に法益の処分権があり、乙に同意の意味を理解する能力があり、乙が真意に基づいて同意し、さらにその同意が社会的に相当なものである必要がある。乙の身体は乙に処分権が認められる法益であり、また乙の同意能力や同意の真意性について問題になるような事情も示されていないため、これらも認められる。しかし、甲は、交通事故を装って、保険会社から保険金を詐取するという犯罪目的で、その事情を話して乙から同意を得ているため、乙の同意は社会的に相当なものとは言えない。したがって、乙の同意により甲の乙に対する傷害行為の違法性は阻却されず、甲に傷害罪が成立する。

(2)　Aの傷害について

1　甲は乙とともに、Aにも右手首骨折という怪我を負わせているが、甲は乙以外の者に怪我を負わせることを認識していなかったことから、Aについて傷害罪の責任を負わないか。

2　故意責任の本質は、ある犯罪事実を認識し、その犯罪事実に関する規範の問題に直面したにもかかわらず、あえてそのような行為を行ったことについての反規範的な態度にある。そこで、行為者が認識した犯罪事実と客観的に発生した犯罪事実が法定の範囲で一致していれば、規範の問題に直面していると言えるため、故意を認めることができる。甲は乙という「人」を傷害しようとして、Aという「人」にも傷害の結果が発生したので、傷害が発生した客体は「人」という204条の範囲で一致している。したがって、甲にはAについても傷害の故意が認められ、Aについても傷害罪が成立する。

(3)　詐欺罪の未遂について

甲は保険金を得る目的で、意図的にX車をY車に追突させ、交通事故を装って保険会社に、乙に対する慰謝料及び乙の休業損害についての保険金を請求したが、詐欺に気づいた保険会社により保険金が支払われなかったことから、甲に詐欺罪の未遂が成立する。

第2　乙の刑事責任について

(1)　詐欺罪の未遂について

交通事故を装って自動車保険の保険会社から保険金をだまし取ろうと企てた甲が乙及び丙と相談し、3人で具体的な計画を立て、これを実行することを合意している。甲、乙及び丙の間で保険金をだまし取ることについての共

同実行の意思が認められ、甲及び乙は、保険会社の担当者Bに対し、計画どおりに、乙に対する慰謝料及び乙の休業損害についての保険金の支払を請求したので、共同実行の事実も認められる。したがって、乙は、甲と詐欺罪の未遂についての共同正犯になる（60条）。

(2) 傷害罪について

1 甲に乙についての傷害罪が成立する。乙は、乙の傷害について甲と話し合っているものの、実行行為を行っていないので、実行共同正犯は成立しない。そこで、乙に乙についての傷害罪の共謀共同正犯が成立しないか。

2 仮に乙が傷害の共謀共同正犯であるとすると、乙は自分を傷害したという評価になるが、204条にいう「人の身体」は、自分以外の他人の身体を意味するので、乙は自分自身が負った傷害について正犯としての責任を負わないことになる。したがって、乙は乙が負った傷害についての傷害罪の共謀共同正犯にはならない。乙に乙の傷害についての傷害罪の共謀共同正犯が成立しない以上、同罪の教唆犯及び従犯も成立しないと考える。

3 Aの傷害について乙は責任を負うのか。乙には、自己の傷害について傷害の故意が認められないため、法定的符合説によってもAに対しても故意を認めることができない。したがって、乙は車の運転中であったので、Aの傷害については自動車運転過失致傷罪の責任を負う。この場合、乙はX車の追突を認識していたのであるから、Y車が追突により前に押し出されないようにする注意義務があり、それにもかかわらず、路面が凍結した場所にY車を停止させ、Y車が押し出されやすい状態を作り出したので、乙に過失を認めることができる。

第3 丙の刑事責任について

1 丙は傷害罪及び詐欺罪の未遂についての共謀共同正犯になると考えられるが、甲及び乙が傷害の実行に着手する前に計画から離脱したので、当初の共謀関係が解消したものとして共謀共同正犯の責任を負わないか。

2 丙に共謀関係の解消が認められるためには、甲及び乙と共謀した結果生じた因果性を丙が遮断する必要がある。丙が離脱を表明したのは、乙への傷害の実行の着手前であったが、保険金詐取の計画を実行するために甲の事務所に集まる段階になったときである。そして、甲及び乙はすでに甲の事務所におり、3人で共謀した計画の実行に向けて因果が動き始めた段階である。この段階では、丙による離脱の表明とそれに対する甲及び乙の了承だけでは足

りず、甲及び乙を説得して翻意させるなどの積極的な作為が丙に求められる。丙は、甲及び乙からの電話を受けて初めて一方的に「俺は抜ける」と言って離脱を表明しただけで、了承を取り付けないまま電話を切り、以後両者からの電話に一切出なかったので、丙が当初の共謀による因果性を遮断したと評価することはできない。したがって、丙に共謀関係の解消を認めることできない。

　以上より、丙は乙及びAについての傷害罪と詐欺罪の未遂についての共謀共同正犯の責任を負う。

第4　罪　数

　以上より、甲には乙及びAについての傷害罪が成立し、これらは、X車をY車に追突させるという1個の行為で行われたので、観念的競合になる（54条1項前段）。また、保険金についての詐欺罪の未遂が成立し、これと傷害罪は併合罪になる（45条前段）。

　乙にはAについての自動車運転過失致傷罪と詐欺罪の未遂が成立し、両者は併合罪になる。

　丙には乙及びAについての傷害罪と詐欺罪の未遂の共謀共同正犯が成立することになる。2つの傷害罪については、甲の行為が1個であることから、丙の共謀も1個と評価されて観念的競合になり、これと詐欺罪の未遂は併合罪になる。

以上

Ⅲ. 展開編

　本問では甲は乙を騙していないが、甲が真実保険金を分配する気はなかったのに、これを分配すると乙を騙し、それにより騙された乙が傷害に同意したということも考えられる。このように行為者が欺罔することにより被害者から法益侵害の同意を得た場合に、その同意の有効性が問題になる。

　この点、偽装心中に関する最判昭和33年11月21日刑集12巻15号3519頁が参考になるであろう。その事案は、料理屋の接客婦Aと馴染になった被告人は、そこで遊興を重ねる中、Aとの間に夫婦の約束までしたが、料理屋に対し10数万円、その他数ケ所からも数十万円の借財を負うに至り、両親か

らはＡとの交際を絶つよう迫られ最近に至り自らもようやくＡを重荷に感じ始め、Ａと関係を断ち過去の放縦な生活を一切清算しようと考え、Ａに対し別れ話を持ち掛けたが、Ａはこれに応じず心中を申出でたため困り果てＡの熱意に釣られて渋々心中の相談に乗ったものの、もはや被告人の気が変り心中する気持がなくなっていたにもかかわらず、Ａが自己を熱愛し追死してくれるものと信じているのを奇貨としてＡのみ毒殺しようと企て、真実は追死する意思がないのに追死するかのように装い、Ａをしてその旨誤信せしめあらかじめ買求め携帯してきた青化ソーダ致死量をＡに与えてこれを飲ませ、その結果Ａは即時青化ソーダの中毒により死亡したというものである。これについて最高裁は、「被害者は被告人の欺罔の結果被告人の追死を予期して死を決意したものであり、その決意は真意に添わない重大な瑕疵ある意思であることが明らかである。そしてこのように被告人に追死の意思がないに拘らず被害者を欺罔し被告人の追死を誤信させて自殺させた被告人の所為は通常の殺人罪に該当する」とした。このように、被害者を騙し、一緒に心中すると見せかけて被害者を自殺させるような場合を偽装心中という。この最高裁の判断によれば、偽装心中のような場合には、自殺の決意は真意に添わない重大な瑕疵ある意思によるものとして、殺人罪になると考えられる。但し、本件では、確かに心中を持ち掛けたのは被害者のＡであるが、毒を用意したのは被告人であること、追死すると騙してその毒をＡに渡して飲ませていること及び被告人が意図したとおりの結果が生じていることなどの事情があったという点に注意を要する。したがって、仮にＡが自ら毒を用意し、「先に逝って待っている。」などと言い、被告人が「わかった」と答えたため、Ａがその毒を飲んだというような場合に、被告人に殺人罪を認めるかどうかということは明らかではないと言えるであろう（判文によれば、この場合でも被告人は殺人罪になる可能性が高い）。

　この最判昭和33年11月21日によれば、真実保険金を分配する気がなかったにも関わらず、分配すると騙して乙の同意を得た場合には、保険金の分配を受けられなければ、乙が同意しなかったと考えられるので、乙の同意は真意に添わない重大な瑕疵ある意思によるものとして、乙の同意がそもそも無効になると考えられる。

詐欺罪、窃盗罪の未遂、建造物侵入罪及びそれらの共犯の成否

◀ 問題 ▶

　以下の事例に基づき，Ｖに現金 50 万円を振り込ませた行為及びＤ銀行Ｅ支店 ATM コーナーにおいて，現金自動預払機から現金 50 万円を引き出そうとした行為について，甲，乙及び丙の罪責を論じなさい（特別法違反の点を除く。）。

1　甲は，友人である乙に誘われ，以下のような犯行を繰り返していた。
　①乙は，犯行を行うための部屋，携帯電話並びに他人名義の預金口座の預金通帳，キャッシュカード及びその暗証番号情報を準備する。②乙は，犯行当日，甲に，その日の犯行に用いる他人名義の預金口座の口座番号や名義人名を連絡し，乙が雇った預金引出し役に，同口座のキャッシュカードを交付して暗証番号を教える。③甲は，乙の準備した部屋から，乙の準備した携帯電話を用いて電話会社発行の電話帳から抽出した相手に電話をかけ，その息子を装い，交通事故を起こして示談金を要求されているなどと嘘を言い，これを信じた相手に，その日乙が指定した預金口座に現金を振り込ませた後，振り込ませた金額を乙に連絡する。④乙は，振り込ませた金額を預金引出し役に連絡し，預金引出し役は，上記キャッシュカードを使って上記預金口座に振り込まれた現金を引き出し，これを乙に手渡す。⑤引き出した現金の 7 割を乙が，3 割を甲がそれぞれ取得し，預金引出し役は，1 万円の日当を乙から受け取る。

2　甲は，分け前が少ないことに不満を抱き，乙に無断で，自分で準備した他人名義の預金口座に上記同様の手段で現金を振り込ませて，その全額を自分のものにしようと計画した。そこで，甲は，インターネットを通じて，他人であるＡが既に開設していたＡ名義の預金口座の預金通帳，キャッシュカード及びその暗証番号情報を購入した。

3　某日，甲は，上記 1 の犯行を繰り返す合間に，上記 2 の計画に基づき，乙の準備した部屋から，乙の準備した携帯電話を用いて，上記電話帳から新たに抽出したＶ方に電話をかけ，Ｖに対し，その息子を装い，「母さん。俺だ

よ。どうしよう。俺，お酒を飲んで車を運転して，交通事故を起こしちゃった。相手のAが，『示談金50万円をすぐに払わなければ事故のことを警察に言う。』って言うんだよ。警察に言われたら逮捕されてしまう。示談金を払えば逮捕されずに済む。母さん，頼む，助けてほしい。」などと嘘を言った。Vは，電話の相手が息子であり，50万円をAに払わなければ，息子が逮捕されてしまうと信じ，50万円をすぐに準備する旨答えた。甲は，Vに対し，上記A名義の預金口座の口座番号を教え，50万円をすぐに振り込んで上記携帯電話に連絡するように言った。Vは，自宅近くのB銀行C支店において，自己の所有する現金50万円を上記A名義の預金口座に振り込み，上記携帯電話に電話をかけ，甲に振込みを済ませた旨連絡した。

4　上記振込みの1時間後，たまたまVに息子から電話があり，Vは，甲の言ったことが嘘であると気付き，警察に被害を申告した。警察の依頼により，上記振込みの3時間後，上記A名義の預金口座の取引の停止措置が講じられた。その時点で，Vが振り込んだ50万円は，同口座から引き出されていなかった。

5　甲は，上記振込みの2時間後，友人である丙に，上記2及び3の事情を明かした上，上記A名義の預金口座から現金50万円を引き出してくれれば報酬として5万円を払う旨持ちかけ，丙は，金欲しさからこれを引き受けた。甲は，丙に，上記A名義の預金口座のキャッシュカードを交付して暗証番号を教え，丙は，上記振込みの3時間10分後，現金50万円を引き出すため，D銀行E支店（支店長F）のATMコーナーにおいて，現金自動預払機に上記キャッシュカードを挿入して暗証番号を入力したが，既に同口座の取引の停止措置が講じられていたため，現金を引き出すことができなかった。なお，金融機関は，いずれも，預金取引に関する約款等において，預金口座の譲渡を禁止し，これを預金口座の取引停止事由としており，譲渡された預金口座を利用した取引に応じることはなく，甲，乙及び丙も，これを知っていた。

1. 問題の捉え方

　甲はVをだまして50万円を自己が管理するA名義の口座に振り込ませているので、甲に詐欺罪が成立しないかということが問題になる。ただ、甲は丙に頼んで銀行のATMから引き出してもらおうとしたが、口座が取引停止にされていて、現金を引き出せていない。したがって、詐欺罪は既遂なのかということが問題になる。次に、丙はD銀行E支店に行き、甲にだまされてVが振り込んだ現金50万円をAになりすましてATMから引き出そうとしたが、結果的に引き出すことができなかった。丙がATMから50万円を引き出そう

としたことについて、ATM という機械はだまされないため、丙を詐欺罪に問うことはできない。そこで銀行が占有する金銭を奪おうとしたとして窃盗罪の未遂が成立しないかということが問題になる。その際、丙が引き出そうとしたときには、すでに口座の取引停止措置が取られていて、引き出すことができない状態であったので、占有侵害の危険性が認められず、不能犯として処罰されないのではないかということが問題になる。丙に窃盗罪が認められるとすると、丙が銀行に立ち入ったのは窃盗の目的であったことから、建造物侵入罪にならないかということが問題になる。そして、甲は丙の行為の共犯に問うことができないかということが問題になる。

乙は、これまで、犯行を行うための部屋、携帯電話並びに他人名義の預金口座の預金通帳、キャッシュカード及びその暗証番号情報を準備し、甲とともに詐欺を行ってきたが、甲が V に 50 万円を振り込ませたことについては、乙に無断で行われているため、乙は甲の詐欺罪の共同正犯の責任を負うことはない。他方で、甲は、乙が準備した部屋や携帯電話を利用しているので、乙は、従犯としての責任を負わないかということが問題になる。特に、意思連絡のない従犯である片面的従犯が乙に成立しないかということが問題になる。そこで、以下では、詐欺罪の既遂時期（その他の要件については平成 24 年度予備試験を参照）、窃盗罪、建造物侵入罪、不能犯及び片面的従犯（共犯全体については平成 24 年度予備試験を参照）について見ていこう。

2. 詐欺罪の既遂時期に関する基礎的事項

（1）はじめに

詐欺罪の構成要件は、人を欺く行為（欺罔行為）があり、これにより相手方が錯誤に陥り、その錯誤に基づいて財物の交付又は財産上の処分がなされ、その結果財産上の損害が発生したというものである。その既遂時期は、原則として財物又は利益を取得した時である。しかし、特殊詐欺のように、自己が管理する銀行口座に振り込ませたような場合には、特別な考慮が必要になる。

（2）自己が管理する口座に振り込ませた場合の既遂時期

既遂時期についての原則に従えば、銀行振り込みの場合には、被害者が行為

者側の口座に振り込んだだけでは行為者は振り込まれた金額相当分の金銭をまだ取得することができていないため、その時点ではまだ詐欺罪は既遂にはなっておらず、未遂の段階にあると考えられる。ただ、この場合でも、振り込まれた金額相当額の預金債権を取得したので、預金債権という財産上の利益を取得したと考え、246条2項の詐欺利得罪が成立するとも考えられる。しかし、被害者が銀行口座に振り込んでしまうと、行為者は振り込まれた金額相当分の金銭を自由に処分することができるようになり、他方で被害者もそれを取り戻すのは著しく困難になる。そうすると、実質的に見れば、被害者が振り込んだ時点で詐欺罪は既遂になったと見てよいと考えられる。この点、判例は、被害者が振り込んだ時点で振り込まれた価格相当の現金を加害者が自由に処分することが可能になるとして、振り込んだ時点で246条1項の詐欺罪の既遂を認めている（大阪高判平成16年12月21日判タ1183号333頁）。

3. 窃盗罪に関する基礎的事項

(1) はじめに

　刑法235条は、「他人の財物を窃取した者は、窃盗の罪とし、10年以下の懲役又は50万円以下の罰金に処する。」と規定する。窃盗罪については、説明することが非常に多いので、ここでは本問を解答するに当たり必要な範囲のことについて説明する。

(2) 窃盗罪の構成要件

　「他人の」とは、窃盗罪の保護法益を占有ととらえることを理由に（保護法益については後述）、「他人が占有する」という意味に理解する見解もあるが、文言からすれば、「他人が所有する」という意味に理解する方が自然であろう。そのように理解すれば、文言上明らかに「他人が所有する」という意味である242条の「他人の財物」及び252条の「他人の物」などと同じ意味に理解することができる。このように「他人の」を「他人が所有する」という意味に理解したとしても、後述する窃取の概念から「占有」の問題が生じるので、「他人の」という言葉と保護法益の議論は関連していないように思われる。

　「財物」とは有体物に限られるとする有体物説と管理可能なものであれば足

りるとする管理可能性説がある。旧刑法366条の「人の所有物」に電気も含まれるとした判例があり（大判明治36年5月21日刑録9輯874頁）、これを受けて、判例は管理可能性説に立っているとされてきた。しかし、この判例は現行の245条に当たる規定がなかった旧刑法の時代のものであり、現在は245条で電気は財物とみなされていること、情報それ自体を取得した場合には背任罪が問題になるとされ（東京地判昭和60年3月6日判時1147号162頁）、情報が紙や記録媒体に記録された場合に窃盗罪が問題になるとされていることから（例えば東京地判昭和59年6月28日判時1126号3頁）、むしろ判例は有体物説に立っていると理解する方が適切であろう。また、財物に客観的な価値が必要かどうかということが問題になるが、判例は、所有権の目的になりうるものであれば足りるとしている（最判昭和25年8月29日刑集4巻9号1585頁）。

　「窃取」とは、物に対する他人の所持を侵しその意に反して窃（ひそか）にこれを自己の所持に移すことを言う。この「所持」は占有のことであるが、事実上物を支配する関係とされていて、民法の占有とは異なる（大判大正4年3月18日刑録21輯309頁）。ここに言う支配は、「必ずしも物の現実の所持又は監視を必要とするものではなく、物が占有者の支配力の及ぶ場所に存在するを以て足りる」。ただ、「その物がなお占有者の支配内にあるというを得るか否かは通常人ならば何人も首肯するであろうところの社会通念によって決する」ことになる（最判昭和32年11月8日刑集11巻12号3061頁）。占有が認められるための要件は占有又は支配の事実とその意思であり、これらの総合判断により、占有の有無を決する。

　窃盗罪の主観的要素として窃盗の故意が必要であるが、「他人の財物を窃取する」認識をいう。また、窃盗の故意の他、不法領得の意思が必要とされている（最判昭和26年7月13日刑集5巻8号1437頁）。

○最判昭和26年7月13日刑集5巻8号1437頁

> ……刑法上窃盗罪の成立に必要な不正領得の意思とは、権利者を排除し他人の物を自己の所有物と同様にその経済的用法に従いこれを利用し又は処分する意思をいう……。

　刑法242条は「自己の財物であっても、他人が占有し、又は公務所の命令

により他人が看守するものであるときは、この章の罪については、他人の財物とみなす。」と規定する。この規定における他人の「占有」が所有権その他の本権に裏付けられている必要があるのかという問題があり、大きく、必要があるとする説と必要がないとする説が主張されている。前者の所有権その他の本権に裏付けられている必要があるとする説によれば、所有権その他の本権に裏付けられていない他人の占有物は保護されないことになる。そこで、この説によれば、保護されるのは、実質的に他人の占有の背後にある所有権その他の本権になる。それに対して、所有権その他の本権に裏付けられている必要はないとすれば、他人が占有してさえいれば、保護されることになるので、結局他人の占有そのものが保護されることになる。これが保護法益の議論である。前者の説によれば、保護法益は所有権その他の本権であるという本権説になり、後者の説によれば、保護法益は占有又は所持それ自体という所持説になる。判例は、大審院の時代は本権説を採っているとされていたが、最高裁になって所持説を採っている（特に最決平成元年7月7日刑集43巻7号607頁）。

○最決平成元年7月7日刑集43巻7号607頁

> ……被告人が自動車を引き揚げた時点においては、自動車は借主の事実上の支配内にあったことが明らかであるから、かりに被告人にその所有権があったとしても、被告人の引揚行為は、刑法242条にいう他人の占有に属する物を窃取したものとして窃盗罪を構成するというべきであり、かつ、その行為は、社会通念上借主に受忍を求める限度を超えた違法なものというほかはない。

　この最決平成元年7月7日は、保護法益について所持説に立ち、所有者による取り戻しは、違法阻却の問題としていると考えられる。
　かつては、不法領得の意思の問題は、以上の保護法益の議論と関連付けて議論されてきた。本権説は不法領得の意思を必要としてきた。窃盗罪の客観面は、簡単に言うと占有侵害であり、窃盗罪の故意はその認識ということになる。窃盗罪の保護法益を所有権その他の本権と解すると、窃盗罪の故意に法益侵害の認識が含まれないことになる。そこで、窃盗罪の故意の他に不法領得の意思が必要であり、その内容は本権説による法益侵害の意思、すなわち所有者として

ふるまう意思であるとされた。この立場によれば、一時使用による占有侵害は、所有者としてふるまう意思が認められないため、窃盗罪は成立しないことになる（所有者を尊重しているからこそ、一時的に使用するだけである）。それに対して、窃盗罪の保護法益を占有又は所持それ自体と理解する所持説によれば、窃盗罪の故意に法益侵害の認識も含まれるため、特に不法領得の意思は必要ないことになる。この立場によれば、占有を侵害する場合には窃盗罪になり、占有者の目前で破壊するなどのように占有を侵害しないで物を損壊する場合には器物損壊罪に代表される毀棄隠匿罪になる。したがって、破壊目的で他人の財物を持ち出し、その後破壊した場合には、占有侵害があるため、窃盗罪になる。しかし、同じく財物を破壊した場合でも、占有を侵害しなければ器物損壊罪になり、占有を侵害すると窃盗罪になり、重く処罰されるのは妥当なのかということが問題になる。

　そもそも、所有権又は占有を侵害する度合いは、物を破壊する器物損壊の方が大きいのに、窃盗罪の方が重く処罰される根拠は何かということが問題になる。そして、その根拠として、他人の財物の利益を得るということは起こりやすいことなので（利欲犯）、これを重く処罰して予防するという一般予防上の必要性が挙げられている。この立場からは、窃盗罪と毀棄隠匿罪の区別のために不法領得の意思が必要とされることになり、その内容は、経済的用法に従い利用処分する意思ということになる。この経済的用法に従い利用処分する意思は、所持説だけでなく、本権説でも必要とされうる。

　判例は、前述のとおり、大審院以来、不法領得の意思を必要とし、その内容は権利者を排除し他人の物を自己の所有物と同様にその経済的用法に従いこれを利用し処分する意思を言うとしてきた。これは、大審院時代には、法益を所有権その他の本権としていた影響であると推測される。その後、最高裁になり、判例が所持説を採用したのちも、不法領得の意思に関する見解は変更されていない。しかし、最高裁は、後に元の位置に戻しておくつもりで一時的に他人の財物を使用した場合でも、不法領得の意思を認めている（最決昭和43年9月17日判時534号85頁。最決昭和55年10月30日刑集34巻5号357頁）。元の位置に戻しておくつもりであれば、本来ならば権利者排除意思が認められないはずである。それにもかかわらず、これらの判例が不法領得の意思を認めたのは、保護法益が本権説から所持説へと変更されたことの影響もあると推測される。答案作成

に当たり、不法領得の意思の内容は判例に従うとしても、一時使用の場合には、占有侵害があまりに短時間でそれを無視しうる程度のものであれば格別、そうでなければ、一時的にせよ、権利者を排除したとして不法領得の意思を認めることになるであろう。

この不法領得の意思は、窃盗の故意を超える主観的超過要素であるとされている。

占有侵害	
占有侵害の認識 ＝ 窃盗の故意	不法領得の意思

なお、経済的用法に従って利用処分する意思を厳密に考えると、例えば下着泥棒の場合に、窃盗罪が認められなくなる可能性があり、非常識な結論になるので、注意を要する。毀棄隠匿目的があり、明らかに経済的用法に従って利用処分する意思を否定するべき場合以外は不法領得の意思を認めるべきであろう。

4. 不能犯に関する基礎的事項

(1) はじめに

刑法43条は、「犯罪の実行に着手してこれを遂げなかった者は、その刑を減軽することができる。ただし、自己の意思により犯罪を中止したときは、その刑を減軽し、又は免除する。」と規定する。犯罪の実行に着手してこれを遂げなかった場合を未遂という。未遂の条件は2つあり、①犯罪の実行に着手していること及び②犯罪を遂げなかったことである。犯罪の実行に着手したかどうかということにより予備と区別され、犯罪を遂げたかどうかということにより既遂と区別される。犯罪の発展形態を時系列的に表すと以下のようになる（但し、時系列的に示すのが必ずしも適切とは言えないので、注意を要する）。

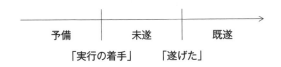

(2) 犯罪の実行に着手

　「犯罪の実行に着手した」かどうかということについて、判例は、「結果発生
又は法益侵害に至る客観的危険性」が認められるかどうかという判断をしてい
ると思われる。例えば殺人の実行の着手について、最決平成16年3月22日
刑集58巻3号187頁は、「実行犯3名が第1行為を開始した時点で既に殺人
に至る客観的な危険性が明らかに認められるから、その時点において殺人罪の
実行の着手があったものと解するのが相当である。」としている。また、強姦
の実行の着手についても、最決昭和45年7月28日刑集24巻7号585頁が、
被告人が被害者をダンプカーの運転席に引きずり込もうとした段階においてす
でに強姦に至る客観的な危険性が明らかに認められるから、その時点において
強姦行為の着手があったとしている。さらに下級審ではあるが、放火の実行の
着手についても、横浜地判昭和58年7月20日判時1108号138頁が、「本件
家屋は木造平家建であり、内部も特に不燃性の材料が用いられているとは見受
けられず、和室にはカーペットが敷かれていたこと、本件犯行当時、本件家屋
は雨戸や窓が全部閉められ密閉された状態にあったこと、被告人によって撒布
されたガソリンの量は、約6.4リットルに達し、しかも六畳及び四畳半の各和
室、廊下、台所、便所など本件家屋の床面の大部分に満遍無く撒布されたこと、
右撒布の結果、ガソリンの臭気が室内に充満し、被告人は鼻が痛くなり、目も
まばたきしなければ開けていられないほどであったことが認められるのであり、
ガソリンの強い引火性を考慮すると、そこに何らかの火気が発すれば本件家屋
に撒布されたガソリンに引火し、火災が起こることは必定の状況にあったので
あるから、被告人はガソリンを撒布することによって放火について企図したと
ころの大半を終えたものといってよく、この段階において法益の侵害即ち本件
家屋の焼燬を惹起する切迫した危険が生じるに至ったものと認められるから、
右行為により放火罪の実行の着手があったものと解するのが相当である。」と
した（ちなみに、ガソリンは−40℃で気化する）。これらの判例の見解は、実行の着
手を結果発生又は法益侵害の危険が発生した時とする実質的客観説に従ってい
ると考えられる。

　その一方で、窃盗の実行の着手について、大判昭和9年10月19日刑集13
巻1473頁が「窃盗ノ目的ヲ以テ家宅ニ侵入シ他人ノ財物ニ対スル事実上ノ支
配ヲ犯スニ付密接ナル行為ヲ為シタルトキハ窃盗罪ニ着手シタルモノト謂フヲ

得ヘシ」としており、実行の着手を構成要件に該当する行為を開始した時とする形式的客観説に従っているように考えられる。そして、最高裁は、「被告人等は、窃盗の目的で他人の屋内に侵入し、財物を物色したというのであるから、このとき既に、窃盗の着手があったとみるのは当然である。」（最判昭和23年4月17日刑集2巻4号398頁）としたり、「被告人は昭和38年11月27日午前0時40分頃電気器具商たる本件被害者方店舗内において、所携の懐中電燈により真暗な店内を照らしたところ、電気器具類が積んであることが判ったが、なるべく金を盗りたいので自己の右側に認めた煙草売場の方に行きかけた際、本件被害者らが帰宅した事実が認められるというのであるから、原判決が被告人に窃盗の着手行為があったものと認め、刑法238条の『窃盗』犯人にあたるものと判断したのは相当である。」（最決昭和40年3月9日刑集19巻2号69頁）とするなどにとどめている。したがって、最高裁も形式的客観説に従っているかのように考えられる。しかし、事実上の支配を犯すにつき密接な行為の範囲が必ずしも明確とは言えないこと、一般に侵入窃盗の場合、侵入したのが住居の時には単にこれに侵入しただけでは窃盗の着手は認められないとされているのに対し、前述の最判昭和23年4月17日によれば、物色を開始した時にはすでに窃盗の着手が認められることになるが、その間の限界が明確ではないことから、占有の侵害に至る、すなわち窃盗に至る客観的危険性を考慮せざるをえないと考えられる（なお、最高裁は、窃盗の着手を認めるために物色が必要であるとしているわけではない）。したがって、実質的には、窃盗の着手についても、実質的客観説に従った判断がなされていると言えるであろう。なお、前述の最決昭和40年3月9日は、レジの方に行きかけたという事実で、窃盗の実行の着手を認めている。これは物色よりも早い段階で窃盗の着手を認めたとも考えられる。しかし、この事案で被告人が侵入した場所は店舗であった。前述のように、住居侵入窃盗の場合には、住居に侵入しただけでは窃盗の着手は認められないが、他方で、土蔵や倉庫などのように財物の保管を役割とする建造物の場合には、それに侵入しただけで窃盗の着手が認められるとされている。というのも、住居の場合には、侵入しただけでは、窃盗の危険が認められるとは限らず、放火や殺人、強制性交等の危険も考えられるのに対し、倉庫などに侵入した場合には、一般的には窃盗の目的しか考えにくいからである。さて、最決昭和40年3月9日の被告人が侵入した店舗は、住居と同様に考えるべきであろうか、そ

れとも倉庫と同様に考えるべきであろうか。この点、店舗の場合には商品があり、レジなどに現金があると考えられること、また、被告人が侵入した時間は深夜であり、その時間に店舗に人がいる可能性が低いことを考えると、むしろ倉庫と同様に考えることができるであろう。そうすると、最決昭和40年3月9日は、店舗に侵入した時点で窃盗の着手を認めることもできた事案なので、窃盗の着手を早めたとすることが妥当とは思われない。

　以上より、判例によれば、犯罪の実行の着手は、抽象的な規範としては、「結果発生又は法益侵害に至る客観的な危険が生じたかどうか」ということになる。

　次に問題になるのは、その危険を判断するための方法である。すなわち、純粋に客観的に判断するべきなのか、それとも行為者の主観なども考慮しながら判断するべきなのかということが問題になる。この点、前述の最決平成16年3月22日は、行為者の殺害計画を考慮に入れて判断した。その事案は、被害者にクロロホルムを吸引させて失神させた後（第1行為）、被害者を自動車のトランクに乗せ、そのまま自動車を海中に転落させて被害者を殺害する（第2行為）という計画を立て、そのとおりに実行したのであるが、クロロホルムを吸引させたときに死亡していた可能性があるというものである（なおクロロホルムには致死量がある）。この場合、「疑わしきは被告人の利益に（In dubio pro reo.）」の原則により、被告人の意図とは異なる結果であるクロロホルム吸引時に被害者の死亡結果が発生したと仮定すると（海中転落後に被害者が死亡したとすると、被告人の意図どおりの結果が生じているため、そのまま殺人罪の責任を負わせることができる）、被告人の計画を前提に考えれば、クロロホルムを被害者に吸引させた時点では被告人は被害者を殺そうとは考えていなかったため、まだ殺人に関しては予備の段階にあると考えられる。したがって、気絶させようとクロロホルムを吸引させたことから被害者を死亡させているため、せいぜい殺人罪の予備と傷害致死罪の観念的競合が認められるにすぎないとも考えられる。他方で、被告人が想定した因果経過よりも早かったとは言え、クロロホルムの吸引から殺人に向けた因果経過が流れ始め、その過程で被害者の死亡が発生し、被告人自身も最終的に被害者を死なせることを意図していたと言える。そうすると、被告人が予見していた時よりも早い段階で結果が発生したからと言って、殺人罪の既遂の責任を負わせないという結論にも疑問が生じるであろう。結局、被告人の責

任を殺人罪の予備と傷害致死罪の観念的競合にするのか、それとも殺人罪の既遂にするのかという問題は、被告人が被害者の殺害を留保していた、クロロホルムを吸引させた第1行為に殺人の実行の着手が認められるかどうかということによることになる。この点、最高裁は、以下のように判断した。

○最決平成 16 年 3 月 22 日刑集 58 巻 3 号 187 頁

　　……実行犯3名の殺害計画は、クロロホルムを吸引させてVを失神させた上、その失神状態を利用して、Vを港まで運び自動車ごと海中に転落させてでき死させるというものであって、第1行為は第2行為を確実かつ容易に行うために必要不可欠なものであったといえること、第1行為に成功した場合、それ以降の殺害計画を遂行する上で障害となるような特段の事情が存しなかったと認められることや、第1行為と第2行為との間の時間的場所的近接性などに照らすと、第1行為は第2行為に密接な行為であり、実行犯3名が第1行為を開始した時点で既に殺人に至る客観的な危険性が明らかに認められるから、その時点において殺人の実行の着手があったものと解するのが相当である。

　被告人らのような計画を立てた者にとって、第1行為が第2行為を実行するための前提になっているため、そのような者は必ず第1行為を行うと考えられる。したがって、第1行為が第2行為を行う上で必要不可欠なものと言えることになる（しばしば、被告人の殺害計画を無視して抽象的に第1行為の必要不可欠性を論じている答案を見るが、被告人の殺害計画を前提にしないで第1行為が必要不可欠であったと、なぜ言えるのであろうか）。また、第2行為を行うという計画で、クロロホルムを吸引させ、被害者を気絶させることができれば、現場の状況から第2行為を行うための障害は取り除かれたと言えるであろう。さらに、形式的には第1行為と第2行為に分けて考えられ、第1行為の時点では被害者の殺害を留保していたとは言え、そのような計画を立てた者は、それほど時間的場所的に間隔を置かずに第2行為に出ると考えられ、現に被告人は速やかに第2行為に出ている。これらの事情などを考慮すれば、第1行為と第2行為は密接な行為と言えるので、第1行為の開始時に殺人に至る客観的危険性を認めることができるであろう。このように、被告人の計画を前提にするからこそ、第1行為

の開始時に殺人の実行の着手を認めることができると思われる。

　以上のように、判例によれば、実行の着手は、結果発生又は法益侵害に至る客観的危険性が認められるかどうかということにより判断され、その客観的危険性は、行為者の計画も考慮に入れながら判断されることになる。

（3）遂げなかった

　犯罪を遂げなかったと言える場合は2つあり、1つは結果が発生しなかった場合であり、もう1つは結果が発生したが、実行行為と結果との間の因果関係が否定される場合である。

（4）不能犯

　以上のように、結果発生又は法益侵害に至る客観的危険性が認められるときに、実行の着手が認められ、未遂犯が認められることになるが、この危険性がおよそ認められない場合には未遂犯として処罰しえないことになる。このように、犯罪に至る客観的危険性がおよそ認められず、処罰しえない場合を不能犯という。そして、ある行為を不能犯として処罰しえないのか、それとも未遂犯

学説	内容
純粋主観説	およそ犯罪をする意思で行った以上、すべて未遂犯とする。但し非科学的な丑の刻参りなどの場合には不能犯とする。
抽象的危険説	行為当時行為者が認識していた事情及び行為者が認識しえた事情を基礎に一般人ならば危険と感じるかどうかを判断する。主観的客観説とも言う。
具体的危険説	行為当時一般人ならば知りえた事情及び行為者が特に知っていた事情を基礎に一般人ならば危険と感じるかどうかを判断する。
客観的危険説	事後的客観的に判断して、およそ結果が発生しえない絶対的不能とたまたま結果が発生しなかった相対不能に分け、絶対不能の場合を不能犯とし、相対不能の場合を未遂犯とする。
修正された客観説	①結果が発生しなかった原因を特定し、②その原因の代わりにどのような事情が代替すれば結果が発生するのかということを考え、③その代替事情が行為時に存在しえたかどうかということを一般人の観点から検討し、存在しうると判断されれば、未遂犯とする。

として処罰しうるのかということを判断する基準が問題になる。これについては、純粋主観説、抽象的危険説、具体的危険説、客観的危険説及び修正された客観説が主張されている。

　判例は、以上の見解のうち、客観的危険説に従っているとされている（最判昭和25年8月31日刑集4巻9号1593頁。但し、本件行為の性質上殺人の結果発生の危険ある以上、被害者において被告人の犯行を予知していたとしても、不能犯であるとは言えないとしている）。

○最判昭和25年8月31日刑集4巻9号1593頁

　いわゆる不能犯とは犯罪行為の性質上結果発生の危険を絶対に不能ならしめるものを指すものである……。

　しかし、「実際の結論はむしろ具体的危険説のそれであるといってよい」（野村稔「不能犯と事実の欠缺」『刑法基本講座　第4巻』（法学書院、1992年）5頁）という指摘がされている。下級審の中には、具体的危険説に従っていると考えられるものもある（例えば広島高判昭和36年7月10日高刑集14巻5号310頁）。ただ、具体的危険説に従うと考えられる判例も、専門家の判断を指摘して、一般人が予見しえたかどうかということを判断していることから（前掲広島高判昭和36年7月10日）、学説上言われている具体的危険説よりも客観的な判断がなされている。

○広島高判昭和36年7月10日高刑集14巻5号310頁

　……Sの生死については専門家の間においても見解が岐れる程医学的にも生死の限界が微妙な案件であるから、単に被告人Tが加害当時被害者の生存を信じていたという丈けでなく、一般人も亦当時その死亡を知り得なかったであろうこと、従って又被告人Tの前記のような加害行為によりSが死亡するであろうとの危険を感ずるであろうことはいづれも極めて当然というべく、かかる場合において被告人Tの加害行為の寸前にSが死亡していたとしても、それは意外の障害により予期の結果を生ぜしめ得なかったに止り、行為の性質上結果発生の危険がないとは云えないから、同被告人の所為は殺人の不能犯と解すべきでなく、その未遂罪を以て論ずるのが相当である。

以上の５説のうち、今日一般的な見解とされるのは、具体的危険説、客観的危険説及び修正客観説であると思われる。これら３説のうちのいずれかに従って解答すればよいと思われる。

5. 建造物侵入罪に関する基礎的事項

（1）はじめに

　刑法130条は、「正当な理由がないのに、人の住居若しくは人の看守する邸宅、建造物若しくは艦船に侵入し、又は要求を受けたにもかかわらずこれらの場所から退去しなかった者は、３年以下の懲役又は10万円以下の罰金に処する。」と規定する。

（2）建造物侵入罪の構成要件

　「人」とは他人のという意味である。「住居」とは人の起臥寝食に使用する場所を言う。住居以外の客体については「人の看取する」ものでなければならない。「人の看守する」とは人が事実上管理支配するという意味である。「邸宅」とは、居住用として建てられた建造物で、現に住居に使用されていないものを言い、「建造物」とは屋蓋を有し壁又は柱により支えられて土地に定著し少なくともその内部に人が出入りできるもののうち、住居及び邸宅以外のものを言う。「艦船」とは軍艦及び船舶である。

　「侵入」は、保護法益と関連付けて議論されている。保護法益を、誰を立ち入らせるかということを決定する自由と理解する住居権説によれば、住居権者又は管理権者の意思に反する立ち入りが侵入になる（意思侵害説）。それに対して、保護法益を住居の平穏と理解する平穏説によれば、平穏を侵害する態様での立ち入りが侵入になる（平穏侵害説）。判例は、意思侵害説に立っている（最判昭和58年４月８日刑集37巻３号215頁）。

○最判昭和58年４月８日刑集37巻３号215頁

> 　刑法130条前段にいう「侵入シ」とは、他人の看守する建造物等に管理権者の意思に反して立ち入ることをいうと解すべきであるから、管理権者が予め立入り拒否の意思を積極的に明示していない場合であっても、該建

造物の性質、使用目的、管理状況、管理権者の態度、立入りの目的などか
らみて、現に行われた立入り行為を管理権者が容認していないと合理的に
判断されるときは、他に犯罪の成立を阻却すべき事情が認められない以上、
同条の罪の成立を免れないというべきである。

　意思侵害説に従って解答する場合には管理権者のどういう意思に反するのか
ということを具体的に示す必要がある。
　住居等侵入罪を認める場合には、窃盗罪とは牽連犯になる。判例によれば、
牽連犯が認められるのは、その数罪間にその罪質上通例その一方が他方の手段
又は結果になるという関係があり（客観的牽連性）、しかも具体的にも犯人がか
かる関係において（具体的牽連性）その数罪を実行した場合に認められる（最判
昭和 24 年 12 月 21 日刑集 3 巻 12 号 2048 頁）。財物は建物の中にあることが多いの
で、財物を奪うには住居などに侵入しなければならないことが多い。したがっ
て、住居等侵入罪と窃盗罪は、通例手段結果の関係にあると言え、客観的牽連
性が認められる。また、行為者も財物を奪う目的で住居などに侵入する場合に
は、具体的に住居などへの侵入を財物奪取の手段にしていると言え、具体的牽
連性が認められる。そこで、建造物侵入罪と窃盗罪は牽連犯になると考えられ
る。この考え方は、住居等侵入罪と例えば殺人罪の関係も同じである。

6. 片面的共犯

（1）はじめに
　共犯者の一方は関与する意思をもって関与したが、もう一方はそのことを知
らなかった場合を片面的共犯という。この片面的共犯は、その関与の形態によ
って、片面的共同正犯、片面的教唆犯及び片面的従犯に分けられる。

（2）片面的従犯
　片面的共同正犯及び片面的教唆犯を否定し、片面的従犯を肯定するのが、判
例通説である。従犯の成立要件は、幇助行為と幇助の故意であるが、正犯との
意思連絡は必ずしも必要ではないとして、片面的従犯も従犯の成立要件を充足
するとされている。ただし、片面的従犯を肯定するとしても、幇助する者には

幇助の故意又は意思が必要である。

Ⅱ. 応用編

解答の方針には、人ごとに検討する方法と行為ごとに検討する方法があるが、本問の場合、行為ごとに検討する方が解答しやすいと思われる。

1. 詐欺罪について

甲は、Ｖの息子を装って、自分が交通事故を起こし、示談金として 50 万円が必要であるという虚偽の事実をＶに述べ、Ｖをして 50 万円をＡ名義の口座に振り込ませている。しかし、その後、だまされたことに気づいたＶの通報で、Ａ名義の口座に対して取引の停止措置が講じられたため、結果的に 50 万円を引き出すことができなかった。このような場合でも甲に詐欺罪の既遂の責任を問うことができるかということが問題になる。

甲がＶの息子を装って、自分が交通事故を起こし、示談金として 50 万円が必要であるという虚偽の事実をＶに述べたことは、Ｖに 50 万円を振り込ませるために行っていることから、Ｖの財産上の損害に向けられた欺罔行為と言える。また、甲がＶに話した内容は、「母さん。俺だよ。どうしよう。俺、お酒を飲んで車を運転して、交通事故を起こしちゃった。相手のＡが、『示談金 50 万円をすぐに払わなければ事故のことを警察に言う。』って言うんだよ。警察に言われたら逮捕されてしまう。示談金を払えば逮捕されずに済む。母さん、頼む、助けてほしい。」というものである。Ｖにとってみれば、自分の息子が交通事故を起こし、示談金の 50 万円を払わなければ逮捕されると言われれば、息子のために示談金を払ってしまうのもやむをえないと考えられる。そうすると、甲がＶに話した内容は、Ｖにとっては、示談金 50 万円を払うかどうかを判断するのに基礎となる重要な事項であると言える。したがって、甲はＶを欺罔したと言える。その結果、Ｖは「電話の相手が息子であり、50 万円をＡに払わなければ、息子が逮捕されてしまうと信じ、50 万円をすぐに準備する旨答えた」ので、Ｖは錯誤に陥っている。この錯誤の結果、Ｖは「自宅近く

のB銀行C支店において、自己の所有する現金50万円を上記A名義の預金口座に振り込んだ」ので、Vに50万円の財産上の損害が発生したと言える。

ただ、A名義の口座は、その後息子から電話を受け、騙されたことに気づいたVにより警察に被害が申告された結果、まだ50万円が引き出される前にA名義の口座に取引停止措置が講じられたため、甲の依頼によりD銀行E支店に行った丙は、振り込まれた金額相当額の50万円を引き出すことができなかった。そこで、甲は結局現金50万円を取得することができなかったので、詐欺罪は未遂になるのではないかということが問題になる。

確かに、甲は丙を通じて振り込まれた金額相当額の50万円を引き出すことができていない以上、詐欺罪は既遂ではなく未遂になるとも考えられる。但し、このように考えたとしても、Vが50万円を振り込んだ時点で、50万円の預金債権という財産上の利益を取得したと考えることも可能であり、そうすると、246条2項の詐欺利得罪の既遂と考えることも可能である。他方で、VはA名義の口座に50万円を振り込んでしまった以上、この50万円についてはどうすることもできず、逆に甲にしてみれば、Vが振り込んだ時点で、少なくともVから振り込んだ旨の連絡を受けてからVが警察に通報するまでの3時間は自由に処分することができる状態であった。このように考えると、Vが振り込んだ時点で、甲による詐欺罪は未遂ではなく、既遂になると考えることができる。前述のように、判例は振り込んだ時点で既遂になると解している。

2. 窃盗罪について

（1）窃盗罪の実行の着手について

Vは、50万円をA名義の口座に振り込んだのち、甲に振り込んだ旨を連絡した。この連絡を受けた甲は、Vによる振込みの2時間後、友人である丙に、事情を明かした上、A名義の預金口座から現金50万円を引き出してくれれば報酬として5万円を払う旨持ちかけ、丙は、金欲しさからこれを引き受けた。甲は、丙に、上記A名義の預金口座のキャッシュカードを交付して暗証番号を教え、丙は、上記振込みの3時間10分後、現金50万円を引き出すため、D銀行E支店（支店長F）のATMコーナーにおいて、現金自動預払機に上記キャッシュカードを挿入して暗証番号を入力したが、すでに同口座の取引の停止

措置が講じられていたため、現金を引き出すことができなかった。この場合、丙はATMから現金を引き出そうとしていて、銀行員などの人をだましていないので、丙に詐欺罪は成立しない。そこで、丙はATM内にある紙幣の占有を侵害しようとしたとして、窃盗罪の未遂が成立しないかということ及び窃盗の目的で同支店に立ち入ったことから、建造物侵入罪が成立しないかということが問題になる。まず、窃盗罪の未遂について検討する。

窃盗罪は他人の財物を窃取した場合に成立するが、銀行ATM内の紙幣については、所有者は銀行であると考えられるため、丙の立場からは他人の財物と言える。また、本問で問題になっているのは紙幣であり、これは有体物であることから、有体物説によっても、管理可能性説によっても、財物に当たると言える。さらに、本問の場合には50万円という金銭であることから、所有権の目的になりうるだけでなく、客観的な積極的価値も認められるため、財物と言えることは明らかである。以上より銀行ATM内の紙幣は、丙の立場からは他人の財物に当たると言える。

次に窃取とは物に対する他人の占有を侵しその意に反してこれを自己の占有に移すことを言うところ、丙が引き出そうとした50万円分の紙幣は、D銀行E支店（支店長F）のATMコーナーに設置されている現金自動預払機内に存在するので、D銀行E支店又はその支店長Fの支配内にあり、またFも支配の意思があったと考えることができるため、丙が引き出そうとした50万円分の紙幣に対するD銀行E支店又はその支店長Fの占有下にあったと言える。

ただ、甲がA名義の口座をAから購入し、通帳とキャッシュカードを所持していて、丙が引き出そうとした50万円はそのA名義の口座に振り込まれたものであることから、形式的には甲に預金債権があると考えられる。そして、丙は、その口座の所有者である甲から依頼されて引き出そうとしたのであるから、丙の行為は正当な引き出しであるとも考えられ、したがってFの意に反した引き出しとは言えないのではないかということが問題になる。しかし、金融機関は、いずれも、預金取引に関する約款などにおいて、預金口座の譲渡を禁止し、これを預金口座の取引停止事由としており、譲渡された預金口座を利用した取引に応じることはないとされている。したがって、甲がAからA名義の預金口座を購入することは預金取引に関する約款に違反し、口座の取引停止事由に該当し、D銀行もA名義の預金口座を利用した取引に応じることは

ないので、いかに甲が通帳やキャッシュカードを所持していたとしても、A名義の口座から甲が引き出す行為も許されないことになる。それゆえ、丙が甲の依頼を受けていたとしても、丙による引き出しは正当な預金債権の行使とは評価されえず、丙による引き出し行為は、D銀行E支店又はその支店長Fの占有下にある50万円を、Fの意に反して引き出そうとしたものとして、「窃取」に該当すると言える。

丙は、D銀行E支店のATMコーナーにある現金自動預払機内にある現金50万円を引き出すという認識を有しており、また、他人に譲渡された口座は取引停止になるという認識もしていたことから、D銀行E支店又はその支店長Fの意思に反するという認識も認められるため、窃盗の故意も認められる。さらに、丙には、D銀行E支店又はその支店長Fという権利者を排除する意思が認められ、経済的用法に従って利用処分する意思を否定するような事情も特には認められないため、不法領得の意思も認められる。但し、丙は、結果として、50万円を引き出すことができなかったので、窃盗罪の未遂の責任を負うと考えられる。

(2) 窃盗の不能について

ただ、形式的には、丙による50万円の引き出し行為が窃盗未遂罪の構成要件に該当するとしても、未遂になったのは、Vが警察に通報し、その結果A名義の口座が取引停止になっていたためである。したがって、丙がD銀行E支店で50万円を引き出そうとしたときには、同支店のATM内にある現金の占有を侵害することはおよそ不可能な状態になっていたと考えられる。この場合にでも未遂犯として処罰することができるのかということが問題になる。

前述のように、未遂犯と不能犯を区別する基準に関する学説は、純粋主観説、抽象的危険説、具体的危険説、客観的危険説及び修正された客観説などが主張されているが、これらのうち、今日一般的なのは、具体的危険説、客観的危険説及び修正された客観説であろう。

①具体的危険説

具体的危険説によれば、本問では、A名義の口座が取引停止になっているとは一般人には知りえないし、また、丙自身も知らなかったので、取引停止になっていないという事実を基礎に判断すると、一般人であれば、A名義の預

金口座から引き出すことができると考えるであろうから、A名義の口座の50万円についてのD銀行E支店又はその支店長Fの占有を侵害する危険性が認められ、窃盗の不能犯ではなく、未遂犯になると考えられる。また、判例の具体的危険説によるならば、一般人が認識しえた事情について、A名義の口座が取引停止にされているということを認識していたと考えられるのは、D銀行E支店の職員全員とは考えられず、警察から連絡を受けた職員及び取引停止措置を行った職員など一部の職員だけであろうから、D銀行E支店の職員でもA名義の口座が取引停止になっていると直ちに知りうることはなく、したがって一般人もそのことを知りえなかったという判断になると思われる。

②客観的危険説

　最高裁は、客観的危険説に従っているとされている。客観的危険説は、事後的客観的に判断して、およそ結果が発生しえない絶対的不能とたまたま結果が発生しなかった相対不能に分け、絶対不能の場合を不能犯とし、相対不能の場合を未遂犯とする。本問の場合、丙が引き出そうとしたときには、事後的客観的に判断すると、A名義の口座が取引停止になっていたので、同口座の預金相当額の現金をATMから引き出すことはおよそ不可能であったと考えられ、絶対不能であると考えられる。したがって、不能犯として処罰しえないと考えられる。しかし、最高裁の判断方法によれば、Vによる警察への通報、警察からのD銀行E支店への依頼及び取引停止措置のタイミングしだいでは、口座から引き出すことがおよそ不可能であったとは言えないと判断できるので、相対不能として未遂犯が成立するとも考えられる。

③修正された客観説

　修正された客観説によるならば、①本問で丙が引き出すことができなかったのは、Vが警察に通報し、A名義の口座が取引停止にされていたためである。②A名義の口座が取引停止になっていなければ丙が50万円を引き出すことが可能であった。③行為時に、A名義の口座が取引停止になっていないことは、一般人の観点からは、Vによる警察への通報、警察からのD銀行E支店への依頼及び取引停止措置のタイミングによっては十分にありえたと考えられるので、丙がD銀行E支店のATMコーナーの現金自動預払機から50万円を引き出す危険性が認められる。したがって、修正された客観説によっても丙の行為は窃盗罪の未遂になる。

以上より、いずれの立場でも、丙による 50 万円の引き出し行為は窃盗の不能犯ではなく、窃盗未遂罪が成立すると考えられる。

(3) 建造物侵入罪について

D 銀行 E 支店は、住居にも邸宅にもあたらないので、建造物に該当する。また、D 銀行 E 支店の支店長 F の管理下にあるので、F の看取する建造物と言える。丙による同支店への立ち入りは、甲に譲渡された A 名義の口座から 50 万円を引き出すことを目的としている。いずれの金融機関も預金取引に関する約款などにおいて、預金口座の譲渡を禁止し、これを預金口座の取引停止事由としており、譲渡された預金口座を利用した取引に応じることはないのであるから、丙が A 名義の口座から引き出すことすなわち窃盗を目的として D 銀行 E 支店に立ち入ることは管理権者である F が容認するはずはなく、F の意思に反する立ち入りと言うことができる。したがって、丙に建造物侵入罪を認めることができる。他方で、丙が D 銀行 E 支店に立ち入ったのが営業時間内であることを考えると、支店長 F による D 銀行 E 支店への立ち入りに対する包括的な同意があると考えられるので、外観からは窃盗目的かどうかということが判別できない以上、F の意思を侵害したとは言えないとして建造物侵入罪を否定することもできるであろう。

また、平穏侵害説によっても、建造物侵入罪を認めることも、否定することも可能である。丙が窃盗という犯罪目的で立ち入ったことは平穏を侵害するので、建造物侵入罪が成立すると考えられる一方で、丙は営業時間内に通常の来店客として D 銀行 E 支店に立ち入っているので、何ら平穏を侵害していないとして、建造物侵入罪は成立しないとも考えることができる。

なお、建造物侵入罪が成立するとした場合には、建造物侵入罪と窃盗罪の未遂は牽連犯になる。

3. 丙の行為に対する甲の責任について

甲は、丙に 50 万円を引き出すように依頼している。これは、甲と丙の間に共謀が認められ、丙による窃盗の実行も認められ、さらに自分のために引き出すように依頼していることから、甲に正犯意思も認められるので、甲は丙の行

為に対して共謀共同正犯になる（共謀共同正犯については平成24年度を参照）。また、丙に建造物侵入罪を認めるのであれば、この点についても共謀が認められるので、建造物侵入罪の共謀共同正犯になる。但し、甲には、丙に50万円の引き出しを依頼する前に、その50万円について詐欺罪の既遂が成立している。甲自身がD銀行E支店のATMコーナーに行き、Vにより振り込まれた50万円を引き出した場合には、不可罰的事後行為になると考えられる。この場合、確かにD銀行E支店の占有を侵害したとして、D銀行に対する窃盗罪が成立するとも考えられる。しかし、口座に振り込まれた時点で詐欺罪の既遂を認める根拠は、振り込まれた金額相当分の金銭を自由に処分できるという点にあり、この処分には当然口座から引き出すことも含まれると考えられるので、D銀行に対する窃盗罪も詐欺罪の既遂でいっしょに処罰されていると考えられる。したがって、Vに対する詐欺罪の主体については、不可罰的事後行為と考えるべきであろう。仮にD銀行に対する窃盗罪を認めるのであれば、詐欺罪でいっしょに処罰されていないという評価にならなければならないので、詐欺罪は振り込まれた時点ではまだ未遂にしかならず、それを引き出すことによって初めて既遂になると考えるべきであろう（この場合詐欺罪と窃盗罪は観念的競合になる）。また、振り込まれた時点で預金債権を取得したことをもって詐欺利得罪が成立するとすることも考えられる。この場合には、銀行に対する窃盗罪が成立し、詐欺利得罪と窃盗罪は併合罪になると考えられる。しかし、この考え方は、振り込まれた時点で詐欺利得罪を認めることが犯罪の実態に合っているのか疑問であること、また、振込依頼人と受取人の間に振込の原因となる法律関係が存在しなくても、受取人が振込金額相当分の預金債権を取得するとした判例（最判平成8年4月26日民集50巻5号1267頁及び最決平成15年3月12日刑集57巻3号322頁）と整合性が取れるのかという点で、疑問があろう。

　以上のように、Vにより振り込まれた時点で詐欺罪の既遂を認めた場合に甲自身による振り込まれた金額相当分の預金の引き出しが不可罰的事後行為になるのであれば、丙による引き出しについての共謀共同正犯も不可罰的事後行為になるとも考えることができる（前掲の大阪高判平成16年12月21日は、口座に振り込まれ、詐欺が既遂になった後の口座からの引き出し行為を不可罰とする余地を認める）。

4. 乙の共犯について

　乙は、これまで、甲を誘って詐欺を行うための部屋、携帯電話並びに他人名義の預金口座の預金通帳、キャッシュカード及びその暗証番号情報を準備し、甲に指示を出して被害者に電話をかけさせるなどして、詐欺を行ってきた。甲は、乙が用意したそれらの部屋及び電話を利用して、Ｖに対して詐欺を行っている。そこで、乙は甲の共犯にならないかということが問題になる。

　共犯の成否に関しては、重い共同正犯から検討することになる。この場合、乙はＶに対する詐欺については実行行為を行っていないので、甲との実行共同正犯は成立せず、共謀共同正犯が問題になるが、乙が甲と共謀したのは、乙が、犯行当日、甲に、その日の犯行に用いる他人名義の預金口座の口座番号や名義人名を連絡し、乙が雇った預金引出し役に、同口座のキャッシュカードを交付して暗証番号を教え、甲は、乙が準備した部屋から、乙が準備した携帯電話を用いて電話会社発行の電話帳から抽出した相手に電話をかけ、その息子を装い、交通事故を起こして示談金を要求されているなどと嘘を言い、これを信じた相手に、その日乙が指定した預金口座に現金を振り込ませた後、振り込ませた金額を乙に連絡させ、乙は、振り込ませた金額を預金引出し役に連絡し、預金引出し役は、キャッシュカードを使って預金口座に振り込まれた現金を引き出し、これを乙に手渡し、引き出した現金の７割を乙が、３割を甲がそれぞれ取得し、預金引出し役は、１万円の日当を乙から受け取るというものである。すなわち、甲が、乙が用意した部屋及び電話を利用して、乙に無断で乙が指示した者以外の者に詐欺をするという内容の共謀はなされていない。また、甲と乙の間で共謀がなされていない以上、甲によるＶに対する詐欺について、乙はその認識をしていないため、乙にＶに対する詐欺の故意も認められず、乙にＶに対する詐欺罪の共謀共同正犯を認めるのは難しいであろう。

　では、乙は教唆犯又は従犯になるであろうか。確かに、乙が用意した部屋や電話があったことに、甲が触発された側面はあるとも言えるが、甲は、乙からの分け前が少ないことに不満を抱いて、乙に無断でＶへの詐欺を計画したことから、乙の行為は教唆犯にならないであろう。したがって、乙は従犯になるかということが問題になる。従犯は、正犯を幇助した場合に成立するが、具体的な要件としては、幇助行為、幇助の故意及び正犯の実行が挙げられる。確か

に、乙の行為を幇助行為と評価することは可能かもしれないが、甲は乙に無断でVに対する詐欺を行っていることから、少なくとも、乙には、甲によるVへの詐欺を幇助するという認識が認められないため、幇助の故意を認めることは難しいであろう。乙が一方的に幇助を行った場合に従犯の成立を認める片面的従犯を肯定するとしても、片面的従犯は、乙に幇助の故意が認められるが、甲に乙から幇助を受けているという認識がない場合を言うのであって、本問のように、乙に甲への幇助の認識がない場合にまで乙に片面的従犯を認めるのは妥当ではない。以上より、乙には、乙が意図していた甲との詐欺については共謀共同正犯が認められるが、甲によるVへの詐欺の共犯を認めることはできない。

5. まとめ

以上をまとめると以下のとおりになる。

甲には詐欺罪の既遂が成立する。丙による建造物侵入罪と窃盗罪の未遂についての共謀共同正犯を認める場合には、建造物侵入罪と窃盗罪の未遂は牽連犯になり、これと詐欺罪の既遂は併合罪になる。但し、Vが振り込んだ時点で詐欺罪の既遂を認める以上、窃盗罪については詐欺罪の不可罰的事後行為と解することも可能であり、その場合には詐欺罪の既遂のみになる。

乙には、Vについての詐欺罪の共犯は成立しない。

丙には建造物侵入罪と窃盗罪の未遂が成立し、これらは牽連犯になる。

6. 出題趣旨について

(1) 出題趣旨

法務省から公表された平成25年度予備試験の出題趣旨は以下のとおりである（http://www.moj.go.jp/content/000116083.pdf）。

本問は乙と共に振り込め詐欺を繰り返していた甲が、利益を独占するため、乙に無断で、それまでと同様の方法で別の被害者をだまし、現金50万円を甲が予めキャッシュカード等を入手していた他人名義の預金口座に

振り込ませることに成功し、甲からの依頼を受けた丙が、同口座から現金を引き出そうとしたが、口座が凍結されたため引き出しが失敗に終わったという事案を素材として、事案を的確に分析する能力を問うとともに、詐欺の客体、実行行為及びその既遂時期、共謀共同正犯の成立要件、窃盗未遂罪の成否等に関する基本的理解とその事例への当てはめが論理的一貫性を保って行われているかを問うものである。

(2) コメント

出題趣旨にあるように、本問は、詐欺の客体、実行行為及びその既遂時期、共謀共同正犯の成立要件、窃盗未遂罪の成否が主に問われているものである。いずれも刑法学では基本的な問題点であり、また内容的にも、それらの問題点の基本的な知識及び判例や通説を理解することができていれば、十分に解答することができるものである。

もっとも、丙の窃盗罪の未遂について甲はその共謀共同正犯になるが、詐欺罪の既遂の不可罰的事後行為とも考えられるため、罪数に関して難しい問題も含まれていると思われる。

7. 参考答案例

第1　詐欺罪について

1　甲は、Vの息子を装って、自分が交通事故を起こし、示談金として50万円が必要であるという虚偽の事実をVに述べ、Vをして50万円をA名義の口座に振り込ませている。甲に詐欺罪が成立しないか。

2　詐欺罪は、人を欺いて財物を交付させた場合に成立する（246条）。甲は、Vに50万円という財物を振り込ませるため、Vの息子を装って、自分が交通事故を起こし、示談金として50万円が必要であるという虚偽の事実をVに述べている。また、交通事故の示談金を支払わないと逮捕されるという事実は、それを聞けばVが示談金を払ってしまうのもやむをえないので、Vが50万円を払うかどうかを判断するのに基礎となる重要な事項である。したがって甲はVを欺罔したと言える。その結果、Vは甲の話を信じB銀行C支店において、自己の所有する現金50万円をA名義の預金口座に振り込んだ。

ただ、その後だまされたことに気づいた V により警察に被害が申告された結果、丙により引き出される前に A 名義の口座に取引停止措置が講じられたため、甲の依頼により D 銀行 E 支店に行った丙は、同口座から 50 万円を引き出すことができなかった。したがって詐欺罪は未遂になるのではないか。しかし、V が同口座に 50 万円を振り込んでしまった以上、V がこの 50 万円についての占有を回復することは難しく、甲の側からすれば、少なくとも V が振り込んだ旨の連絡をしてから警察に通報するまでの 3 時間は自由に処分することができる状態であったことを考えると、実質的には V が振り込んだ時点で、甲は 50 万円という財物を取得したと言える。したがって詐欺罪は既遂である。

第2　窃盗罪について

(1)　窃盗の実行の着手について

1　甲から事情を明かされ、A 名義の預金口座から現金 50 万円の引き出しを、5 万円の報酬と引き換えに依頼された丙は引き受けたが、すでに同口座に取引停止措置が講じられていたため、引き出すことができなかった。丙は、銀行員などの人を欺罔していないので詐欺罪ではなく、ATM 内にある紙幣の占有を侵害しようとしたとして、窃盗罪の未遂が成立しないか。また、窃盗の目的で同支店に立ち入ったことから、建造物侵入罪が成立しないか。

2　窃盗罪は他人の財物を窃取した場合に成立する（235 条）。銀行 ATM 内の紙幣は、銀行が所有する有体物であり、他人の財物と言える。

　窃取とは他人の占有を排除して自己又は第三者の占有下に置くことを言う。ATM 内の紙幣の占有は、支店長 F にあると考えることができる。そして、取引停止事由のある A 名義の口座から引き出すことに、D 銀行が応じることはないので、甲が通帳やキャッシュカードを所持していたとしても、丙が甲の依頼を受けて引き出すことは正当な預金債権の行使とは評価できない。したがって、丙は、支店長 F の占有下にある 50 万円を、F の意に反して引き出そうとしたので、「窃取」しようとしたと言える。

　以上の事実についての認識も丙に認められるので、窃盗の故意も認められる。また、丙には、支店長 F という権利者を排除する意思が認められ、経済的用法に従って利用処分する意思を否定するような事情も認められないため、不法領得の意思も認められる。

(2)　窃盗の不能について

1　窃盗が未遂になったのは、V が警察に通報し、その結果 A 名義の口座が

取引停止になっていたためである。したがって、丙がATMから50万円を引き出そうとしたときには、同口座からATM内の現金の占有を侵害することはおよそ不可能な状態になっていたので、その危険性がなく、不可罰的な不能犯にならないか。

2　窃盗の実行行為が認められるためには、占有の侵害に至る客観的危険性が認められる必要がある。この危険性は、刑法が行為規範として一般的に法益侵害を禁じていることにかんがみれば、一般人の見地から法益侵害に至ると判断される危険性を言うと解される。したがって、その危険性は、一般人ならば認識しえた事情及び行為者が特に認識していた事情を基礎に、一般人の立場から危険と感じるかどうかにより判断されるべきである。

3　A名義の口座が取引停止にされていることを認識していたと考えられるのは、警察から連絡を受けたり、取引停止措置を行った職員など一部だけであり、D銀行E支店の職員でも取引停止になっていると直ちに知りうることはないので、一般人もそのことを知りえないと言える。また、丙自身も知らなかったので、A名義の口座が取引停止になっていないという事実を基礎に危険性を判断することになる。一般人であれば、取引停止になっていない預金口座から、そのキャッシュカードを持つ者は引き出すことができると考えるので、丙の行為には、A名義の口座の50万円についてのFの占有を侵害する危険性が認められる。したがって、丙の行為は窃盗罪の未遂になる。

(3)　建造物侵入罪について

丙のD銀行E支店の立ち入りは、A名義の口座から50万円を引き出すためであるが、これは窃盗罪になるので、窃盗を目的としてD銀行E支店という建造物に立ち入ることは管理権者であるFが容認するはずはなく、Fの意思に反する立ち入りと言うことができる。したがって丙に建造物侵入罪が成立する。

第3　丙の窃盗罪の未遂に対する甲の責任について

甲はVに対する詐欺罪の共謀共同正犯になるので、甲自身が詐欺を行ったという評価になる。その後D銀行E支店のATMコーナーに行き、50万円を引き出すことは、詐欺罪の既遂においていっしょに評価されていると言える。そこで丙による窃盗罪の未遂は甲にとっては不可罰的事後行為になるため、甲はその責任を負わない。また丙の窃盗罪の未遂と牽連犯の関係にある建造物侵入罪も不可罰的事後行為になり、甲はその責任を負わない。

第4 乙の共犯について

1 甲は、乙が詐欺目的で用意した部屋及び電話を利用して、Vに対して詐欺を行っている。そこで、乙は甲の共犯にならないか。

2 乙はVに対する詐欺罪の実行行為を行っていないので、詐欺罪の共謀共同正犯が成立しないかということが問題になる。しかし、乙が甲と共謀したのは、乙が、犯行当日、甲に指示を出して、詐欺を行うというものであるので、甲が乙に無断で乙が指示した者以外の者に詐欺を行うことについて共謀が成立しているとは言えない。また、乙には甲への教唆の故意も幇助の故意も認められない。

　以上より、乙に、甲によるVに対する詐欺罪の共犯は成立しない。

第5 罪　数

　以上より、甲には詐欺罪の既遂が成立する。丙による窃盗罪の未遂及び建造物侵入罪については詐欺罪の不可罰的事後行為として、甲は責任を負わない。

　乙には詐欺罪の共犯は成立しない。

　丙には建造物侵入罪と窃盗罪の未遂が成立し、これらは牽連犯になる（54条1項後段）。

以上

Ⅲ. 展開編

　本問はいわゆる振り込め詐欺の事案である。振り込め詐欺に代表される特殊詐欺は、警察白書によれば、被害者に電話をかけるなどして対面することなく欺罔し、指定した預貯金口座への振込みその他の方法により、不特定多数の者から現金などをだまし取る犯罪（現金等を脅し取る恐喝も含む）の総称である。この特殊詐欺は、様々な関与者がいる。特殊詐欺は、詐欺グループのリーダー及び中核メンバーがいて、それらが指示を出して、架け子と呼ばれる者が電話をかけるなどして被害者を欺罔（又は脅迫）し、出し子と呼ばれる者が銀行口座等から金銭を引き出したり、受け子と呼ばれる者が現金やキャッシュカードを直接被害者から受け取るなどして、被害者から財物を騙し取るという方法で行われる。さらに、このグループをサポ

ートする役割を担う者として、被害者を欺罔（又は脅迫）するために必要な携帯電話や銀行口座などを用意する役割の道具屋、名簿を作成、供給する名簿屋などが存在する。道具屋と呼ばれる者たちは、インターネットの闇サイトなどで、他人名義の携帯電話や口座を買い取るなどし、それらを詐欺グループに供給している。本問では、すでに開設されているA名義の口座を買い取った場合であるが、例えば、丙が甲に譲渡するために丙名義の口座を開設するということも考えられる。この場合の丙の責任が問題になる。

　この場合にまず問題になるのは、預金通帳及びキャッシュカードの財物性である。

　預金通帳の財物性について判断したのは、最決平成14年10月21日刑集56巻8号670頁である。これは、被告人が、不正に入手したA名義の国民健康保険被保険者証を使用して同人名義の預金口座を開設し、これに伴って預金通帳を取得しようとの意図の下に、同人名義の「口座開設のお客さま用新規申込書」を偽造し、これが真正に成立し、かつ、自己がA本人であるかのように装って、上記国民健康保険被保険者証、Aと刻した印鑑と共に銀行窓口係員に提出して行使し、同係員らをしてその旨誤信させ、同係員から貯蓄総合口座通帳1冊の交付を受けたという事案である。これについて最高裁は、「預金通帳は、それ自体として所有権の対象となりうるものであるにとどまらず、これを利用して預金の預入れ、払戻しを受けられるなどの財産的な価値を有するものと認められるから、他人名義で預金口座を開設し、それに伴って銀行から交付される場合であっても、刑法246条1項の財物に当たると解するのが相当である」とした。この決定において、預金通帳が財物と認められる根拠として、預金通帳が所有権の対象となりうること及びこれに財産的価値があることがあげられている。従来、最高裁は、「強、窃盗罪において奪取行為の目的となる財物とは、財産権殊に所有権の目的となり得べき物を言い、それが金銭的乃至経済的価値を有するや否やは問うところではない。」としていた（最判昭和25年8月29日刑集4巻9号1585頁）。そうすると、窃盗罪や強盗罪の場合には金銭的経済的価値は不要で、詐欺罪の場合には財産的価値が必要であるとしているとも考えられる。しかし、最決平成14年10月21日は、預金通帳が所有権の目的になりうるだけでなく、それ自体に財産的価値があることを指摘してその

財物性を認めただけであり、財物性を肯定するのに財産的価値を必要としたものではないと考えるべきであろう。判例によれば、基本的には所有権の目的になりうる物であれば財物性を肯定することになる。但し、財産的価値が認められれば、財物性を肯定するのにより説得力を持つので、財産的価値が認められる物については、最決平成14年10月21日のように、できる限りそのことを指摘して財物性を肯定するべきである。この最決平成14年10月21日の事実認定の方法は、答案作成に当たって参考になると思われる。財物性を判断する際に、所有権の目的になりうるという点しか指摘しない答案が見受けられる。確かに、判例の基準からすれば、それだけで財物性を肯定することができるが、問題文に財産的価値が認められるような事情があれば、所有権の目的になるということに加えて、財産的価値を指摘するべきである。

キャッシュカードについては、仙台高判平成18年11月7日高検速報（平18）号334頁が、その財物性を、上述の最決平成14年10月21日に従って判断し、肯定している。すなわち、仙台高裁は、「口座開設自体は誰でも行い得るものとはいえ、それは口座開設名義人本人がこれを利用することを前提としているものであるし、また、キャッシュカードも同様の目的で交付されるものである上、これらは、それ自体が所有権の対象となり得るにとどまらず、これを利用して、預金の預入れ、払戻しを受けられるなどの財産的価値をも有するものと認められるから（預金通帳について、平成14年10月21日最高裁第二小法廷決定刑集56巻8号670頁）、自己名義で預金口座を開設し、それに伴って銀行から交付される場合であっても、これらは刑法246条1項の客体である財物に当たると解される」とした。

ちなみに、預金通帳やキャッシュカードの財物性を否定した場合には、それらを窃取した場合には窃盗罪が成立しないことになるが、その結論は妥当であろうか。

預金通帳及びキャッシュカードの財物性が肯定される場合には、次に他人に譲渡する目的で口座を開設したことが詐欺罪になるのかということが問題になる。最決平成19年7月17日刑集61巻5号521頁は、これを肯定している。その事案は、被告人は、友人と通じて、第三者に譲渡する預金通帳及びキャッシュカードを入手するため、銀行の行員らに対し、真実は、自己名義の預金口座開設後、同口座に係る自己名義の預金通帳及びキャッシュカードを第三者に

譲渡する意図であるのにこれを秘し、自己名義の普通預金口座の開設並びに同口座開設に伴う自己名義の預金通帳及びキャッシュカードの交付方を、友人をして、申し込ませたというものである。

○最決平成 19 年 7 月 17 日刑集 61 巻 5 号 521 頁

> 以上のような事実関係の下においては、銀行支店の行員に対し預金口座の開設等を申し込むこと自体、申し込んだ本人がこれを自分自身で利用する意思であることを表しているというべきであるから、預金通帳及びキャッシュカードを第三者に譲渡する意図であるのにこれを秘して上記申込みを行う行為は、詐欺罪にいう人を欺く行為にほかならず、これにより預金通帳及びキャッシュカードの交付を受けた行為が刑法 246 条 1 項の詐欺罪を構成することは明らかである。

詐欺罪における欺罔行為は、財物の交付若しくは財産的利益の処分又は財産上の損害に向けられたものでなければならず、かつ、財物の交付又は財産的利益の処分をするか否かを判断するにつき重要な事項についてなされなければならない。預金口座を開設すれば、当然預金通帳及びキャッシュカードが交付されるので、預金口座の開設の申込みはそれらの取得に向けられたものであると評価することが可能である。そして預金通帳及びキャッシュカードの財物性が肯定されるので、預金口座の開設の申込みは財物の交付に向けられたものであると言える。また、金融機関は、いずれも、預金取引に関する約款などにおいて、預金口座の譲渡を禁止しているので、口座開設に当たり、自ら使用するのかそれとも他人に譲渡するのかということは、銀行にとっては口座開設を認め、預金通帳及びキャッシュカードを交付するかどうかを判断するにつき基礎となる重要な事項であると言え、欺罔行為に当たると考えられる。その結果、預金通帳及びキャッシュカードの交付を受ければ、246 条 1 項の詐欺罪の既遂が成立することになる。

なお、以上の考え方は、例えば、特殊詐欺グループに提供する目的で携帯電話を取得したような場合も同じである。

平成 26 年予備試験問題

窃盗罪、強盗殺人罪の未遂、盗品等保管罪及び横領罪の成否

◀ 問題 ▶

　以下の事例に基づき，甲及び乙の罪責について論じなさい（特別法違反の点を除く。）。

1　甲（28歳，男性，身長178センチメートル，体重82キログラム）は，V（68歳，男性，身長160センチメートル，体重53キログラム）が密輸入された仏像を密かに所有していることを知り，Vから，売買を装いつつ，代金を支払わずにこれを入手しようと考えた。具体的には，甲は，代金を支払う前に鑑定が必要であると言ってVから仏像の引渡しを受け，これを別の者に託して持ち去らせ，その後，自身は隙を見て逃走して代金の支払を免れようと計画した。

　　甲は，偽名を使って自分の身元が明らかにならないようにして，Vとの間で代金や仏像の受渡しの日時・場所を決めるための交渉をし，その結果，仏像の代金は2000万円と決まり，某日，ホテルの一室で受渡しを行うこととなった。甲は，仏像の持ち去り役として後輩の乙を誘ったが，乙には，「ホテルで人から仏像を預かることになっているが，自分にはほかに用事があるから，仏像をホテルから持ち帰ってしばらく自宅に保管しておいてくれ。」とのみ伝えて上記計画は伝えず，乙も，上記計画を知らないまま，甲の依頼に応じることとした。

2　受渡し当日，Vは，一人で受渡し場所であるホテルの一室に行き，一方，甲も，乙を連れて同ホテルに向かい，乙を室外に待たせ，甲1人でVの待つ室内に入った。甲は，Vに対し，「金は持ってきたが，近くの喫茶店で鑑定人が待っているので，まず仏像を鑑定させてくれ。本物と確認できたら鑑定人から連絡が入るので，ここにある金を渡す。」と言い，2000万円が入っているように見せ掛けたアタッシュケースを示して仏像の引渡しを求めた。Vは，代金が準備されているのであれば，先に仏像を引き渡しても代金を受け取り損ねることはないだろうと考え，仏像を甲に引き渡した。甲は，待機していた乙を室内に招き入れ，「これを頼む。」と言って，仏像を手渡した

91

ところ，乙は，準備していた風呂敷で仏像を包み，甲からの指示どおり，これを持ってそのままホテルを出て，タクシーに乗って自宅に帰った。乙がタクシーで立ち去った後，甲は，代金を支払わないまま同室から逃走しようとしたが，Ｖは，その意図を見破り，同室出入口ドア前に立ちはだかって，甲の逃走を阻んだ。

3　Ｖは，甲が逃げないように，護身用に持ち歩いていたナイフ（刃体の長さ約15センチメートル）の刃先を甲の首元に突き付け，さらに，甲に命じてアタッシュケースを開けさせたが，中に現金はほとんど入っていなかった。Ｖは，甲から仏像を取り返し，又は代金を支払わせようとして，その首元にナイフを突き付けたまま，「仏像を返すか，すぐに金を準備して払え。言うことを聞かないと痛い目に合うぞ。」と言った。また，Ｖは，甲の身元を確認しようと考え，「お前の免許証か何かを見せろ。」と言った。

4　甲は，このままではナイフで刺される危険があり，また，Ｖに自動車運転免許証を見られると，身元が知られて仏像の返還や代金の支払を免れることができなくなると考えた。そこで，甲は，Ｖからナイフを奪い取ってＶを殺害して，自分の身を守るとともに，仏像の返還や代金の支払を免れることを意図し，隙を狙ってＶからナイフを奪い取り，ナイフを取り返そうとして甲につかみ掛かってきたＶの腹部を，殺意をもって，ナイフで１回突き刺し，Ｖに重傷を負わせた。甲は，すぐに逃走したが，部屋から逃げていく甲の姿を見て不審に思ったホテルの従業員が，Ｖが血を流して倒れているのに気付いて119番通報をした。Ｖは，直ちに病院に搬送され，一命を取り留めた。

5　甲は，身を隠すため，その日のうちに国外に逃亡した。乙は，持ち帰った仏像を自宅に保管したまま，甲からの指示を待った。その後，乙は，甲から電話で，上記一連の事情を全て打ち明けられ，引き続き仏像の保管を依頼された。乙は，先輩である甲からの依頼であるのでやむを得ないと思い，そのまま仏像の保管を続けた。しかし，乙は，その電話から2週間後，金に困っていたことから，甲に無断で仏像を500万円で第三者に売却し，その代金を自己の用途に費消した。

1. 問題の捉え方

　甲は、Ｖと仏像の取引をする際に、「金は持ってきたが、近くの喫茶店で鑑定人が待っているので、まず仏像を鑑定させてくれ。本物と確認できたら鑑定人から連絡が入るので、ここにある金を渡す。」と言い、2000万円が入っているように見せ掛けたアタッシュケースを示して仏像の引渡しを求め、Ｖを欺罔している。そして、その結果、Ｖは、代金が準備されているのであれば、先に仏像を引き渡しても代金を受け取り損ねることはないだろうと考え、仏像を甲に引き渡している。このようにＶを欺罔して仏像を奪ったという点を見れば、詐欺罪が成立しないかということが問題になる。他方で、甲は、待機していた乙を室内に招き入れ、「これを頼む。」と言って、仏像を手渡し、乙は、準備していた風呂敷で仏像を包み、甲からの指示どおり、これを持ってそのま

まホテルを出て、タクシーに乗って自宅に帰っている。その上、乙がタクシーで立ち去った後、甲は、代金を支払わないまま同室から逃走しようとしている。そこで、この点について見れば、窃盗罪が成立するのではないかということが問題になる。このように、まず、甲の行為が詐欺罪なのか、それとも窃盗罪なのかということが問題になる。

　甲は、Vから仏像を受け取ると、待機していた乙を室内に招き入れ、「これを頼む。」と言って、仏像を手渡し、乙がタクシーに乗ったのを確認したあと、仏像の代金を支払わずに逃走しようとした。したがって、仏像の奪取行為が詐欺罪になるにせよ、それとも窃盗罪になるにせよ、いずれにしても既遂に達している。その後、甲の逃走の意図を見破ったVが、甲に対して、ナイフを突きつけて、仏像の返還か代金の支払い及び運転免許証の提示を求めたため、甲はVからナイフを奪ってこれを殺害し、自分の身を守るとともに、仏像の返還と代金の支払いを免れる目的で、Vからナイフを奪ってVの腹部を刺した。この甲の行為が強盗殺人罪にならないのかということが問題になる。但し、結果的にVは死亡しなかったので、強盗殺人罪の未遂の構成要件該当性が問題になる。

　さらに、甲がVを殺害しようとしたのは、Vにナイフを突きつけられ、刺されてしまうと思い、自分の身を守るためであったことから、正当防衛が成立しないかということが問題になる。

　次に、乙は甲のために仏像が盗品等であることを知らずにその保管を始めたが、その後甲から仏像についての事情を聞き、甲から依頼を受けて、その後も継続して仏像を保管している。これについて盗品等保管罪が成立しないかということが問題になる。また、その後金に困って第三者に仏像を売却したが、それについて横領罪が成立しないかということが問題になる。

　以下では、詐欺罪と窃盗罪の区別、２項強盗、強盗殺人罪の未遂及び正当防衛、盗品等保管罪及び横領罪について見ていこう。

2. 詐欺罪と窃盗罪の区別に関する基礎的事項

（1）はじめに

　窃盗罪は強盗罪とともに 36 章に規定されている。他方で、詐欺罪は恐喝罪

とともに 37 章に規定されている。36 章に規定されているのは奪取罪と呼ばれる犯罪であり、その特徴は、被害者の意思に反して財物の占有移転がなされる点にあるのに対し、37 章に規定されているのは交付罪と呼ばれる犯罪であり、その特徴は騙されたり、脅されるなどして瑕疵があるとは言え、被害者など処分行為をなしうる者の意思に基づいて財物の占有移転がなされるという点にある（瑕疵とはきずとか欠点のことである）。したがって、窃盗罪と詐欺罪は、被害者の意思に反して財物の占有が移転したのか、それとも被害者などの意思に基づいて財物の占有が移転したのかということにより区別されることになる。

(2) 窃盗罪と詐欺罪の区別

　詐欺罪は、加害者により欺罔行為がなされ、それにより被害者などが錯誤に陥り、その結果、被害者など処分行為をなしうる者により処分行為がなされ、その結果加害者自身又は第三者が財物又は財産上の利益を取得した場合に成立する（平成 24 年度予備試験及び平成 25 年度予備試験参照）。そして、被害者など処分行為をなしうる者の意思に基づいて財物の占有移転がなされたということができるためには、処分行為をなしうる者が処分する意思を持って処分行為をなし、その結果財物の占有又は財産上の利益が移転することが必要である。したがって、欺罔行為がなされたとしても、処分する意思に基づいて占有が移転したと言えなければ、詐欺罪は成立しないことになる。例えば、客を装って上衣を試着し、店員にトイレに行くと言ってこれを着たまま逃走した場合（広島高判昭和 30 年 9 月 6 日高刑集 8 巻 8 号 1021 頁）や、被告人が宿泊料の支払いができないため、「ちょっと手紙を出してくる」と言って偽り、旅館が普通に旅客に提供するその所有の丹前、浴衣を着、帯をしめ、下駄をはいたままの状態で外出した場合（最決昭和 31 年 1 月 19 日刑集 10 巻 1 号 67 頁）には、詐欺罪ではなく、窃盗罪が成立するとされている。前者の場合には、被告人からトイレに行くと伝えられた店員は、その後上衣を着たままの状態で戻ってくると考えることから、上衣の占有を被告人に移転させようという店員の処分意思が認められないため、上衣を着たまま逃走したことによる上衣の占有移転は、店員の意思に反してなされたと評価される。後者の場合も、同様に、被告人は「ちょっと手紙を出してくる」と旅館側に伝えたので、旅館側は被告人が手紙を出した後戻ってくると考えるため、被告人が着ていた丹前や浴衣等の占有を移転させる意思は認め

られず、したがって丹前や浴衣などの占有移転は旅館側の意思に反してなされたと評価される。

　ところで、刑法上の占有は人が物を実力的に支配する関係を言う。その支配の態様は物の形状その他の具体的事情によって一様ではないが、必ずしも物の現実の所持又は監視を必要とするものではなく、物が占有者の支配力の及ぶ場所に存在すれば足りるとされている（最判昭和32年11月8日刑集11巻12号3061頁）。そうすると、例えば上衣を試着した場合、上衣を実力的に支配しているのは、試着した客であると考えられるし、同じく丹前や浴衣などの実力的に支配しているのもそれらを着ている者と考えられる。そして、店や旅館の許可の下にそれらを着たのだから、上衣や浴衣などの占有は適法にそれらを着た者に移転したと考えられる。しかし、試着した者や旅館の丹前や浴衣などを着た者が逃走した場合に窃盗罪が認められているのであるから、占有は店や旅館にあると考えられていることになる。その理由はどこにあるのであろうか。占有が認められるかどうかという問題は、通常人ならば何人も首肯するであろう社会通念によって決する外はなく（前掲最判昭和32年11月8日）、その判断は占有の事実と占有の意思の総合評価によりなされる。店で商品として販売されている服や旅館内の浴衣などは、店や旅館という店長や経営者の支配領域にあるため、占有の事実は店や旅館側に認められる。また、店長や経営者も、商品の服や浴衣などについて支配する意思も認められる。したがって、商品の服や浴衣などについての占有は、本来は店や旅館側に認められることになる。このことは店の営業時間に客が入店したり、旅館に客が宿泊するときでも同様である。このように、商品の服や浴衣などの占有はもともと店や旅館側にあり、店長や経営者などによる占有移転のための処分行為がない限りは、占有は依然として店や旅館側にあることになる。したがって、上衣を試着したり旅館提供の丹前や浴衣を着た場合、店側が許可したり、旅館が提供したものであるとしても、それらの許可や提供が意味するのは、試着後上衣を返却するか、購入するということ、又は、宿泊後丹前や浴衣を返却するということにすぎず、上衣の試着の許可や丹前や浴衣の提供があったからと言って、それが占有移転のための処分行為があったということまで意味すると解しえない。したがって、上衣の試着の許可や丹前や浴衣などの提供があり、それに基づいて上衣を実際に試着したり、丹前や浴衣を着ることで実力的に支配したと言いうる場合であっても、占有は

依然として店や旅館側に認められることになる。そこで、許可を得て試着し、その後トイレに行くと言ってそのまま逃走した場合や、丹前や浴衣などを着て手紙を出すと言って旅館外に出て、そのまま逃走した場合には、店員や旅館の従業員らの処分行為があったとは認められず、店や旅館等の占有をその意思に反して侵害したことになるため、窃盗罪が成立するのである。窃盗罪や詐欺罪などの占有は、事実的な占有それ自体であると言われているものの、占有の有無の判断は一定の事実や状態を評価して初めて判断しうるものであり、したがって、「財物を一時他人に手渡しても具体的状況上、手渡した者の側に、なおその物に対する占有が残っている（占有が弛緩したにすぎない）と解される場合も」考えられることになる（安廣文夫「判批」『最高裁判所判例解説刑事篇（昭和61年度)』(法曹会、1989) 294 頁）。

　他人に手渡しても、手渡した者の側に、なおその物に対する占有が残っているかどうかという問題を含む判例として、最判昭和61年11月18日刑集40巻7号523頁が挙げられる。その事案は以下のとおりである。暴力団 I 一家 Y 組組長の Y は、知人である O と話し合ったところ、覚せい剤の取引を口実に対立抗争中の暴力団 H 会 H 組幹部 W を呼び出せることが分かったので、W を殺害して H 会の弱体化を図るとともに、覚せい剤を奪って資金源をなくそうと考え、O にその旨を伝えた。O は、W に対し、覚せい剤の買手がいるように装って覚せい剤の取引を申し込み、W から覚せい剤 1.4 キログラムを売る旨の返事を得た。O は M ホテルの 303 号室と 309 号室の 2 部屋を予約し、覚せい剤取引の当日 W を 303 号室に案内した。O は、H が持参した覚せい剤を見てその値段を尋ねたりしたあと、先方（買主）と話をしてくると言って 309 号室に行き、そこで待機している A 及び T と会って再び 303 号室に戻り、W に対し「先方は品物を受け取るまでは金はやれんと言うとる」と告げると、W は「こっちも金を見らんでは渡されん」と答えてしばらくやりとりが続いたあと、W が譲歩して「なら、これあんたに預けるわ」と言いながら O に覚せい剤約 1.4 キログラムを渡したので、O はこれを受け取ってその場に居合わせた T に渡し、W に「一寸待ってて」と言い、T と共に 303 号室を出て 309 号室に行き、A に対し「行ってくれ」と述べて 303 号室に行くように指示し、T と共に逃走した。A は O と入れ替わりに 303 号室に入り、至近距離から W めがけて拳銃で弾丸 5 発を発射したが、W が防弾チョッキを着ていた

ので、重傷を負わせたにとどまり、殺害の目的は遂げなかった、というものである。なお、ОとＴは、303号室でＷから覚せい剤を受け取るや直ちに309号室に赴き、そこで覚せい剤をかねて準備していたショルダーバッグに詰め込み、靴に履き替えるなどして、階段を3階から1階まで駆け降りてＭホテルを飛び出し、すぐ近くでタクシーを拾って逃走したが、Оは、309号室においてＡに少し時間を置いてから303号室に行くように指示し、ＡもОらが出ていってから少し時間を置いて303号室に向かったため、ＡがＷに対し拳銃発射に及んだときには、ОとＴはすでにＭホテルを出てタクシーに乗車していた可能性も否定できなかった。

○**最判昭和61年11月18日刑集40巻7号523頁**

> ……Ａによる拳銃発射行為は、Ｗを殺害して同人に対する本件覚せい剤の返還ないし買主が支払うべきものとされていたその代金の支払を免れるという財産上不法の利益を得るためになされたことが明らかであるから、右行為はいわゆる2項強盗による強盗殺人未遂罪に当たるというべきであり……、先行する本件覚せい剤取得行為がそれ自体としては、窃盗罪又は詐欺罪のいずれに当たるにせよ、……本件は、その罪と（2項）強盗殺人未遂罪のいわゆる包括一罪として重い後者の刑で処断すべきものと解するのが相当である。

先行する覚せい剤の奪取については、覚せい剤取引を装っているという点では欺罔していると言え、その結果覚せい剤を取得したのであるから、Оらの行為は詐欺罪に該当すると考えられる。他方で、ＷはОらに覚せい剤を預けただけであり、交付する意思はなかったと言え、したがって処分行為が認められず、Ｗの意思に反して覚せい剤を奪ったと考えられるので、Оらの行為は窃盗罪に該当するとも考えられる。この点、最高裁は、Оらの行為が詐欺罪に該当するのか、それとも窃盗罪に該当するのかということについての判断を示さなかった。

ＷがОに覚せい剤を渡す際に、「なら、これあんたに預けるわ」と言っているため、ＷはОに任意に覚せい剤を交付したと考えられる一方で、「預ける」と言っていることから、まだ完全にОに交付する意思はなく、Оが現金

を持ってくるか、状況によっては覚せい剤を持ち帰ると思っていたとも考えられる。また、WがOに覚せい剤を預ける際、WはOが取引相手がいるホテルの別室に持ち出すと考えていたが、ホテルの外に持ち出すとまでは考えていなかったと考えられる。マンションの場合には各住戸から覚せい剤1.4キログラムを持ち出せば、その時点で財物を取得したと考えられるが、ホテルの部屋をマンションの各住戸と同様に考えれば、Oが303号室から持ち出した時点で覚せい剤1.4キログラムの占有を取得したと考えられ、WはOが303号室から覚せい剤を持ち出すことを認めていたことから、覚せい剤を交付したと言えるため、詐欺罪に該当すると考えられる。他方で、一般の住居の場合には、1.4キログラムもの覚せい剤であれば、これがある部屋から持ち出しただけではその占有を取得したとは言えず、住居から持ち出して初めて占有を取得したと言えることになる。ホテルの一室を住居の部屋と同様に考えれば、Wが303号室から覚せい剤を持ち出すことを認めたとしても、ホテルの外にこれを持ち出すことは認めていないことから、OらはWの処分行為がないままに覚せい剤を持ち出したと考えられ、Oらの行為は窃盗罪に該当すると考えられる。この場合、Wが「預ける」と言ってOに覚せい剤を渡し、Oが覚せい剤の事実上の支配をしているとも考えられるが、Wによる占有移転の処分行為があったとは認められないため、占有はまだWにあると考えることになる。最高裁がこの問題について特に判断を示さなかったのは、Wが覚せい剤をOに渡しっ放しにするつもりであったのか、それともOが再び持ち帰って来ると思っていたのか、覚せい剤の包装などがどのようになっていたのか、ホテルの規模はどのくらいかなどの事実が証拠などから明らかにならないためであると考えられ、これらの事実をできる限り確定することが必要であると最高裁が考えているのではないかということが指摘されている（安廣文夫、前掲295頁）。

　以上より、Oらの覚せい剤奪取行為が詐欺罪になるのか、それとも窃盗罪になるのかという問題は、処分行為と考えられる行為がなされた際の処分行為をした者の意思の内容及び取引が行われた場所の構造などについての事実認定が重要になってくる。

3. 強盗殺人罪に関する基礎的事項

（1）はじめに

　刑法 240 条は、「強盗が、人を負傷させたときは無期又は 6 年以上の懲役に処し、死亡させたときは死刑又は無期懲役に処する。」と規定する。

（2）強盗殺人罪の構成要件

　「強盗」は強盗犯人を意味し、236 条の強盗罪の他、238 条の事後強盗罪及び 239 条の昏睡強盗罪の実行に着手した者がこれに該当する。「人」は自分以外の他人を指し、「負傷させた」とは故意に負傷させた場合（強盗傷人）と過失で負傷させた場合（強盗致傷）を意味し、「死亡させた」とは故意に殺害した場合（強盗殺人）と過失で死亡させた場合（強盗致死）を意味するとされている（但し、判例は過失を不要とする）。240 条の犯罪は、243 条で未遂犯も処罰される。ただ、強盗傷人罪又は強盗致傷罪の未遂の場合には、暴行又は脅迫をしたが、相手方に傷害の結果が生じていないので、いずれの場合も強盗罪で処断され、強盗致死罪の未遂の場合も、暴行又は脅迫の結果、相手方に傷害の結果が生じるにとどまれば強盗致傷罪になり、傷害も生じなければ強盗罪になるため、結局、240 条の未遂は、財物を奪う目的で殺害しようとしたが、相手が死ななかった強盗殺人罪の未遂だけになる。

　240 条の主体のうち、昏睡強盗罪は本問に直接関係しないので、本問に関係する強盗罪（236 条）と事後強盗罪（238 条）について見ていこう（但し、いずれについても説明することが多いので、本問と関連する範囲で説明する）。

（3）強盗罪

　236 条はその 1 項で「暴行又は脅迫を用いて他人の財物を強取した者は、強盗の罪とし、5 年以上の有期懲役に処する。」と規定し、2 項で「前項の方法により、財産上不法の利益を得、又は他人にこれを得させた者も、同項と同様とする。」と規定する。

　強盗罪は相手方の意思に反して財物を奪うという点に特徴を有し、これと相手方の意思に基づく処分行為が必要な恐喝罪を区別するため、強盗罪にいう「暴行又は脅迫」は反抗を抑圧する程度のものであることを要する（最狭義の暴

行・脅迫）。したがって、答案では、行為者が行った暴行・脅迫が反抗を抑圧する程度のものであることを示す必要がある。但し、実際に被害者が反抗を抑圧されたことまでは必要ない（最判昭和 23 年 11 月 18 日刑集 2 巻 12 号 1614 頁）。また犯行を抑圧する程度かどうかは、暴行、脅迫の態様、犯行の場所、時刻等の現場の状況、犯人の服装、態度、体軀、人数、それに被害者の性別、年令、性格、健康状態、精神状態等の具体的事情すべてを考慮したうえで、客観的見地から判断される（名古屋高判昭和 35 年 9 月 21 日下刑集 2 巻 9＝10 号 1194 頁）。この暴行又は脅迫は、財物を奪うことを目的でなされなければならない。したがって、他の目的で暴行又は脅迫がなされた後に、財物奪取の意思が生じた場合には、原則として強盗罪にはならない（最判昭和 41 年 4 月 8 日刑集 20 巻 4 号 207 頁参照。但し東京高判平成 20 年 3 月 19 日高刑集 61 巻 1 号 1 頁。これらについては発展編を参照）。

　強盗罪の客体は、「財物」（1 項）と「財産上の利益」（2 項）である（平成 24 年度予備試験及び平成 25 年度予備試験を参照）。

　2 項の「財産上の利益」に含まれる例として、金銭債務が挙げられる。例えば、借金の弁済を督促されたため、債務の支払いを免れる目的で被害者を殺害した場合に、2 項強盗罪が認められる（最判昭和 32 年 9 月 13 日刑集 11 巻 9 号 2263 頁）。この金銭債務を適法に負った場合に、その弁済を免れるために暴行又は脅迫をしたときに、2 項強盗罪が成立するのは当然として、その金銭債務を負う際に違法行為が行われたときに、2 項強盗罪が成立しないというのは結論のバランスが取れないであろう。したがって、例えば覚せい剤の代金債務を免れた場合も 2 項強盗が成立する。また、例えば、自動車運転手に運賃の支払いを求められ、その際に暴行又は脅迫を加えて支払いを免れた場合に 2 項強盗罪が成立するとされているが（大判昭和 6 年 5 月 8 日刑集 10 巻 205 頁）、当初は運賃を支払う意思で乗車し、その後支払う意思を放棄して、暴行又は脅迫を加えて支払いを免れた場合だけでなく、当初から運賃を支払う意思がなく乗車した場合には、乗車時に 2 項詐欺罪とともに、暴行又は脅迫を加えて支払いを免れたという点について 2 項強盗罪も成立すると考えられる（無銭飲食や無銭宿泊の場合も同様である（大阪地判昭和 57 年 7 月 9 日判時 1083 号 158 頁））。（安廣文雄、前掲 305 頁以下）。

　なお、法禁物である覚せい剤の代金債権又は返還請求権を財産罪で保護するのが妥当なのかという問題があるが、事実上の所持を保護するとする判例によ

れば、覚せい剤を奪った場合に財産罪が成立するので（最判昭和24年2月25日刑集3巻2号175頁）、所持を禁じられている物の返還請求権又は代金請求権も保護されると考えるべきであろう（最判昭和35年8月30日刑集14巻10号1418頁）。

2項強盗罪が成立するためには、財産上の利益を得ることが必要であるが、1項強盗罪の場合には、「強取」すなわち暴行又は脅迫を用いて相手方の財物の占有を奪うので、その移転が明確であるのに対し、2項強盗罪の場合には財物の移転に相応するものが明確ではない。そこで、例えば、暴行又は脅迫を受けた被害者による債務の免除を認める意思表示のような利益を処分する行為が必要なのではないかということが問題になる。この点、2項強盗罪は1項強盗罪と同じに処罰され、1項強盗罪と不法利得か財物強取かという点で異にする以外、その構成要件に差異はなく、1項強盗罪において相手方の処分行為が不要とされている以上、1項強盗罪と同じく相手方の反抗を抑圧する程度の暴行又は脅迫の手段を用いて財産上不法利得することをもって足り、反抗を抑圧する程度の暴行又は脅迫により債権者をして事実上支払の請求をすることができない状態に陥らせて支払を免れたのであれば、2項強盗罪の成立を認めるのが判例である（最判昭和32年9月13日刑集11巻9号2263頁）。したがって、債務の返済を免れる目的で債権者を殺害しようとした場合（前掲最判昭和32年9月13日）や麻薬購入資金の返還を免れる目的で被害者を殺害した場合（前掲最判昭和35年8月30日）には、2項強盗罪が成立することになる。そもそも、強盗罪の場合には反抗を抑圧する程度の暴行又は脅迫を手段としているので、被害者側に処分行為を要求することはできないであろう。したがって、前述した最決昭和61年11月18日のOらの行為も、覚せい剤の支払い代金又は返還の請求を免れる目的でWを殺害しようとしたのであるから、2項強盗罪による強盗殺人罪の未遂が認められることになる。

(4) 事後強盗罪

刑法238条は、「窃盗が、財物を得てこれを取り返されることを防ぎ、逮捕を免れ、又は罪跡を隠滅するために、暴行又は脅迫をしたときは、強盗として論ずる。」と規定する。

「窃盗」とは窃盗犯人を意味し、窃盗の実行に着手した者を言う。着手していればいいので、窃盗が既遂になったか、それとも未遂にとどまったのかとい

うことは問われない。事後強盗罪は未遂も処罰されているが、その未遂は窃盗が未遂に終わった場合を言う。また、財物を得てこれを取り返されることを防ぎ、逮捕を免れ、又は罪跡を隠滅する目的をもって、暴行又は脅迫がなされることを要する。これらの目的のうち、最初の財物を得てこれを取り返されることを防ぐ目的の場合、窃盗が既遂になり、暴行又は脅迫を行った時にすでに占有を完全に確立した状態であることを要する。暴行又は脅迫により占有が確立した場合には1項強盗罪が成立する。行為者が窃盗犯人と評価されたとしても、行為者にこれらの目的が認められなければ事後強盗罪に問うことはできない。暴行又は脅迫は、窃盗の機会になされることを要し（最判平成16年12月10日刑集58巻9号1047頁）、強盗として論じられるので、反抗を抑圧する程度のものであることを要する。「強盗として論ずる」とは、強盗として扱うという意味であり、例えば240条の「強盗」に事後強盗も含まれることになる。

4. 正当防衛に関する基礎的事項

（1）はじめに

　刑法36条1項は「急迫不正の侵害に対して、自己又は他人の権利を防衛するため、やむを得ずにした行為は、罰しない。」と規定する。正当防衛についても説明することが多いので、本問と関連する範囲で説明する。

（2）正当防衛の成立要件

　「急迫」とは「法益の侵害が現に存在しているか、または間近に押し迫っていること」をいう（最判昭和46年11月16日刑集25巻8号996頁）。「不正」とは違法を意味する（大判昭和8年9月27日刑集12巻1654頁）。「侵害」とは法益の侵害又はその危険のことを言う。したがって、適法な行為に対して正当防衛をすることはできない（この場合には緊急避難の成否が問題になる）。

　「自己又は他人の権利」にいう「権利」は法益を意味するとされている。「防衛するため」と言えるためには、自己又は他人の権利を守ろうとする意思つまり防衛の意思を必要とするのが判例である（前掲最判昭和46年11月16日）。防衛行為を行った際に、防衛行為者に攻撃的な意思がある場合も考えられる。この点、判例は、行為当時の行為者の意思が問題になる場合には、積極的な加害意

思は防衛の意思の問題になり、加害意思が防衛の意思を排除し尽くしてゼロになったと認められる場合に防衛の意思を否定するとされている（安廣文夫「判批」『最高裁判所判例解説刑事篇（昭和60年度）』（法曹会、1989）144頁以下）。

「やむを得ずにした行為」とは、「急迫不正の侵害に対する反撃行為が、自己または他人の権利を防衛する手段として必要最小限度のものであること、すなわち反撃行為が侵害に対する防衛手段として相当性を有するものであることを意味する」（最判昭和44年12月4日刑集23巻12号1573頁）。この相当性を超えた場合には正当防衛ではなく、36条2項の過剰防衛になる。ただ、過剰かどうかの判断にあたって、反撃行為が侵害に対する防衛手段として相当性を有する以上、その反撃行為により生じた結果がたまたま侵害されようとした法益より大きかったとしても、その反撃行為が正当防衛行為でなくなるものではないという点に注意を要する（前掲最判昭和44年12月4日）。すなわち、過剰性については、単純に結果だけに基づいて判断してはならず、行為と結果を見比べながら総合判断していくことになる。

5. 盗品等保管罪に関する基礎的事項

（1）はじめに

刑法256条は、その1項で「盗品その他財産に対する罪に当たる行為によって領得された物を無償で譲り受けた者は、3年以下の懲役に処する。」と規定し、その2項で「前項に規定する物を運搬し、保管し、若しくは有償で譲り受け、又はその有償の処分のあっせんをした者は、10年以下の懲役及び50万円以下の罰金に処する。」と規定する。1項は盗品等無償譲受罪を、2項は盗品等運搬罪、盗品等保管罪、盗品等有償譲受罪及び盗品等有償処分あっせん罪の4つを規定しており、これらの犯罪をまとめて盗品等に関する罪と呼ぶ。

（2）盗品等に関する罪の構成要件

盗品等に関する罪の法益は所有者の追求権であり、盗品等に関する罪の罪質は、この追求権の実行を困難にする点にある（大判大正11年7月12日刑集1巻393頁）。ただ、判例には、「被害者の返還請求権の行使を困難ならしめるばかりでなく、一般に強窃盗の如き犯罪を助成し誘発せしめる危険があるからであ

る」（最判昭和 26 年 1 月 30 日刑集 5 巻 1 号 117 頁）とか、「窃盗等の被害者を処分の相手方とする場合であっても、被害者による盗品等の正常な回復を困難にするばかりでなく、窃盗等の犯罪を助長し誘発するおそれのある行為である」（最決平成 14 年 7 月 1 日刑集 56 巻 6 号 265 頁）として、追求権の実行の困難さに加え、本犯を助長するという点を指摘するものもある。

盗品等に関する罪の客体は「盗品その他財産に対する罪に当たる行為によって領得された物」である。したがって、236 条 2 項、246 条 2 項及び 249 条 2 項の「財産上の利益」は含まれない。盗品等に関する罪は、追求権を法益としていることから、被害者が民法の規定によりその物の回復を請求する権利を失わない以上は盗品等に該当する（最決昭和 34 年 2 月 9 日刑集 13 巻 1 号 76 頁）。但し、即時取得などにより所有権を喪失した場合には、盗品性が失われる（大判大正 6 年 5 月 23 日刑録 23 輯 517 頁）。また、盗品が付合により損傷しなければ分離しえず、その結果、民法 243 条により盗品を含めた物の所有権が第三者に帰属することになった場合及び盗品に工作を加えた結果、民法 246 条の規定により加工者が所有権を取得した場合も、盗品性が失われる。

「財産に対する罪」とは窃盗、強盗、詐欺、恐喝、横領及び盗品等に関する罪であり、これらを盗品等に関する罪との関係では本犯と呼ぶ。本犯の正犯は、盗品等に関する罪の主体にはなりえない。なぜなら、本犯の罪によって盗品等に関する罪に当たる行為も同時に評価され、本犯の罪によって同時に処罰されている不可罰的事後行為又は共罰的事後行為になるからである。それに対して、本犯の教唆犯及び従犯は盗品等に関する罪の主体になりうる。

256 条に規定されている各行為のうち、「無償譲受」とは、盗品等であることの情を知って、無償で盗品等を取得することを言う（大判大正 6 年 4 月 27 日刑録 23 輯 451 頁）。追求権の行使が困難になる必要があるため、契約などが成立しただけでは足りず、物の現実の受渡が必要である。「運搬」とは、委託を受けて盗品等を場所的に移転させることをいう（最判昭和 33 年 10 月 24 日刑集 12 巻 14 号 3368 頁参照）。「保管」とは、委託を受けて本犯のために盗品等を保管することをいう（最判昭和 34 年 7 月 3 日刑集 13 巻 7 号 1099 頁）。保管も、契約などが成立するだけでは足りず、現実に盗品等を保管することが必要である。「有償譲受」とは、盗品等であることの情を知りながら、金銭その他の物件を対価として盗品等の所有権を所得する契約をすることを言う（大判大正 6 年 4 月 27 日刑録 23 輯

451頁）。有償譲受の場合も、契約をするだけでは足りず、盗品等を受領することが必要である（大判大正12年1月25日刑集2巻19頁）。「有償処分のあっせん」とは、盗品等であることを知りながら、その有償処分に関する媒介をすることを言う（大判大正3年1月21日刑録20輯41頁）。有償なのは処分（例えば売買、質入れなど）であり、あっせん行為自体は有償無償を問わない（最判昭和25年8月9日刑集4巻8号1556頁）。盗品等の事情を知りながら、売却先のあっせんなどを行えば足り、あっせんの結果売買契約が成立する必要はない（最判昭和23年11月9日刑集2巻12号1504頁）。また、被害者による盗品等の正常な回復を困難にするばかりでなく、窃盗などの犯罪を助長し誘発するおそれがあるため、本犯の被害者を相手方とした場合にも有償処分のあっせん罪が成立する（前掲最決平成14年7月1日）。

　盗品等に関する罪が成立するためには、原則として、それぞれの行為をする時点で「盗品その他財産に対する罪に当たる行為により領得された物」であることを認識している必要がある。したがって、譲り受けるときに盗品等であることを知らなかった場合には、後から盗品等であることを知っても、無償譲受罪や有償譲受罪は成立しない。また、有償処分のあっせんをするときに盗品等であることを知らなければ、盗品等有償処分あっせん罪も成立しない。但し、盗品等運搬罪や盗品等保管罪の場合には、本犯者から委託を受けて運搬や保管を開始したときには盗品等であることを知らなかったとしても、後に盗品等であることを知り、その後も継続して運搬又は保管した場合には、そのときから盗品等運搬罪や盗品等保管罪が成立する（最決昭和50年6月12日刑集29巻6号365頁）。

○最決昭和50年6月12日刑集29巻6号365頁

> ……贓物（盗品等（筆者））であることを知らずに物品の保管を開始した後、贓物であることを知るに至ったのに、なおも本犯のためにその保管を継続するときは、贓物の寄蔵（保管（筆者））にあたる……。

　盗品等運搬罪及び盗品等保管罪は、監禁罪と同様に、犯罪が既遂に達したのちもまだ終了せずに犯罪が継続している継続犯であるとされている。したがって、運搬行為や保管行為が継続中に事情を知り、その後も継続して運搬や保管

を行えば、運搬罪や保管罪で処罰しうることになる。なお、盗品等の認識は、あるいは盗品等であるかも知れないと思いながらしかもあえてこれを買受ける意思（いわゆる未必の故意）があれば足りる（最決昭和23年3月16日刑集2巻3号227頁）。

6. 横領罪に関する基礎的事項

（1）はじめに

　刑法252条1項は「自己の占有する他人の物を横領した者は、5年以下の懲役に処する。」と規定する。横領罪についても説明することが非常に多いので、本問と関連する範囲の説明にとどめておく。

（2）横領罪の構成要件

　横領罪の客体は、「自己の占有する他人の物」であり、財産上の利益は含まれない。物には動産の他、不動産も含まれる。この物は、単に自己の占有する他人の物であれば足り、その物の給付者に民法上の返還請求権が存するなどの事情は必要ない（最判昭和23年6月5日刑集2巻7号641頁）。したがって、有償処分のあっせんのために預かっていた盗品等を横領した場合も横領罪が成立する（最判昭和36年10月10日刑集15巻9号1580頁）。

　横領罪における占有は事実上及び法律上物に対する支配力を有する状態を言う（大判大正4年4月9日刑録9輯258頁）。横領罪は、窃盗罪や詐欺罪などとは異なり、行為者自身が他人の物を占有しているため、保護法益は占有ではなく、所有権である。横領罪は、この所有権を、自己の占有を濫用して侵害する犯罪なので、事実上の占有だけでなく、例えば不動産の占有者は、横領罪の場合には、登記簿上の名義人になる（最判昭和30年12月26日刑集9巻14号3053頁）など、法律上の占有も含まれることになる。この占有は、契約などのような、所有権などを有する者の委託に基づく必要がある。委託に基づかない自己占有物の場合には254条の遺失物等横領罪が問題になる。占有と所有の関係から成立する犯罪をまとめると、大要以下のとおりになる。

他人所有他人占有	窃盗罪等
他人所有自己占有 （委託に基づく）	横領罪
他人所有自己占有（委託に基づかない） or 占有離脱物	遺失物等 横領罪

　「横領した」とは、不法領得の意思を実現する一切の行為を言い（領得行為説。大判大正6年7月14日刑録23輯886頁）、不法領得の意思とは、他人の物の占有者が委託の任務に背いて、その物につき権限がないのに所有者でなければできないような処分をする意思を言う（最判昭和24年3月8日刑集3巻3号276頁）。なお、横領は、自己のためである必要はなく、第三者のためでもよい（前掲最判昭和24年3月8日）。

○最判昭和24年3月8日刑集3巻3号276頁

　　横領罪の成立に必要な不法領得の意志とは、他人の物の占有者が委託の任務に背いて、その物につき権限がないのに所有者でなければできないような処分をする意志をいうのであって、必ずしも占有者が自己の利益取得を意図することを必要とするものではなく、又占有者において不法に処分したものを後日に補塡する意志が行為当時にあったからとて横領罪の成立を妨げるものでもない。

Ⅱ. 応用編

1. 甲による仏像の奪取について

　甲は、Ｖと仏像の取引をする際に、「金は持ってきたが、近くの喫茶店で鑑定人が待っているので、まず仏像を鑑定させてくれ。本物と確認できたら鑑定人から連絡が入るので、ここにある金を渡す。」と言い、2000万円が入っているように見せ掛けたアタッシュケースを示して仏像の引渡しを求め、Ｖを欺罔している。そして、その結果、Ｖは、代金が準備されているのであれば、先に仏像を引き渡しても代金を受け取り損ねることはないだろうと錯誤に陥っ

ており、仏像を甲に引き渡している。甲は、待機していた乙を室内に招き入れ、「これを頼む。」と言って、仏像を手渡したところ、乙は、準備していた風呂敷で仏像を包み、甲からの指示どおり、これを持ってそのままホテルを出て、タクシーに乗って自宅に帰ったことから、Ｖは仏像を喪失し、財産上の損害を受けている。これらの事実を見ると、乙を欺いて仏像を交付させたとして、甲に詐欺罪が成立すると考えられる。確かに、Ｖが甲に仏像を渡す際に、甲は「近くの喫茶店で鑑定人が待っているので、まず仏像を鑑定させてくれ。」とＶに述べており、Ｖもこれに応じて仏像を渡していることから、Ｖは近くの喫茶店まで仏像を持ち出すことを認めていると言える。しかし、甲は「本物と確認できたら鑑定人から連絡が入るので、ここにある金を渡す。」と言っていることから、それまでは喫茶店からの持ち出しを認めていないと考えられる。このような場合でもＶによる交付があり、その結果仏像を持ち出したと言えるのかということが問題になる。

　Ｖは、ホテルの部屋から、ホテルの外にある喫茶店へと持ち出すことまでは許可しており、仏像といえども、これをホテルの外に持ち出した時点で、その占有を確保したと考えることができる。そうすると、Ｖがそのことをわかって仏像を甲に渡した以上、甲に仏像の占有を移転させるための交付があったと考えることができ、甲には詐欺罪が成立すると考えられる。他方で、Ｖが持ち出すことを許可したのはあくまでも近くにある喫茶店までであり、それ以外に持ち出すことは許可しておらず、仏像の代金を受け取るまでは完全に占有を移転させることを留保していると考えることもできる。この場合には仏像を甲に渡したとしても、Ｖがまだ不完全ながらも占有を維持していると考えられ、その占有をＶの意思に反して奪ったことから、甲には窃盗罪が成立することになる。どちらの結論も可能であるが、Ｖにまだ占有が残っているかどうかということを与えられた事実から認定することが重要である。

　なお、甲から仏像を受け取って甲の指示どおりに自宅に持ち帰った乙は、その時点ではまだ甲から本来の事情を聴いておらず、甲に言われたとおりに持ち帰っただけであるので、乙に犯罪は成立しない。乙が仏像を持ち帰った部分については、甲の道具として評価されることになる。

2. 甲がVをナイフで刺したことについて

(1) 強盗殺人罪の未遂について

　甲の意図を見破ったVが、甲及びVがいた部屋の出入口ドア前に立ちはだかって、甲の逃走を阻み、甲が逃げないように、護身用に持ち歩いていた刃体の長さ約15センチメートルのナイフの刃先を甲の首元に突き付けた。それに対して、甲は、Vからナイフを奪い取ってVを殺害して、自分の身を守るとともに、仏像の返還や代金の支払を免れることを意図し、隙を狙ってVからナイフを奪い取り、ナイフを取り返そうとして甲につかみ掛かってきたVの腹部を、殺意を持って、ナイフで1回突き刺し、Vに重傷を負わせた。甲は、すぐに逃走したが、部屋から逃げていく甲の姿を見て不審に思ったホテルの従業員が、Vが血を流して倒れているのに気づいて119番通報をした。Vは、直ちに病院に搬送され、一命を取り留めた。この場合、甲がVにナイフを突き刺した時点では、すでに乙が仏像を持ってタクシーに乗った後なので、甲が仏像の占有を確保している状態であり、甲がVを刺したことは、仏像の占有の確保には何ら役立っていない。そこで、ナイフを刺して仏像を奪取したとは言えないため、仏像についての1項強盗罪による強盗殺人罪の未遂は成立しない。そうすると、甲には、仏像の奪取行為について窃盗罪又は詐欺罪が成立し、その後ナイフでVを突き刺した行為は、殺人罪になるとも考えられる。しかし、甲がナイフでVを刺したのは、自分の身を守るとともに、仏像の返還や代金の支払いを免れることを意図していたにもかかわらず、窃盗罪又は詐欺罪と殺人罪にしかならないという結論は疑問であろう。

　前述の最判昭和61年11月18日の事案は、Oが覚せい剤を持ち逃げした後、AがWがいた303号室に行き、Wに向けて発砲したというものであったが、これは当初の計画を変更したものであり、当初の計画は、Oがドアを開けてAが部屋に入って拳銃を撃ち、Oが覚せい剤を奪って逃げるというものであった。当初の計画と実際のOらの行為を対比してみると、拳銃によりWを殺害して覚せい剤を奪い、その支払い代金を免れるという点ではどちらも同じであると考えられる。そして当初の計画どおりにOらがWから覚せい剤を奪っていたら、Oらの行為は覚せい剤を奪ったことについて1項強盗罪になるため、Oらに強盗殺人罪の未遂が成立するのに、計画を変更して、発砲と覚せ

い剤の奪取の順番が入れ替わると、強盗殺人罪の未遂にならず、窃盗罪又は詐欺罪と殺人罪にしかならないという結論は疑問であろう。そこで、強盗殺人罪という結論が得られるような考え方を探ることになる。この場合、先行する財物の奪取行為が窃盗罪と評価されるのか、それとも詐欺罪と評価されるのかということにより、考え方が変わってくるので、以下では、場合分けして見ていこう。

①先行する財物奪取行為が窃盗罪と評価された場合

　先行する財物奪取行為すなわち甲による仏像の奪取が窃盗になる場合には、甲が窃盗犯人に該当するので、その後にナイフでVを刺すという行為について事後強盗罪が成立しないかということが問題になる。事後強盗罪の場合には、財物を得て取り返されるのを防ぐか、逮捕を免れるか、又は罪跡を隠滅する目的が必要である。本問ではVを刺した時の甲の目的は、自分の身を守るとともに、仏像の返還又はその代金の支払いを免れることである。したがって甲には仏像の返還を免れる目的があったと考えることができる。この場合には甲に事後強盗罪が成立するので、事後強盗による強盗殺人罪の未遂が認められる。なお、乙は、こうした事情を知らないため、強盗殺人罪の未遂の責任を負わない。

　仮に、238条所定の目的が認められないため、事後強盗罪に問えない場合には、先行する財物奪取行為が詐欺罪と評価された場合と同じになる。

②先行する財物奪取行為が詐欺罪と評価された場合

　仏像の奪取行為が詐欺罪と評価された場合には、238条の窃盗犯人ではない甲に、事後強盗罪による強盗殺人罪の未遂の責任を問うことはできない。そうすると、仏像についての詐欺罪と殺人罪は併合罪になるとも考えられる（神戸地判昭和34年9月25日下刑集1巻9号2069頁参照）。この結論は、それとしてありうるが、先行する財物奪取行為が窃盗罪と評価されるのか、それとも詐欺罪と評価されるのかということにより、大きく結論が異なるのも妥当とは言えないであろう。しかも、その結論の違いは、仏像についての占有の有無という一点により生じることになる。そこで、仏像の返還請求又は代金の請求を免れて財産上の利益を得たとして、2項強盗罪を認め、これによる強盗殺人罪の未遂を認めることになる。

　仏像の奪取についての窃盗罪又は詐欺罪と甲によるVの刺突について強盗

殺人罪の未遂を認めた場合、それらの罪数関係が問題になる。窃盗罪又は詐欺罪と強盗殺人罪は、法的評価を離れ、構成要件的観点を捨象した自然的観察のもとで、社会的見解上、仏像の奪取とＶの刺突は２個の行為と評価されうる。したがって、54条前段の観念的競合にはならない。また、窃盗罪又は詐欺罪と強盗殺人罪の未遂は通常の手段目的の関係にあるとは言えないので、窃盗罪又は詐欺罪と強盗殺人罪の未遂は、54条後段の牽連犯にもならない。そうすると、窃盗罪又は詐欺罪と強盗殺人罪の未遂は併合罪になると考えられる。しかし、当初から仏像を奪う目的でＶを刺し、その結果仏像を奪った場合には強盗殺人罪の未遂一罪になり、また本問のような場合でも、仏像奪取が窃盗罪と評価され、甲に仏像を取り返される目的を認めることができれば、事後強盗による強盗殺人罪の未遂一罪になるのに、これらに当てはまらないと、窃盗罪又は詐欺罪と強盗殺人罪の併合罪になるという結論も疑問であろう。そこで、最終的な結論としては、強盗殺人罪の未遂一罪になるように罪数関係を考える必要がある。仏像の奪取からＶの刺突までの一連の事実を見てみると、仏像の奪取と仏像の返還請求権又は代金の請求権という表裏一体の関係にあるもの（すなわち実質的には同一の法益）を別個独立に評価し、それぞれを窃盗罪又は詐欺罪と強盗殺人罪として評価している。この表裏一体の関係にある窃盗罪又は詐欺罪と強盗殺人罪の未遂を包括的に評価し、重い強盗殺人罪の未遂一罪を認めるべきことになる。したがって、本問の場合も、甲による窃盗罪又は詐欺罪と強盗殺人罪の未遂は包括一罪になる（このように異なる構成要件にまたがる包括一罪を混合的包括一罪と呼ぶ）。

3. 甲による防衛行為について

　Ｖは、甲が逃げないように、護身用に持ち歩いていたナイフの刃先を甲の首元に突き付け、さらに、甲に命じてアタッシュケースを開けさせ、中に現金がほとんど入っていないことを確認すると、甲から仏像を取り返し、又は代金を支払わせようとして、その首元にナイフを突き付けたまま、「仏像を返すか、すぐに金を準備して払え。言うことを聞かないと痛い目に合うぞ。」と言い、さらに、甲の身元を確認するため「お前の免許証か何かを見せろ。」と言っている。それに対して、甲は、このままではナイフで刺される危険があり、また、

Ｖに自動車運転免許証を見られると、身元が知られて仏像の返還や代金の支払を免れることができなくなると考え、Ｖからナイフを奪い取ってＶを殺害して、自分の身を守るとともに、仏像の返還や代金の支払を免れることを意図し、隙を狙ってＶからナイフを奪い取り、ナイフを取り返そうとして甲につかみ掛かってきたＶの腹部を、殺意をもって、ナイフで１回突き刺し、Ｖに重傷を負わせた。この甲の行為が正当防衛にならないかということが問題になる。

　まず、甲は、Ｖによって、首元にナイフを突きけられた状態で、しかも、Ｖに「仏像を返すか、すぐに金を準備して払え。言うことを聞かないと痛い目に合うぞ。」と言われたことから、ナイフで刺される危険も認められるので、甲に対する急迫の侵害は認められるであろう。しかし、Ｖがナイフを突きつけた行為が不正の侵害と言えるのかということは検討を要する。というのも、甲がＶをだましてＶから仏像を奪ったことが原因になっているからである。Ｖと甲の体格を見ると、Ｖが身長160センチメートル体重53キログラムであるのに対し、甲は身長178センチメートル体重82キログラムであり、脅されている甲の方が勝っていると言えるが、刃体の長さが15センチメートルのナイフを突きつけていることから、甲の反抗を抑圧する程度の脅迫と考えることができるであろう。この場合にはＶの行為は強盗罪の構成要件に該当すると考えられる。他方で、反抗を抑圧する程度の脅迫とは言えなかったとしても、少なくとも甲を畏怖させる程度の脅迫を行っているとは言えるため、Ｖの行為は恐喝罪の構成要件には該当すると考えられる。しかし、Ｖがこうした行為を行ったのは、甲によって奪われた仏像を取り戻すか、又は本来権利として認められる仏像の代金の支払いを要求するためであったことから、権利行使としてそもそも強盗罪又は恐喝罪が成立しないのではないかということが問題になる。この点、判例によれば、権利の範囲又は社会通念上一般に忍容すべきものと認められる程度を超えない限り、違法の問題は生じないが、その程度を逸脱した場合には違法となり、恐喝罪が成立する（最判昭和30年10月14日刑集9巻11号2173頁）。

　本問の場合、確かに、Ｖは、甲に対して仏像の返還請求権又は代金支払請求権を有しており、いずれかの履行を求め、その保障のために身分証明書の提示を求めることは、Ｖの権利の範囲内にあると言えるであろうが、そのため

に刃体約 15 センチメートルのナイフを突きつけ、「痛い目に合う」などの脅迫的言辞を行うことは社会通念上一般に忍容すべきものと認められる程度とは言えないであろう。したがって、Ｖの行為は、強盗罪又は恐喝罪のうちのいずれかの構成要件に該当することになる。なお、仮に、Ｖの行為が権利行使として許されると解した場合には、Ｖの行為は、甲の財産上の損害に向けられた脅迫がなされたとは言えないため、強盗罪又は恐喝罪の構成要件に該当しないことになる。この場合、Ｖの行為は権利行使の範囲にあるとして、犯罪にならないと考えるか、又は、手段は違法なので、脅迫罪若しくは強要罪が成立すると考えることになる。前者の考えによれば、甲の行為は防衛行為にはならないことになる。

　ただ、Ｖは、甲が仏像を奪ったから、これを捕まえているので、窃盗又は詐欺の現行犯人である甲を逮捕したとして、Ｖの行為の違法性が阻却され、Ｖの行為は不正の侵害とは言えないのではないかということが問題になる。刑事訴訟法 212 条 1 項は、「現に罪を行い、又は現に罪を行い終った者を現行犯人とする。」と規定し、同法 213 条は、「現行犯人は、何人でも、逮捕状なくしてこれを逮捕することができる。」と規定している。甲は、現に窃盗又は詐欺を行い終わった者と言えるため、現行犯人であり、その現行犯人の場合には私人であるＶも逮捕することができるため、Ｖが甲を捕らえた行為は現行犯逮捕と言えるのではないかとも考えられる。

　しかし、刑事訴訟法 214 条は、「検察官、検察事務官及び司法警察職員以外の者は、現行犯人を逮捕したときは、直ちにこれを地方検察庁若しくは区検察庁の検察官又は司法警察職員に引き渡さなければならない。」と規定しているところ、本問の事実関係からは、Ｖは、甲を捕らえた後、速やかに司法警察職員らに引き渡す意思は認められず、また、実際にＶは速やかに甲を司法警察職員らに引き渡すべく手続きをすることはなかった。それどころか、Ｖは甲に対して「仏像を返すか、すぐに金を準備して払え。言うことを聞かないと痛い目に合うぞ。」、「お前の免許証か何かを見せろ。」などと、脅迫的言辞を行っている。このＶの行為は、社会的に相当な行為とは言えず、逮捕行為として、その違法性を阻却することはないと言えるであろう（東京高判昭和 55 年 10 月 7 日刑月 12 巻 10 号 1101 頁参照）。仮にＶの行為が現行犯逮捕と評価されることになるのであれば、それは刑事訴訟法という法令に基づく行為であるため（刑

法35条)、適法になり、Vの行為は不正の侵害にならず、甲の行為は防衛行為にはならない。

　Vの行為が逮捕行為とは認められないとしても、甲によって奪われた仏像を取り戻すか、又は仏像の代金の支払いを要求するために行っているため、これについて正当防衛が認められないかということが問題になる。窃盗罪や詐欺罪のような状態犯の場合であっても、法益侵害の発生により犯罪が終了した後に継続する法益侵害の状態を侵害と捉え、その違法な侵害状態から自己の権利を防衛するために行ったとして正当防衛と考えることもできるが、一般的には、法益侵害の発生により犯罪が終了してしまうと、その後の違法状態は侵害が終了したものと考えられている。一般的な理解によれば、法益侵害終了後の自己の財物の取り戻しについては、自救行為が問題になるだけである。仮に甲が仏像を所持した状態を急迫不正の侵害と考えれば、これを取り戻すVの行為自体が正当防衛になるため、甲の行為が防衛行為として評価されえないことになる。

　Vの行為が逮捕行為又は正当防衛行為とは認められないとしても、仏像の返還請求権又は代金請求権の実現のために甲にナイフを突きつけて脅迫的言辞をしているため、自救行為としてその違法性が阻却されないかということも問題になりうる。自力による権利救済である自救行為は法治国家では原則として禁止されているため、自救行為が認められるとしても、きわめて例外的な場合になる。自救行為の規定は現行刑法にはないが、かつて改正刑法仮案20条に条文化されたことがあった。改正刑法仮案20条は、「請求権ヲ保全スルニ付相當ノ時期ニ法律上ノ手續ニ依ル救済ヲ受クルコト能ハサル場合ニ於テ其ノ請求権ノ実行ノ不能ト爲リ又ハ著シク困難ト爲ルコトヲ避クルタメ自ラ救済スルニ出テタル行爲ハ其ノ際ニ於ケル状況ニ照シ相當ナルトキハ罪ト爲ラス」と規定する。

　本問では、確かに、Vの仏像の返還請求権又は代金請求権を保全するについて、甲が偽名を使うなどしているため、相当の時期に法律上の手続による救済を受けることができないと考えられるが、甲を捕まえた時点で警察に通報するなど他に取りうる方法がある中でVの行為を相当と評価することはできないであろう。

　以上より、Vの行為は違法な行為と言え、不正の侵害に該当すると考えら

れる。

　また、甲は、Vによってナイフを突きつけられていて、このままではナイフで刺される危険があり、それから免れるために、Vからナイフを奪って刺していることから、甲の権利を防衛するためとも考えられる。他方で、甲は、Vに自動車運転免許証を見られると、身元が知られて仏像の返還や代金の支払を免れることができなくなると考えてVを刺しているため、このような場合でも防衛の意思を認めることができるか問題になる。甲はVにナイフを突きつけられて初めてVを殺害して逃れようという意思が生じているため、行為当時の甲の意思が問題になる場合であり、甲に仏像の返還や代金の支払いを免れる目的が認められるとしても、それと同時に自分の身を守るという意思が認められるため、防衛の意思を肯定することができる。

　ただし、Vからナイフを奪うこと自体は必要最小限度のものと言えるであろうが、奪ったナイフをVへの威嚇に使い、逃げるなどの行為もありうることを考えれば、殺意をもってVの腹部をナイフで突き刺し、命を奪おうとすることまでは必要なかったと考えられるため、甲が刺した行為は「やむを得ずにした行為」とは言えず、36条2項の防衛の程度を超えた場合として過剰防衛になるであろう。Vは一命を取り留めたため、甲は強盗殺人罪の未遂の過剰防衛の責任を負うことになる（仮に正当防衛が成立するとすれば、強盗殺人罪の未遂は正当防衛になる。念のため指摘しておくと、先行する窃盗罪又は詐欺罪については正当防衛又は過剰防衛は成立しない）。

4. 乙による仏像の保管について

　乙は、甲の依頼を受けて、持ち帰った仏像を自宅に保管していた。乙は保管を始めた当初は、仏像が盗品等であることを知らなかった。乙はそのまま甲からの指示を待っていたところ、甲から電話があり、一連の事情を全て打ち明けられ、引き続き仏像の保管を依頼された。乙は、先輩である甲からの依頼であるのでやむをえないと思い、そのまま仏像の保管を続けた。このように保管を開始した当初は盗品等であることを知らなかったが、その後盗品等であることを知った後もなお保管を継続した場合でも、盗品等保管罪が成立するか問題になる。

盗品等保管罪に言う保管とは、委託を受けて本犯のために盗品等を保管することを言う。盗品等保管罪は既遂に達した後も保管が継続している限り、法益である追求権の侵害状態も継続するので、犯罪は終了しない（継続犯）。したがって、盗品であることを知った後もなお保管を継続した場合には知情後から盗品等保管罪が成立すると解される。本問の乙は、甲から事情を打ち明けられ、仏像が盗品等であることを知った後に、甲の依頼を受けてなお仏像の保管を継続したことから、仏像を盗品であることを知った後の保管行為は盗品等保管罪が成立することになる。

5. 乙による仏像の売却について

乙は、甲の電話から2週間後、金に困っていたことから、甲に無断で仏像を500万円で第三者に売却し、その代金を自己の用途に費消した。乙は仏像を保管しているため、仏像の占有者であると言える。また仏像の所有者はVであると言えるので、自己の占有する他人の物を500万円で売却したことから、乙に刑法252条の横領罪が成立するかということが問題になる。特に、乙は所有者であるVから委託を受けていないのに、横領罪が成立するのかということが問題になる。

横領罪における物は、自己の占有する他人の物であれば足りることから、本問の仏像も盗品等ではあるものの、横領罪の客体たる物に該当すると言える。また、本来の所有者であるVからの委託はないものの、盗品等であることを知らずに仏像の保管の委託を甲から受けているため、乙はVの仏像の占有者であると言える。この点、委託信任関係は物の所有者又はその他の権限ある者との間に必要であるとする見解がある。この見解によれば、権限のない甲の委託は横領罪により保護するに値しないものであるので、乙には遺失物等横領罪が成立するにすぎないことになる。しかし、判例によれば、前述のとおり、民法上盗品等の罪の犯人に対して返還請求することができることは必要とされないので、乙が甲のために仏像を占有していれば足り、その占有中に仏像を領得した以上、横領罪の責任を乙は免れないことになる。したがって、Vの仏像を、保管という委託の任務に背いて、その仏像につき売却する権限がないのに、所有者であるVでなければできない売却という処分する意思を持って、その

意思を実現する売却をしたことから、乙はVの仏像を横領したと言えるため、乙に横領罪が成立することになる（なお、大判昭和13年9月1日刑集17巻648頁参照）。

6. 出題趣旨について

(1) 出題趣旨

　法務省から公表された平成26年度予備試験の出題趣旨は以下のとおりである（http://www.moj.go.jp/content/001128604.pdf）。

> 　本問は、甲が、Vに嘘を言い、同人所有の仏像を、事情を知らない乙を介して入手した際、Vからナイフを突き付けられて仏像の返還や代金の支払を要求されたため、自分の身を守るとともに仏像の返還や代金の支払を免れる意図で、殺意をもって、Vから奪い取ったナイフで同人の腹部を刺したが殺害に至らず、その後、依頼を受けた乙が、仏像を保管中、甲に無断で売却した、という事案を素材として、事案を的確に分析する能力を問うとともに、詐欺罪、強盗殺人未遂罪、正当防衛、盗品等保管罪、横領罪それぞれの成立要件等に関する基本的な理解と事実の当てはめが、論理的一貫性をもって行われているかを問うものである。

(2) コメント

　出題趣旨にあるように、本問は、詐欺罪、強盗殺人罪、正当防衛、盗品等保管罪、横領罪の成否が主に問われているものである。いずれも刑法学では基本的な問題点であり、また内容的にも、それらの問題点についての基本的な知識及び判例や通説を理解することができていれば、十分に解答することができるものである。

　もっとも、仏像の奪取が詐欺罪になるのかという問題は、Vによる交付があったと言えるかという事実認定の結論によることになるため、ていねいな事実認定が必要であることに注意を要する。また、仏像を奪った点について窃盗罪又は詐欺罪とし、その返還請求又は代金請求を免れたという点について2項強盗罪による強盗殺人罪の未遂を認めた場合、それらが仏像とその返還請求又は代金請求を免れるという表裏一体の関係にある客体についてのものであるた

め、それらの罪数関係も問題になり、判例が包括一罪とした理由も理解しておく必要がある。

7. 参考答案例

第1　甲による仏像の奪取について

1　甲がVから仏像を奪ったことは窃盗罪になるのか、それとも詐欺罪になるのか。Vが甲に仏像を渡した後も、まだVに占有が残っていて、甲がその占有を侵害したのか、それとも手渡した時点でもはや甲に仏像の占有が移転したと言えるのかということが明らかではないため、問題になる。

2　刑法上の占有は事実としての所持を意味するが、これが認められるかどうかは、占有の事実と占有の意思の総合判断によることになる。確かに、Vが仏像を甲に渡したときに、Vがホテルの部屋からホテルの外の喫茶店へと持ち出すことを許可しているため、その時点で占有はVから甲に移ったとも考えられる。しかし、それは甲がVに対して仏像を鑑定人に鑑定してもらうと言ったためである。そうすると、Vが持ち出すことを許可したのはあくまでも近くにある喫茶店までであり、鑑定人が鑑定をし、本物であることを確認するまでは、それ以外に持ち出すことは許可しておらず、仏像の代金を受け取るまでは完全に占有を移転させることを留保していたと考えられる。したがって、Vはまだ不完全ながらも仏像の占有を維持していると考えられ、甲はその占有をVの意思に反して排除したと考えられるので、甲には窃盗罪が成立する。

3　なお、甲から仏像を受け取って甲の指示どおりに自宅に持ち帰った乙は、その時点ではまだ甲から事情を聴いていないため、乙に窃盗罪は成立しない。

第2　甲がVをナイフで刺したことについて

（1）　強盗殺人罪の未遂について

1　甲の意図を見破ったVが、甲の逃走を阻み、甲が逃げないように、ナイフの刃先を甲の首元に突き付けた。それに対して、甲は、Vからナイフを奪い取ってVの腹部を、殺意を持って、ナイフで1回突き刺し、Vに重傷を負わせた。この場合、甲がVにナイフを突き刺した時点では、すでに乙が仏像を持ってタクシーに乗った後なので、甲が仏像の占有を確保した状態にあった。そこで、ナイフを刺して仏像を奪取したとは言えないため、仏像につい

ての1項強盗罪による強盗殺人罪の未遂は成立しない。そこで、甲は仏像を窃取した窃盗犯人であるので、窃盗犯人がナイフで刺したとして事後強盗罪による強盗殺人罪の未遂が成立しないか。

2　事後強盗罪は、窃盗犯人が、財物を得て取り返されるのを防ぐか、逮捕を免れるか、又は罪跡を隠滅する目的で、暴行又は脅迫をした場合に成立する（238条）。甲は、仏像の窃盗犯人であり、Ｖを刺したのは、自分の身を守るとともに、仏像の返還を免れるという目的があり、またナイフを刺すという暴行は反抗を抑圧する程度と言える。その暴行は乙に仏像を渡した直後という窃盗の機会に行われたので、甲に事後強盗罪が成立する。また刺した時には甲に殺意が認められ、Ｖは死ななかったので、事後強盗による強盗殺人罪の未遂の構成要件該当性が認められる。なお、これらの事情を知らない乙は、強盗殺人罪の未遂の責任を負わない。

3　甲がＶを刺したのは、自分の身を守るためだったので、甲に正当防衛が成立しないか。

4　正当防衛は「急迫不正の侵害に対して、自己又は他人の権利を防衛するため、やむを得ずにした」場合に成立する（36条）。甲は、Ｖによって、首元にナイフを突きつけられた状態で「仏像を返すか、すぐに金を準備して払え。言うことを聞かないと痛い目に合うぞ。」と言われているので、ナイフで刺される差し迫った危険が認められる。

　Ｖは、甲に対して仏像の返還や代金支払を求めているが、そのためにナイフを突きつけ、脅迫的言辞を行うことは社会通念上一般に忍容すべきものとは言えないので、正当な権利行使とは言えない。また、本問の事実関係からは、Ｖに、甲を捕らえた後、速やかに司法警察職員らに引き渡す意思も事実も認められないので、正当な逮捕行為とも言えない。さらに、Ｖによる脅迫が行われたのは仏像が持ち去られた後なので、侵害が終了しているため、Ｖの行為は防衛行為と評価できず、甲を捕まえた時点で警察に通報するなど他に取りうる方法がある中でＶの行為を自救行為と評価することもできない。以上より、Ｖの行為は違法であり、不正の侵害に該当する。

　甲は、仏像の返還や代金の支払を免れることができなくなると考えていたものの、それと同時に、Ｖによってナイフを突きつけられていて、このままではナイフで刺される危険があり、それから免れるために、Ｖを刺していることから、防衛の意思も認められ、甲の生命又は身体を防衛するためと言え

る。

　ただ、Vからナイフを奪うこと自体は必要最小限度のものと言えるが、奪ったナイフをVへの威嚇に使い、逃げるなどの行為もできたので、殺意を持ってVの腹部をナイフで突き刺し、命を奪おうとする必要はなかった。そこで、やむを得ずにした行為とは言えず、防衛の程度を超えたものとして甲の行為は過剰防衛になる（36条2項）。

　以上より、甲は強盗殺人罪の未遂の過剰防衛の責任を負う。

第3　乙による仏像の保管について

1　乙は、甲の依頼を受けて、仏像の保管を始めた当初は、これが盗品であることを知らなかったが、甲から一連の事情を全て打ち明けられ、引き続き保管を依頼され、そのまま仏像の保管を続けた。乙に盗品等保管罪が成立しないか。

2　盗品等保管罪に言う保管は、委託を受けて本犯のために盗品等を保管することを言うが、既遂に達した後も保管が継続している限り盗品等保管罪は終了しないので、保管中に盗品であることを知った場合にはその時から盗品等保管罪が成立する。したがって、仏像が盗品であることを知った時から、乙に盗品等保管罪が成立する。

第4　乙による仏像の売却について

1　乙が甲に無断で仏像を第三者に売却し、その代金を自己の用途に費消したことから、乙に横領罪が成立しないか。

2　横領罪は、「自己の占有する他人の物を横領した」場合に成立する（252条）。乙は所有者Vの仏像を保管しているため、仏像は乙の占有するVの物である。したがって、本件仏像は横領罪の客体たる物に該当する。また、Vの仏像を、保管という委託の任務に背いて、その仏像につき売却する権限がないのに、所有者であるVでなければできない売却という処分をする意思を持って、その意思を実現する売却をしたので、乙に横領罪が成立する。

第5　罪　数

　以上より、甲には窃盗罪及び強盗殺人罪の未遂の過剰防衛が成立し、これらは包括一罪になる。

　乙には盗品等保管罪及び横領罪が成立し、これらは併合罪になる（45条）。

以上

　本問では、仏像の返還請求又はその代金の請求を免れたという点を財産上の利益と捉え、それを免れたという点について2項強盗罪の成否が問題になった。どのようなものがこの財産上の利益に含まれるかということは難しい問題であるが、東京高判平成21年11月16日判時2103号158頁、判タ1337号280頁では、キャッシュカードの暗証番号により預金を引き出す地位がこれに含まれるかということが問題になった（この問題は平成28年度の司法試験で出題された）。

　東京高判平成21年11月16日の事案は、以下のとおりである。すなわち、被告人は、金品窃取の目的で、無施錠の玄関ドアから被害者方に侵入し、台所兼居間で被害者が寝ていることを確認するとともに、隣の南側和室に財布が入ったバッグがあることを発見し、被害者が目を覚ましてもすぐには見えない同和室の隅の壁際に同バッグを移動した上で、中から財布を取出して中身を確認したところ、現金は6000円程度しか入っていなかったものの、数枚のキャッシュカードが入っていたことから、被害者を包丁で脅して暗証番号を聞き出し、キャッシュカードで現金を引き出そうと決意し、帰る際に持って行けばいいと考えてキャッシュカードの入った財布を同和室の隅に置いておいたバッグに戻した後、包丁を台所から持ち出し、これを被害者に突き付けながら、「静かにしろ。一番金額が入っているキャッシュカードと暗証番号を教えろ。暗証番号を教えて黙っていれば、殺しはしない。」などと言って脅迫したことから、被害者は、やむなく口座の暗証番号を教えたというものである。

　この事案について、検察官は、銀行預金口座の暗証番号を聞き出して預金の払戻しを受けうる地位を取得し、もって財産上不法の利益を得たとして起訴したが、1審のさいたま地裁川越支判平成21年6月1日公刊物未登載は、①被告人が本件被害者から窃取にかかるキャッシュカードの暗証番号を聞き出したとしても、財物の取得と同視できる程度に具体的かつ現実的な財産的利益を得たとは認められない、②刑法236条2項の「財産上不法の利益」は「移転性」のある利益に限られ、同項に該当するためには、犯人の利益の取得に対応した利益の喪失が被害者に生じることが必要であると解した上で、被告人が暗証番号を聞き出したとしても、キャッシュカードの暗証番号に関する情報が被害者

と被告人の間で共有されるだけで、被害者の利益が失われるわけではないとして、2項強盗罪の成立を否定し、強要罪が成立するにすぎないとした。

この1審判決に対して検察官が控訴し、2審東京高裁は、以下のように判断し、1審判決を破棄、自判し、2項強盗罪の成立を認めた（なお、その後被告人による上告がなされたが、棄却されている）。まず、①暗証番号を聞き出したことが財物の取得と同視しうる程度に具体性及び現実性を有するものであるのかという点について、「キャッシュカードを窃取した犯人が、被害者に暴行、脅迫を加え、その反抗を抑圧して、被害者から当該口座の暗証番号を聞き出した場合、犯人は、現金自動預払機（ATM）の操作により、キャッシュカードと暗証番号による機械的な本人確認手続を経るだけで、迅速かつ確実に、被害者の預貯金口座から預貯金の払戻しを受けることができるようになる。このようにキャッシュカードとその暗証番号を併せ持つ者は、あたかも正当な預貯金債権者のごとく、事実上当該預貯金を支配しているといっても過言ではなく、キャッシュカードとその暗証番号を併せ持つことは、それ自体財産上の利益とみるのが相当であって、キャッシュカードを窃取した犯人が被害者からその暗証番号を聞き出した場合には、犯人は、被害者の預貯金債権そのものを取得するわけではないものの、同キャッシュカードとその暗証番号を用いて、事実上、ATMを通して当該預貯金口座から預貯金の払戻しを受け得る地位という財産上の利益を得たものというべきである」とした。次に、②財産上の利益の移転性については、「2項強盗の罪が成立するためには、財産上の利益が被害者から行為者にそのまま直接移転することは必ずしも必要ではなく、行為者が利益を得る反面において、被害者が財産的な不利益（損害）を被るという関係があれば足りると解される（例えば、暴行、脅迫によって被害者の反抗を抑圧して、財産的価値を有する輸送の役務を提供させた場合にも2項強盗の罪が成立すると解されるが、このような場合に被害者が失うのは、当該役務を提供するのに必要な時間や労力、資源などであって、輸送の役務そのものではない）。そして、本件においては、被告人が、ATMを通して本件口座の預金の払戻しを受けることができる地位を得る反面において、本件被害者は、自らの預金を被告人によって払い戻されかねないという事実上の不利益、すなわち、預金債権に対する支配が弱まるという財産上の損害を被ることになるのであるから、2項強盗の罪の成立要件に欠けるところはない」とした。

以上のように、本件では、暗証番号の聞き出しについて①財物の取得と同視しうる程度の具体性かつ現実性及び②財産上の利益の移転性が認められるのかということが問題とされ、1審と2審でそれらについての判断が分かれた。

　2項強盗罪の処罰範囲を限定するため、行為者の暴行・脅迫により1項強盗罪における財物の移転と同視できるだけの財産的利益の移転の具体性及び確実性が必要であるとするのは妥当であるが、その基準になる1項強盗罪の事例をどのように想定するべきであるのかということを考える必要がある。東京高判平成21年11月16日の事案を少し修正した以下の事例を想定してみよう。すなわち、被害者に包丁を突き付けながら、「静かにしろ。一番金額が入っているキャッシュカードを出せ。その暗証番号を教えろ。」と脅迫して、暗証番号を聞き出しながら、被害者からキャッシュカードを奪ったという事例がこれである。預金通帳やキャッシュカードの財物性について、これを否定する見解もあるが、肯定するのが判例である（預金通帳については最決平成14年10月21日刑集56巻8号670頁、キャッシュカードについては仙台高判平成18年11月7日高検速報平成18号334頁）。この事例では、キャッシュカードという財物を、包丁を突き付けて脅迫して奪ったことから、1項強盗罪になる。そして、この事例と東京高判平成21年11月16日の事案が、価値的に同視しうるものであるのかということを検討することになる。東京高裁の認定によれば、脅迫がキャッシュカードの占有の確保の手段になっていないことから、東京高判平成21年11月16日の事案では、1項強盗罪を認めることはできない。東京高判平成21年11月16日の事案とそれを修正した上述の事例の相違点は、キャッシュカードの奪取のために暴行・脅迫が行われたかどうかという点にあるだけであり、最終的にはキャッシュカードと暗証番号の情報がいっしょに被害者から行為者側に移転したということでは共通し、価値的には両者は同じように評価されるべきであると考えられる。したがって、東京高判平成21年11月16日を修正した事例が1項強盗罪として評価されるのであれば、東京高判平成21年11月16日の事案も強盗罪として評価されるべきであろう。そこで、東京高裁は、キャッシュカードを取得していることを前提に暗証番号の情報を取得したことが財産上の利益に該当すると見て、2項強盗罪の成立を認めたものと思われる。

　ところで、キャッシュカードの所持者には、キャッシュカードにより預貯金を受ける地位と暗証番号により預貯金を受ける地位の2つの地位が考えられる。

キャッシュカードを奪う目的で暴行・脅迫をし、これを奪い、あわせて暗証番号を聞き出した場合には、キャッシュカードの強取についての1項強盗罪が成立するが、その背後で、これら2つの地位が行為者側に移転すると考えられる。ただ、キャッシュカードという財物の占有移転があるため、これらの地位の移転はキャッシュカードの占有移転の陰に隠れ、独自の評価を受けないことになる。他方で、キャッシュカードが先に被害者から行為者に移転していた場合には、それによりキャッシュカードにより預貯金の払戻しを受ける地位がすでに行為者に移転している。その一方で、暗証番号を知ることにより預貯金の払戻しを受ける地位は被害者の下に残った状態になり、2つの地位が分属した状態になる。反抗を抑圧する程度の暴行・脅迫により暗証番号を聞き出した場合には、この暗証番号を知ることにより預貯金の払戻しを受ける地位も行為者が獲得することになり、全体として、暴行・脅迫によりキャッシュカードを取得し、それと同時に暗証番号を聞き出した場合と同じ状況が生まれることになる。したがって、暗証番号を知ることにより預貯金の払戻しを受ける地位は移転可能なものであり、利益の移転性の要件を充足すると考えられる。

　以上の理解によれば、東京高判平成21年11月16日の判断は当然のものと言えるであろう。したがって、すでにキャッシュカードを取得した者が、暴行又は脅迫を用いて暗証番号を聞き出した場合には、その時点で2項強盗罪が成立することになる。

　この東京高判平成21年11月16日の事案では、キャッシュカードは財布に入っており、その財布はかばんの中に入っていて、そのかばんはまだ被害者の家から持ち出されていなかったため、かばんの奪取についての窃盗罪は未遂の段階にあった。したがってキャッシュカードの奪取も未遂の段階であるのに、暗証番号を聞き出した時点で2項強盗罪の既遂を認めると、既遂処罰の早期化をもたらすことになるので、暗証番号を聞き出した時点では未遂しか認められないという批判がある。

　しかし、キャッシュカードの暗証番号の聞き出しを2項強盗罪とする根拠を、前述の暴行又は脅迫を用いてキャッシュカードを奪い、その時に暗証番号を聞き出したという1項強盗罪の事案と対比して、価値的に同じであると認められるという点に求めるのであれば、既遂時期もこの1項強盗罪の事案と同じ時点で認めるべきである。そして、キャッシュカードを奪った場合の1項強盗罪は、

キャッシュカードを受け取り、少なくとも部屋を出たときには既遂になると考えられる。東京高判平成21年11月16日の事案は、すでに別室でかばんを確保したような状態になっているため、キャッシュカードそれ自体を奪うという点に着目すれば、すでに既遂に達していると評価しうる状態になっており、その上で暗証番号を聞き出したという点を2項強盗罪と評価するのであるから、2項強盗罪の既遂を認めても、既遂処罰の早期化をもたらすことにはならない。むしろ既遂処罰の早期化という批判は、かばんの窃取が未遂の段階にあるという点にとらわれすぎている。かばんの窃取について未遂であることを理由に2項強盗の未遂とする見解は、キャッシュカードの奪取を対象にした議論になっていないため、暗証番号の聞き出しを2項強盗罪として評価することはできないであろう。東京高判平成21年11月16日が「被告人は、キャッシュカードをいつでも容易に取得できる状態に置いた上で暗証番号を聞き出そうとしたもので、このような本件の事実関係の下においては、被告人において本件被害者からキャッシュカードの暗証番号を聞き出すことの持つ意味は、被告人が既にキャッシュカードの占有を確立している場合と何ら異ならないというべきであるから、この点は2項強盗の罪の成立を妨げるものとはいえない。」としたのは当然である。東京高判平成21年11月16日の考え方によらなければ、暗証番号の聞き出しを2項強盗罪にすることはできないと思われる。

　以上のように、キャッシュカードの占有を事実上確保したと言える者が、反抗を抑圧する程度の暴行又は脅迫により、そのキャッシュカードの暗証番号を取得する行為に2項強盗罪を認めた場合にさらに問題になるのは、窃盗罪と2項強盗罪の罪数関係である。東京高判平成21年11月16日の事案は、被告人が住居侵入罪、窃盗罪、2項強盗罪の他、被害者に対して強制わいせつ罪も行ったというものであるが、住居侵入罪とその他の犯罪がそれぞれ手段目的の関係にあるとして、54条1項後段の牽連犯を認め、全体を科刑上一罪として、一番重い2項強盗罪で処断した（かすがい現象）。但し、バッグなどの窃取については、2項強盗罪に吸収され、2項強盗罪のみが成立するとすることも可能であろうし、また、キャッシュカードの窃取と暗証番号の聞き出しが表裏一体の関係にあると見て、窃盗罪と2項強盗罪の混合的包括一罪とすることも可能であると思われるが、キャッシュカードよりもかばんの価値の方が高い場合も考えられ、そうだとすれば、東京高裁のように住居侵入罪をかすがいとして科

刑上一罪にせざるをえないであろう。但し、東京高裁の考え方によると、住居侵入罪がなければ、窃盗罪と2項強盗罪の併合罪になるが、窃盗罪の客体として評価されるかばんの中にあるキャッシュカードについて2項強盗罪としたにもかかわらず、窃盗罪と2項強盗罪の併合罪とする結論は疑問であろう。これらの結論の妥当性についてはさらなる検討を要する。

業務上横領罪、贈収賄罪及びそれらの共犯の成否

◀ 問題 ▶

　以下の事例に基づき，甲，乙，丙及び丁の罪責について論じなさい（特別法違反の点を除く。）。

1　甲は，建設業等を営む A 株式会社（以下「A 社」という。）の社員であり，同社の総務部長として同部を統括していた。また，甲は，総務部長として，用度品購入に充てるための現金（以下「用度品購入用現金」という。）を手提げ金庫に入れて管理しており，甲は，用度品を購入する場合に限って，その権限において，用度品購入用現金を支出することが認められていた。

　　乙は，A 社の社員であり，同社の営業部長として同部を統括していた。また，乙は，甲の職場の先輩であり，以前営業部の部員であった頃，同じく同部員であった甲の営業成績を向上させるため，甲に客を紹介するなどして甲を助けたことがあった。甲はそのことに恩義を感じていたし，乙においても，甲が自己に恩義を感じていることを認識していた。

　　丙は，B 市職員であり，公共工事に関して業者を選定し，B 市として契約を締結する職務に従事していた。なお，甲と丙は同じ高校の同級生であり，それ以来の付き合いをしていた。

　　丁は，丙の妻であった。

2　乙は，1 年前に営業部長に就任したが，その就任頃から A 社の売上げが下降していった。乙は，某年 5 月 28 日，A 社の社長室に呼び出され，社長から，「6 月の営業成績が向上しなかった場合，君を降格する。」と言い渡された。

3　乙は，甲に対して，社長から言われた内容を話した上，「お前は B 市職員の丙と同級生なんだろう。丙に，お礼を渡すから A 社と公共工事の契約をしてほしいと頼んでくれ。お礼として渡す金は，お前が総務部長として用度品を買うために管理している現金から，用度品を購入したことにして流用してくれないか。昔は，お前を随分助けたじゃないか。」などと言った。甲は，乙に対して恩義を感じていたことから，専ら乙を助けることを目的として，

自己が管理する用度品購入用現金の中から50万円を謝礼として丙に渡すことで，A社との間で公共工事の契約をしてもらえるよう丙に頼もうと決心し，乙にその旨を告げた。

4　甲は，同年6月3日，丙と会って，「今度発注予定の公共工事についてA社と契約してほしい。もし，契約を取ることができたら，そのお礼として50万円を渡したい。」などと言った。丙は，甲の頼みを受け入れ，甲に対し，「分かった。何とかしてあげよう。」などと言った。

　　丙は，公共工事の受注業者としてA社を選定し，同月21日，B市としてA社との間で契約を締結した。なお，その契約の内容や締結手続については，法令上も内規上も何ら問題がなかった。

5　乙は，B市と契約することができたことによって降格を免れた。

　　甲は，丙に対して謝礼として50万円を渡すため，同月27日，手提げ金庫の用度品購入用現金の中から50万円を取り出して封筒に入れ，これを持って丙方を訪問した。しかし，丙は外出しており不在であったため，甲は，応対に出た丁に対し，これまでの経緯を話した上，「御主人と約束していたお礼のお金を持参しましたので，御主人にお渡しください。」と頼んだ。丁は，外出中の丙に電話で連絡を取り，丙に対して，甲が来訪したことや契約締結の謝礼を渡そうとしていることを伝えたところ，丙は，丁に対して，「私の代わりにもらっておいてくれ。」と言った。

　　そこで，丁は，甲から封筒に入った50万円を受領し，これを帰宅した丙に封筒のまま渡した。

Ⅰ. 基礎編

▶基礎的事項のチェック

1. 業務上横領罪の構成要件
   ・「業務上」
2. 贈収賄罪
   ・「公務員」
   ・「その職務に関し」
   ・「賄賂」
   ・「収受」「要求」「約束」

1. 問題の捉え方

　A 社の総務部長として用度品購入のために手提げ金庫に入れて現金を管理していた甲は、これを A 社の営業部長である乙のため、B 市の公共工事を受注して A 社の営業成績を上げる目的で、用度品購入に限定して甲に裁量が与えられている現金を丙に渡している。この行為について業務上横領罪が成立しないかということが問題になる。また、甲は、B 市職員であり、公共工事に関して業者を選定し、B 市として契約を締結する職務に従事していた高校の同級生である丙に、B 市の公共工事を A 社が受注し、乙の営業成績が上がるように、丙に用度品購入のために管理していた現金のうち 50 万円を渡すことを申し出、丙もこれを受諾した。その結果、甲は 50 万円を丙の妻である丁に渡していることから、甲に贈賄罪が、丙及び丁に収賄罪が成立しないかということが問題になる。また、乙は甲に用度品購入用の現金を丙に渡して B 市の公共工事を受注できるようにして欲しいと依頼していることから、乙は甲の行為の共犯にならないかということが問題になる。そこで、以下では、業務上横領罪とその共犯、贈収賄罪とその共犯に関連する基礎的事項について見ていこう。

2. 業務上横領罪に関する基礎的事項

（1）はじめに

　刑法253条は、「業務上自己の占有する他人の物を横領した者は、10年以下の懲役に処する。」と規定する。ここでは、業務上横領罪特有の要件について説明する（その他の要件については、平成26年度予備試験を参照）。

（2）業務上横領罪の構成要件

　「業務」とは、社会生活上の地位に基づいて反復継続して行われる事務のうち、委託を受けて他人の物を占有、保管することを内容とする事務を言う。この事務は法令によるか、契約によるか、それとも慣例によるかということを問わない（最判昭和25年3月24日集刑16号895頁）。

　業務上横領罪が単純横領罪に比べて重く処罰される根拠は、業務関係による保管金品の不法領得が個人的信用関係を主とする単純な保管金品の不法領得に比べて、その性質上法益侵害の範囲が多岐にわたり社会の信用を害することが極めて大きく、この種の犯罪は頻発する虞れが極めて大きいため、一般予防上の必要があるという点に求めるのが判例である（大判昭和13年3月9日刑集17巻181頁）。

3. 収賄罪に関する基礎的事項

（1）はじめに

　刑法は197条から197条の4まで多くの収賄罪の類型を規定しているため、ここでは本問に関連する範囲で説明する。

　刑法197条1項は、「公務員が、その職務に関し、賄賂を収受し、又はその要求若しくは約束をしたときは、5年以下の懲役に処する。この場合において、請託を受けたときは、7年以下の懲役に処する。」と規定する。前段が単純収賄罪であり、後段が受託収賄罪である。両者は、請託を受けたかどうかという点で異なるだけであり、その他の構成要件は同じである。197条から197条の4までの各収賄罪のうち、単純収賄罪以外は、基本的に「請託を受けて」行われる必要がある。

（2）収賄罪の構成要件

　保護法益は、公務員の職務の公正とこれに対する社会一般の信頼である（最判平成 7 年 2 月 22 日刑集 49 巻 2 号 1 頁）。

　主体は公務員であり、「国又は地方公共団体の職員その他法令により公務に従事する議員、委員その他の職員をいう」（7 条）。「国又は地方公共団体の職員」は、法令により公務に従事する議員、委員その他の職員の例示である。本罪のように、主体が公務員などの一定の身分を有する者に限定されている犯罪を、身分犯と呼ぶ。身分犯のうち、一定の身分を有することにより初めて犯罪になる場合を真正身分犯と呼び、一定の身分を有することにより犯罪に軽重がある場合を不真正身分犯と呼ぶ。この身分犯の問題は、後述する 65 条の共犯と身分の規定の適用に関連する。なお、国立大学法人の役員及び職員などのように（国立大学法人法 19 条）、公務員ではないが、刑法その他の罰則の適用については、法令により公務に従事する職員と見なされる場合がある。

　収賄は公務員の「職務に関し」て行われる必要がある。「職務」とは、「公務員がその地位に伴い公務として取り扱うべき一切の執務」を言う（最判昭和 28 年 10 月 27 日刑集 7 巻 10 号 1971 頁）。職務は法令により定められている。判例は一般的職務権限の範囲内の行為であればその行為は職務に含まれるとする（前掲最判平成 7 年 2 月 22 日）。

○最判平成 7 年 2 月 22 日刑集 49 巻 2 号 1 頁

　　賄賂罪は、公務員の職務の公正とこれに対する社会一般の信頼を保護法益とするものであるから、賄賂と対価関係に立つ行為は、法令上公務員の一般的職務権限に属する行為であれば足り、公務員が具体的事情の下においてその行為を適法に行うことができたかどうかは、問うところではない。

　例えば、警視庁警部補として同庁調布警察署地域課に勤務し、犯罪の捜査などの職務に従事していた被告人が、公正証書原本不実記載などの事件につき同庁多摩中央警察署長に対し告発状を提出していた者から、同事件について、告発状の検討、助言、捜査情報の提供、捜査関係者への働き掛けなどの有利かつ便宜な取り計らいを受けたいとの趣旨の下に供与されるものであることを知りながら、現金の供与を受けたという事案について、最高裁は、「警察法 64 条等

の関係法令によれば、同庁警察官の犯罪捜査に関する職務権限は、同庁の管轄区域である東京都の全域に及ぶと解されることなどに照らすと、被告人が、調布警察署管内の交番に勤務しており、多摩中央警察署刑事課の担当する上記事件の捜査に関与していなかったとしても、被告人の上記行為は、その職務に関し賄賂を収受したものであるというべきである。」としている（最決平成17年3月11日刑集59巻2号1頁）。また、以上のような「公務員が法令上管掌するその職務のみならず、その職務に密接な関係を有するいわば準職務行為又は事実上所管する職務行為」も含まれる（最決昭和31年7月12日刑集10巻7号1058頁。最判昭和32年2月26日刑集11巻2号929頁）。例えば、文部大臣の任命により同大臣の諮問に応じて大学の設置の認可などに関する事項を調査審議する大学設置審議会の委員をし、同時に歯科大学の専門課程における教員の資格などを審査する同審議会内の歯学専門委員会の委員をしていた被告人Kが、歯科大学設置の認可申請をしていた関係者らに対し、各教員予定者の適否を右専門委員会における審査基準に従ってあらかじめ判定してやり、あるいは同専門委員会の中間的審査結果をその正式通知前に知らせたという事案について（本来の職務は、委員会などで教員予定者の適否を審査すること）、最高裁は、「被告人Kの右各行為は、右審議会の委員であり且つ右専門委員会の委員である者としての職務に密接な関係のある行為というべきであるから、これを収賄罪にいわゆる職務行為にあたるとした原判断は、正当である。」とする（最決昭和59年5月30日刑集38巻7号2682頁）。以上のように、「職務」には、一般的職務権限に属する行為及びその職務に密接な関係を有する準職務行為又は事実上所管する職務行為が含まれ、関係法令を解釈しつつ、問題文に示された事実から、これに該当するかどうかということをていねいに当てはめることが重要になる。

「賄賂」は、公務員の職務に対する不正な報酬としての対価である。賄賂の目的物は有形無形を問わず、人の需用若しくは欲望を充たすに足りる一切の利益を言う（大判明治43年12月19日刑録16輯2239頁）。したがって、金銭や株券などの財産的利益はもちろんのこと、ゴルフや酒食などの饗応の接待や異性間の情交なども含まれる。なお、通常の社交儀礼の範囲内であれば、賄賂には当たらない（最判昭和50年4月24日集刑196号175頁など）。

収賄罪における行為は、「収受」、「要求」及び「約束」である。「収受」とは賄賂を受け取ることである。「要求」とは相手方に賄賂を求める意思を表示す

ることである。相手方がこれに応じる必要はなく、要求すれば成立する。「約束」とは賄賂の授受について合意することである。約束の時点で賄賂が存在する必要はない。

　197条1項後段は、「請託を受けた」場合を重く処罰している。請託を受けることで賄賂と職務行為との対価関係がより明白になるためである。「請託」とは、「公務員に対して一定の職務行為を行うことを依頼すること」である。その依頼が不正な職務行為の依頼なのか、それとも正当な職務行為の依頼であるのかということは関係ない。また、賄賂の収受が事前であるのか、それとも事後であるのかということは犯罪の成否に影響しない（最判昭和27年7月22日刑集6巻7号927頁）。「受けた」とは請託に対して承諾することである。

4. 贈賄罪に関する基礎的事項

（1）はじめに

　刑法198条は、「第197条から第197条の4までに規定する賄賂を供与し、又はその申込み若しくは約束をした者は、3年以下の懲役又は250万円以下の罰金に処する。」と規定する。

（2）贈賄罪の構成要件

　収賄罪と異なり、主体は限定されていない。客体は「第197条から第197条の4までに規定する賄賂」である。したがって、それぞれの収賄罪の要件を充足する必要があり、贈賄も「職務に関して」行われる必要があり、収賄罪において「請託を受けて」行われることが要件とされている場合には、贈賄も請託をして行われる必要がある。

　行為は「供与」、「申込み」及び「約束」である。「供与」は賄賂を収受させることを言う。公務員において賄賂を収受した時に既遂になる。「申込み」は賄賂の収受を促すことを言う。申込みを行えば既遂になる。「約束」は賄賂の授受について合意することを言う。

　「供与」と「約束」は必ず贈賄者と収賄者が存在することになる。このように必ず複数の人間が関与する犯罪を必要的共犯と呼ぶ。必要的共犯のうち、内乱罪のように複数の者の意思が同一方向に向いている場合を集団犯と言い、贈

収賄罪のように複数の者の意思の方向が向き合っている場合を対向犯と呼ぶ。対向犯の場合、重婚罪のように対向関係にある者が同一に処罰される場合、贈収賄罪のように一方（収賄者）が他方（贈賄者）よりも重く処罰される場合、わいせつ物頒布罪のように一方だけが処罰される場合がある。

5. 公務員の収賄への非公務員の関与についての基礎的事項

（1）はじめに

公務員が自分の妻である非公務員に賄賂を受け取らせた場合の公務員と非公務員の責任が問題になる。この場合、公務員は賄賂を受け取っていないため収賄罪にはならず、賄賂を受け取った妻は非公務員であるため収賄罪にならないということになるが、この結論は妥当であろうか。

（2）考え方

この問題については、主なものとして、以下の3つの考え方がある。すなわち、第1説は丙が収賄罪の間接正犯になり、丁が収賄罪の従犯になるという考え方、第2説は丁が収賄罪の実行正犯になり、丙は収賄罪の共謀共同正犯になるとする考え方、第3説は丙が収賄罪の幇助の教唆犯になり、丁が収賄罪の教唆の従犯になるとする考え方の3つが、これである。

収賄の実行者である妻は非公務員のため、その行為は収賄罪の構成要件に該当しない。また、共犯を処罰するためには正犯の実行を必要とする共犯従属性説によれば、最低限、正犯の行為は構成要件に該当する必要があるというのが一般的であるので、妻の行為が構成要件に該当しない以上、公務員も収賄の共犯として処罰されないことになる。この場合に197条の2の第三者供賄罪で処罰することも考えられるが、第三者供賄罪が成立するためには、請託を受けていることが必要であり、請託を受けない場合にも成立する単純収賄罪よりも要件が厳しくなり、しかも、その法定刑は単純収賄罪のそれと同じで、請託を受けた場合の受託収賄罪のそれよりも軽い。実質的には公務員が賄賂を受け取ったと評価しうるのに、請託を受けていたことを前提に第三者供賄罪しか成立せず、請託を受けていなければ犯罪が成立しないという結論は疑問であろう。そこで、賄賂を受け取った非公務員は公務員の道具と解され、公務員が非公務

員を介して、実質的に賄賂を受け取ったと評価し、公務員に単純収賄罪又は受託収賄罪の間接正犯を認めるとするのが、第1説である。この場合、実際に賄賂を受け取った非公務員は公務員の道具と評価されるので、共同正犯にはならず、従犯になる（この場合の非公務員を「身分なき故意ある道具」という）。非公務員は、公務員の身分がないことから、65条1項により収賄罪の従犯の責任を負うことになる（65条については後述）。

　第2説は、その理由づけによりいくつかの説に分かれるが、主なものとしては、以下の2つが挙げられる。1つは、共同意思主体説を前提にする考え方である。これによれば、公務員と非公務員の間で賄賂を受け取るという共謀をした結果、収賄を行うという共同意思主体が形成され、その共同意思主体を構成する者のうちの1人に公務員の身分があるため、共同意思主体は公務員の身分を有することになり、その共同意思主体を構成する者の1人が賄賂を受け取ったことから、共同意思主体を構成する者はすべて共同正犯としての責任を負うことになる。この場合、非公務員は65条1項により収賄罪の共同正犯になる。もう1つは身分の一身専属性を否定する考え方である。これによれば、収賄を禁止する規範は公務員だけではなく、非公務員にも向けられているとし、非公務員が賄賂を受け取る行為も賄賂の収受になり、公務員と非公務員が共謀して非公務員が賄賂を収受した場合には収賄罪の共同正犯が成立することになる。

　第3説は、共犯処罰の根拠について、共犯は正犯を通じて法益侵害をしたことから処罰されるとする惹起説のうち、共犯は共犯固有の不法についてのみ責任を負うべきであるという純粋惹起説にしたがい、共犯の従属性について、共犯は正犯の可罰的に不法な行為に従属するという可罰的不法従属性説に基づくものである。この見解によれば、共犯が従属するのは可罰的に不法な行為であれば足りるので、正犯が存在する必要がなく、共犯に従属することもありうる。したがって、非公務員による収賄行為を収賄罪の教唆犯の従犯としつつ、公務員がこの従犯に従属し、収賄罪の従犯の教唆犯が成立することになるという結論も採りうることになる。この場合、非公務員は65条1項により収賄罪の教唆犯の従犯になる（詳しくは山中敬一『刑法総論（第3版）』（成文堂、2015）876頁以下を参照）。

　以上の見解のうち、第2説は共同意思主体説を前提にするか、身分の一身専属性を否定する見解を前提にし、第3説は純粋惹起説及び可罰的不法従属性説

を前提にするので、今日の通説は第1説になるであろう。この問題に関する判例はない。

　この問題は、共犯の従属性、間接正犯及び共犯の処罰根拠の問題に関連するので、それらについて、ここでまとめておこう。

(3) 共犯の従属性

　共犯が処罰されるためには、教唆や幇助という共犯行為の結果、正犯が実行することが必要なのかという問題があり、これは従属性の要否又は実行従属性の問題と言われている。共犯を処罰するためには正犯の実行が必要であるとする見解を共犯従属性説と呼び、共犯を処罰するために正犯の実行は不要であり、共犯行為が行われれば、それで足りるとする見解を共犯独立性説と呼ぶ。共犯独立性説は、刑法は、自殺を処罰せず、202条で自殺の教唆及び幇助だけを処罰していることを主な根拠とする。それに対して、共犯従属性説は、61条が「人を教唆して犯罪を実行させた」と規定し、62条が「正犯を幇助した」と規定していること、例えば破壊活動防止法39条は、政治目的での殺人教唆罪を処罰しているが、その刑罰は5年以下の懲役又は禁錮になっており、普通の殺人教唆よりも軽く処罰されるため、特に教唆犯が独立に処罰される場合には正犯の刑よりも軽く処罰され、教唆犯に正犯の刑が科される場合には正犯の実行が必要であると解することができることなどを理由としている。判例は共犯従属性説に立っている（大判大正4年2月16日刑録21輯107頁）。

　共犯従属性説に立つ場合には、正犯の実行行為が犯罪成立要件のうちどの程度まで備わっていなければならないのかということが、次に問題になる（共犯独立性説に立つ場合には問題にならない）。これは従属性の程度又は要素従属性の問題と言われている。この点、正犯の実行行為が、構成要件に該当すれば足りるとする最小限従属性説、構成要件に該当し、違法であることまで必要であるとする制限従属性説、構成要件に該当し、違法で、有責であることまで必要とする極端従属性説及び構成要件に該当し、違法かつ有責であり、さらに処罰条件まで備わっていることが必要であるとする誇張従属性説がある。これらを表にまとめると、以下のとおりになる。

学説	内容			
最小限従属性説	構成要件該当性			
制限従属性説	構成要件該当性	違法性		
極端従属性説	構成要件該当性	違法性	有責性	
誇張従属性説	構成要件該当性	違法性	有責性	処罰条件

　これらのうち、誇張従属性説は実際に主張されている見解ではない。なお、前述の可罰的不法従属性説は、最小限従属性説よりも緩やかな従属形式になる。

　刑法 61 条が「人を教唆して犯罪を実行させた」と規定しており、犯罪が構成要件に該当し、違法かつ有責な行為であることから、有責性まで必要とする極端従属性説が刑法の立場であると考えられてきた。しかし、責任の要素とされるものは、責任能力など一身的なものが多いこと、間接正犯の成立範囲が広くなってしまうこと及び責任無能力者への帮助が処罰されなくなることなどから、制限従属性説が通説になっている。後述するように、判例も制限従属性説に立つとされている。

(4) 間接正犯について

　正犯と共犯の区別について、実行行為を構成要件に該当する行為と理解し、これを自ら行う者が正犯であるとする限縮的正犯概念を採用し、共犯の従属性について極端従属性説を採用したとしよう。これを前提に、例えば、14 歳未満の刑事未成年者に殺人をするよう唆し、唆された刑事未成年者が殺人を行った場合を考えると、実行者である刑事未成年者は、その責任が阻却されるために処罰されず、また極端従属性説によれば、実行者に責任が備わっていないため、殺人を唆した者も教唆犯として処罰されないことになる。このように、正犯と共犯の区別について限縮的正犯概念を採り、共犯の従属性について極端従属性説を採ると、刑事未成年者を唆して殺人を行わせた場合などに、誰もその責任を負わないといういわゆる処罰の間隙が生じる。そこで、これを埋める概念として考えられたのが間接正犯である。この場合、実際に死の結果を発生させたのは刑事未成年者である実行者なので、殺人を唆した者を直接正犯すなわち直接の実行者として評価することはできないが、実質的には殺人を唆した者が、刑事未成年者を唆すことによりこれを道具として利用して間接的に殺人を

実行したと評価することができるので、殺人を唆した者を間接正犯とするのである（直接「正犯」と同じ評価を受けるから間接「正犯」なのであり、「正犯」という評価に意味があるという点に注意を要する）。

　判例はかつて極端従属性説を採用していたとされている（大判昭和9年11月26日刑集13巻1598頁。仙台高判昭和27年2月29日高刑特報22号107頁。仙台高判昭和27年9月27日高刑特報22号178頁。広島高松江支判昭和29年12月13日高刑集7巻12号1781頁。なお、広島高裁松江支部判決は、14歳3か月の者を利用した点も含めて間接正犯としている）。

　この極端従属性説には前述のような問題があり、制限従属性説が通説になった。その結果、前述の刑事未成年者を利用した場合でも共犯として処罰することができるようになったため、間接正犯と共犯を区別しなければならなくなった。極端従属性説によるのであれば、刑事未成年者を利用した場合には直ちに間接正犯になるため、その必要がなかったのであるが、制限従属性説による場合には、客観的には同じ状況でも、間接正犯の他、共謀共同正犯や教唆犯も成立しうるため、刑事未成年者を利用した場合に、それらのうちのいずれに該当するのかということが問題になるのである。この場合、間接正犯、共謀共同正犯そして教唆犯の順に軽くなっているので、検討の順番としては、まず最も重い間接正犯が成立するかということを検討し、これが成立しない時に次に重い共謀共同正犯が成立するかということを検討し、これが成立しない時に最も軽い教唆犯が成立するかということを検討することになる（199条と202条のような例外もあるが、基本的には重い方から軽い方へと検討していくことになる）。共謀共同正犯と教唆犯の区別については、正犯意思が認められるかどうかということにより決まるとするのが判例である（平成24年の解説を参照）。問題は、間接正犯なのか、それとも共謀共同正犯又は教唆犯になるのかという点についてである。判例は、刑事未成年を利用した場合については、刑事未成年者が利用者の言動に畏怖し、その意思が抑圧されていた場合に、利用者を間接正犯とする（最決昭和58年9月21日刑集37巻7号1070頁）。

○最決昭和58年9月21日刑集37巻7号1070頁

　　……被告人は、当時12歳の養女Nを連れて四国八十八ケ所札所等を巡礼中、日頃被告人の言動に逆らう素振りを見せる都度顔面にタバコの火を

押しつけたりドライバーで顔をこすったりするなどの暴行を加えて自己の
意のままに従わせていた同女に対し、本件各窃盗を命じてこれを行わせた
というのであり、これによれば、被告人が、自己の日頃の言動に畏怖し意
思を抑圧されている同女を利用して右各窃盗を行ったと認められるのであ
るから、たとえ所論のように同女が是非善悪の判断能力を有する者であっ
たとしても、被告人については本件各窃盗の間接正犯が成立すると認める
べきである。

　それに対して、刑事未成年者が意思を抑圧されていたとは言えず、自らの意
思で実行を決意した上、臨機応変に対処して犯罪を完遂したと言える場合には、
利用者に間接正犯は成立しないとした（最決平成 13 年 10 月 25 日刑集 55 巻 6 号 519
頁）。

○最決平成 13 年 10 月 25 日刑集 55 巻 6 号 519 頁

　　……本件当時 B には是非弁別の能力があり、被告人の指示命令は B の意
思を抑圧するに足る程度のものではなく、B は自らの意思により本件強盗
の実行を決意した上、臨機応変に対処して本件強盗を完遂したことなどが
明らかである。これらの事情に照らすと、所論のように被告人につき本件
強盗の間接正犯が成立するものとは、認められない。そして、被告人は、
生活費欲しさから本件強盗を計画し、B に対し犯行方法を教示するととも
に犯行道具を与えるなどして本件強盗の実行を指示命令した上、B が奪っ
てきた金品をすべて自ら領得したことなどからすると、被告人については
本件強盗の教唆犯ではなく共同正犯が成立するものと認められる。

　これらの判例によれば、刑事未成年者を利用した場合、極端従属性説では必
要のない意思の抑圧が認定されるときに利用者が間接正犯とされる一方で、意
思の抑圧が認定されなければ、利用者が間接正犯にはならないとされているこ
とから、最高裁は制限従属性説を採用したとされる。

（5）共犯の処罰根拠
　共犯のうち、特に教唆犯及び従犯という狭義の共犯は、共犯と結果との間に

正犯がいるため、結果と間接的な関係しかないのに、なぜ処罰されるのかということが問題になる。特に教唆犯は結果と間接的な関係しかないのに、正犯と同じ刑が科されるが、その理由は何かということが問題になる。これが共犯の処罰根拠と呼ばれる問題である。この共犯の処罰根拠の問題では、まず、共犯に、狭義の共犯の他、共同正犯も含まれるのかという問題があるが、共同正犯を正犯と解せば含まれないことになり、これを共犯と解せば含まれることになると考えられる。

　近時一般的な５分説によると、共犯の処罰根拠に関する学説は、大きく、責任共犯説、不法共犯説及び惹起説の３つに分けられる。これらの説の内容を簡単に示すと、以下のようになる。まず、責任共犯説は、共犯は間接的に法益侵害を行うとともに、正犯を責任のある行為に巻き込み、堕落させたために処罰されるとする。次に、不法共犯説は、共犯は正犯を犯罪行為に走らせ、正犯の反社会的な状態を引き起こすことによって、社会の平和を乱したので処罰されるとする。最後に、惹起説は因果的共犯説とも言われ、共犯は正犯とともに結果を惹き起したので処罰されるとする。これらのうち、惹起説が一般的な見解である。この惹起説は、さらに３つに分けられる。すなわち、純粋惹起説、修正惹起説及び混合惹起説の３つが、これである。純粋惹起説は、共犯が処罰されるのは、共犯そのものが法益を侵害するからであり、共犯は正犯とは独立した独自の違法性を有するとする。修正惹起説は、共犯の違法性は正犯の行為の違法性に基づくとする。混合惹起説は、共犯の違法性は共犯の行為の違法性に基づくとともに、正犯の行為の違法性にも基づくとする。

　これらの３説のうち、純粋惹起説は、共犯は正犯とは独立した独自の違法性を有するとするので、これによれば、共犯は正犯の違法性に従属する必要がなく、制限従属性説を採用する必要もなくなり、最小限従属性説を採用することになる。そして、さらに進んで、正犯の行為が構成要件に該当する必要もないとして最小限従属性を否定し、可罰的な不法が認められれば足りると考えることもできる。これが可罰的不法従属性説である。この説によれば、共犯は可罰的な共犯にも従属しうる。したがって、公務員が非公務員を唆して賄賂を受領した場合には、65条１項により非公務員の受領行為は収賄罪の教唆犯の従犯という可罰的不法を有するので、公務員は収賄罪の従犯の教唆犯という結論を採ることもできることになる。

なお、修正惹起説は、共犯の違法性は正犯の違法性に基づくと解するので、これによれば少なくとも正犯の実行が構成要件に該当し、違法であることが要求される。また、混合惹起説による場合には、最小限従属性説や制限従属性説など様々な見解を主張することが可能である。

6. 共犯と身分に関する基礎的事項

(1) はじめに

　刑法65条は、その1項で、「犯人の身分によって構成すべき犯罪行為に加功したときは、身分のない者であっても、共犯とする。」と規定し、その2項で、「身分によって特に刑の軽重があるときは、身分のない者には通常の刑を科する。」と規定する。

(2) 身　分

　65条にいう「身分」とは、判例によれば、「男女の性別、内外国人の別、親族の関係、公務員たるの資格のような関係のみに限らず、総て一定の犯罪行為に関する犯人の人的関係である特殊の地位又は状態を指称する」（最判昭和27年9月19日刑集6巻8号1083頁）。

(3) 1項と2項の関係

　1項は犯罪を構成すべき構成的身分すなわち真正身分が、身分者と非身分者の間で連帯的に作用することを示し、2項は刑の軽重をもたらす加減的身分すなわち不真正身分が、身分者と非身分者の間で個別的に作用することを示している。すなわち、1項は共犯従属性説的な考え方に基づいており、2項は共犯独立性説的な考え方に基づいていると言える。このように、矛盾があるかのように見える1項と2項の関係をどのようにして統一的にとらえるべきなのかということが問題になる。

　1項と2項の関係については、以下の3つの考え方が示されている。すなわち、第1説は、1項及び2項の文言に従い、1項は真正身分犯に関する規定、2項は不真正身分犯に関する規定と理解し、1項と2項を統一的には理解しない考え方であり、第2説は、1項は真正身分犯、不真正身分犯を通じて、身分

犯の共犯の成立についての規定と理解し、2項は不真正身分犯の科刑に関する
規定と理解する考え方であり、第3説は、違法は連帯的に作用し、責任は個別
的に作用するという理解を前提に、1項は違法身分に関する規定、2項は責任
身分に関する規定と理解する考え方である。

学説	1項	2項
第1説	真正身分犯	不真正身分犯
第2説	身分犯の共犯の成立	不真正身分犯の科刑
第3説	違法身分	責任身分

　第3説による場合、問題になっている身分が違法身分なのか、それとも責任
身分なのかという問題を検討しなければならないが、身分が法益侵害に関連し
ている場合が違法身分であると考えられる。例えば、業務上横領罪の場合、占
有者と業務者という2つの身分が考えられるが、横領罪の法益は自己の占有す
る他人の物の所有権であるが、占有者であれば、その所有権を侵害することが
できるので、占有者という身分は違法身分と考えることができる。それに対し
て、業務者という身分は、占有者のうちの業務者に、その責任が加重されてい
ると考えられるので、責任身分と解される。判例は、第1説にしたがう（例え
ば最判昭和31年5月24日刑集10巻5号734頁）。この見解は、1項と2項を統一的
に理解することはできないが、条文に最も忠実な考え方である。

(4) 1項の「共犯」

　真正身分犯の場合、非身分者はその実行行為を行うことができないため、非
身分者は、真正身分犯の実行行為を分担することはできないと考えられる。そ
こで、身分者に非身分者が共同正犯の形式で従属することはありえず、1項の
「共犯」には共同正犯が含まれないのではないかということが問題になる。

　真正身分犯の場合、非身分者はその実行行為を行うことができないため、非
身分者と身分者が共同して真正身分犯を実行することはできないという前提か
ら、大きく2つの正反対の見解が主張されることになる。1つは、非身分者は
真正身分犯の実行行為を行うことができないことから、真正身分犯の「共犯」
には共同正犯は含まれないと解する見解である。それに対して、非身分者は真

正身分犯の実行行為を行うことができないからこそ、1項が存在すると解し、狭義の共犯は正犯に従属することから、これに1項を適用する必要はなく、1項はまさに共同正犯のための規定であると解する見解である。判例は、当初、後者の共同正犯のための規定と理解していた（大判明治44年10月9日刑録17輯1652頁）。しかし、その後、共犯には共同正犯、教唆犯及び従犯のうちのすべてが含まれるとし（大判大正4年3月2日刑録21輯194頁）、さらに共同正犯には共謀共同正犯も含まれるとした（大判昭和9年11月20日刑集13巻1514頁）。

(5) 業務上横領罪への非身分者の関与

　業務上横領罪における業務上の占有者は、占有者という身分と業務者という身分が考えられ、業務上横領罪は二重の身分犯と呼ばれているが、これに身分のない者が関与した場合、身分のない者にどのような犯罪が成立するのかということが問題になる。

　この問題についての考え方は、65条1項と2項の関係に関する学説に関連する。占有者という身分は、これがあることにより横領罪を構成することになるので、1項の真正身分と解される。それに対して、業務者という身分は、これがあることにより、単なる物の占有者に成立する単純横領罪よりも重い業務上横領罪が成立することになるので、2項の不真正身分と解される。したがって、非身分者が業務上横領罪に関与した場合、1項と2項の関係に関する第1説によれば、1項により単純横領罪の共犯が成立し、業務者については2項により業務上横領罪が成立することになる。この見解は、2項の「身分のない者には通常の刑を科する。」という文言に反するのではないかという問題があるが、2項を、身分がある者にはある者なりの刑罰を科し、身分がない者にはない者なりの刑罰を科すという趣旨であると理解すれば、問題はないと考えられる。また、第2説によれば、1項により業務上横領罪の共犯が成立し、業務者という身分がない非身分者には単純横領罪の刑が科されることになる（なお、この説には1項の共犯から共同正犯を除外する見解もあり、それによれば、業務上横領罪の共同正犯は成立しないことになる）。最後に第3説によれば、占有者という身分は違法身分と解されるので、1項により単純横領罪の共犯が成立し、業務者は責任身分と解されるので、業務者の身分を有する者については、2項により業務上横領罪が成立することになる。この説も、2項を、身分がある者にはある者な

りの刑罰を課し、身分がない者にはない者なりの刑罰を科すという趣旨で理解することになる。

　判例は、65条1項により身分のない者にも業務上横領罪の共同正犯が成立し、身分のない者には2項により業務者という身分がない横領罪の刑を科するとしている（最判昭和32年11月19日刑集11巻12号3073頁）。

○最判昭和32年11月19日刑集11巻12号3073頁

> 　……Sのみが……T村の収入役として同村のため右中学校建設資金の寄附金の受領、保管その他の会計事務に従事していたものであって、（K及びAの）両名はかかる業務に従事していたことは認められないから、刑法65条1項により同法253条に該当する業務上横領罪の共同正犯として論ずべきものである。しかし、同法253条は横領罪の犯人が業務上物を占有する場合において、とくに重い刑を科することを規定したものであるから、業務上物の占有者たる身分のない被告人両名に対しては同法65条2項により同法252条1項の通常の横領罪の刑を科すべきものである。

　この最高裁の判断を見ると、65条1項と2項の関係についての第2説を採用しているように思われる。そうだとすれば、業務者ではない占有者の横領に非占有者が関与した場合には第1説を採用し、業務上の占有者の横領に非占有者が関与した場合には第2説を採用することになり、業務者であるかどうかで学説が変わることになり、矛盾しているとも考えられる。

　この点、判例は「業務上の占有者」という身分を1つの身分と理解しているのではないかと思われる。そうすると、「業務上の占有者」は真正身分になり、二重の身分ではなくなる。したがって、非占有者が業務上横領に関与した場合には、第1説によっても、65条1項により業務上横領罪の共同正犯が成立することになる。この理解によれば、非占有者に業務上横領罪の刑を科しても許される。しかし、占有者が業務上の占有者の横領に関与した場合に65条2項により単純横領罪が成立するのに、非占有者が業務上横領に関与すると、業務上横領罪が成立し、占有者よりも重く処罰されるのは、結論の妥当性に疑問があること、また、占有者が業務上横領に関与した場合に、占有者の業務上横領への関与の違法性が単純横領のそれしかないのであれば、非占有者の業務上横

領への関与の違法性はなおさら単純横領罪の範囲になると考えられる。これらの事情を考慮したため、最高裁は65条2項により刑だけ単純横領罪の範囲にとどめたと考えられる。したがって、判例の立場によれば、非占有者による業務上横領への関与についても、1項と2項の関係に関する第1説にしたがっていると考えられるので、業務上横領罪に非占有者が関与した場合と占有者が関与した場合で、その間に矛盾は生じないことになる。判例の立場と第2説は根本的に考え方の基礎が異なっていると思われる。

　この判例の見解に対しては、「暴行・傷害を共謀した者の一人が殺意をもって被害者を殺害した場合の第38条第2項の解釈につき『もし犯罪としては重い殺人罪の共同正犯が成立し刑のみを暴行罪ないし傷害罪の結果的加重犯である傷害致死罪の共同正犯の刑で処断するにとどめるとするならば、それは誤りといわなければならない』とした判例（最決昭和54年4月13日刑集33巻3号179頁）の趣旨にも反するであろう」という批判がある（川端博・西田典之・原田國男・三浦守編『裁判例コンメンタール刑法第1巻』（立花書房、2006）623頁以下 [西田典之]）。しかし、最決昭和54年4月13日は、「被告人Sら6名には殺人罪という重い罪の共同正犯の意思はなかったのであるから、被告人Sら6名に殺人罪の共同正犯が成立するいわれはな」いとしていて、殺意がない者に殺人罪を成立させることが不当だとしているだけであって、最判昭和32年11月19日の事例とは趣旨が異なることは明らかである。

　判例の考え方に対しては、仮に業務上横領に単純占有者と非占有者の両者が関与した場合には単純占有者に単純横領罪が成立し、非占有者に業務上横領罪が成立することになるが、その結論の妥当性に疑問があること、非占有者なのに65条2項により軽くするべき刑の範囲を単純横領罪の範囲にとどめるだけでよいのか（むしろ遺失物等横領罪の範囲にするべきではないのか）ということ、「業務上の占有者」を真正身分と理解するのであれば、「業務上の占有者」と「単純占有者」は加減的身分の関係にあると言えるのかなどの批判が考えられる。

　なお、業務上の占有者と非占有者の罪名については、部分的犯罪共同説によれば、重なり合う単純横領罪の限度で共同正犯が成立し、業務上の占有者には業務上横領罪が成立するという結論になり、行為共同説によれば、業務上横領罪と単純横領罪の共同正犯という結論になる。部分的犯罪共同説と行為共同説の問題は、特に共同正犯の処理方法に影響するので、以下ではこれについて見

ていこう。

(6) 共同正犯の本質

　刑法 60 条は、共同正犯について「2 人以上共同して犯罪を実行した者は、すべて正犯とする。」と規定するが、何を「共同して犯罪を実行した」のかということが明示されていない。この点、共同正犯とは、「犯罪」を「共同して犯罪を実行した」場合を言うとするのが犯罪共同説である。それに対して共同正犯とは、「行為」を「共同して犯罪を実行した」場合を言うとするのが行為共同説である。犯罪とは構成要件に該当し、違法かつ有責な行為を言うので、犯罪共同説によれば、共同正犯は構成要件に該当し、違法かつ有責な行為を共同した場合であるということになる。犯罪共同説は、犯罪成立要件の全要素を共同にすることを必要とするため、故意も共同にする必要があり、また、原則として成立する犯罪も同一でなければならない。犯罪共同説のうち、1 個の完全に同一の犯罪を共同にする必要があるとする見解を完全犯罪共同説又はかたい犯罪共同説と言い、異なる犯罪であっても、それらが同質的で重なり合う場合には、その重なり合う限度では犯罪を共同したと言えるので、その限度で共同正犯を認めてよいとする見解を部分的犯罪共同説と言う。部分的犯罪共同説のうち、成立する犯罪の罪名は同一でなければならないとし、科刑だけ軽い犯罪にしたがうとする見解をかたい部分的犯罪共同説と言い、重なり合う軽い犯罪の限度で共同正犯が成立するとする見解をやわらかい部分的犯罪共同説と言う場合がある。

　他方で、行為共同説が言う「行為」の意味については、前構成要件的な社会的事実としての行為とする見解と構成要件に該当する実行行為とする見解の 2 つが主張されている。元来主張されてきた行為共同説は、前者の理解であったが、近時は後者の理解に立つ方が有力である。元来の行為共同説によれば、社会的事実としての行為を共同すれば足りるので、その行為が犯罪ではなくてもよく、したがって、異なる罪名の犯罪の共同正犯が認められ、また過失の共同正犯も認められる。以上の話を簡単にまとめると、以下のとおりになる。

学説			内容
犯罪共同説	完全犯罪共同説		完全に同一の犯罪の共犯が成立
	部分的犯罪共同説	かたい部分的犯罪共同説	重い犯罪の共犯が成立し、科刑だけ軽い犯罪
		やわらかい部分的犯罪共同説	軽い犯罪の共犯が成立
行為共同説			重い犯罪と軽い犯罪の共犯が成立

　このように犯罪共同説を採用するのか、それとも行為共同説を採用するのかという問題は、共犯者間に成立する罪名が同一である必要があるかどうかという問題であることから、罪名従属性の問題とも言われている。

　なお、共同意思主体説を犯罪共同説に分類している文献がまれに見られるが、共同意思主体説は、共犯を、特殊な心理的現象である共同意思主体による活動として理解するものであり、そのような理解を前提にしない犯罪共同説とは根底から異なることに注意を要する。

　判例は、現在は、（やわらかい）部分的犯罪共同説に立っている。まず、7名でI巡査を暴行又は傷害を共謀し、I巡査がいる派出所前で罵声などを浴びせていたところ、それに応じたI巡査に腹を立てた1名が殺意をもって小刀でI巡査の腹を刺し、I巡査が死亡したという事案で、完全犯罪共同説及びかたい部分的犯罪共同説を否定した（最決昭和54年4月13日刑集33巻3号179頁）。

○最決昭和54年4月13日刑集33巻3号179頁

　　殺人罪と傷害致死罪とは、殺意の有無という主観的な面に差異があるだけで、その余の犯罪構成要件要素はいずれも同一であるから、暴行・傷害を共謀した被告人Sら7名のうちのHが前記F派出所前でI巡査に対し未必の故意をもって殺人罪を犯した本件において、殺意のなかった被告人Sら6名については、殺人罪の共同正犯と傷害致死罪の共同正犯の構成要件が重なり合う限度で軽い傷害致死罪の共同正犯が成立するものと解すべきである。すなわち、Hが殺人罪を犯したということは、被告人Sら6名にとっても暴行・傷害の共謀に起因して客観的には殺人罪の共同正犯にあたる事実が実現されたことにはなるが、そうであるからといって、被告人S

> ら6名には殺人罪という重い罪の共同正犯の意思はなかったのであるから、被告人Sら6名に殺人罪の共同正犯が成立するいわれはなく、もし犯罪としては重い殺人罪の共同正犯が成立し刑のみを暴行罪ないし傷害罪の結果的加重犯である傷害致死罪の共同正犯の刑で処断するにとどめるとするならば、それは誤りといわなければならない。

　この判断で、完全犯罪共同説又は（かたい）部分的犯罪共同説は完全に否定されたので、やわらかい部分的犯罪共同説が採用されたと理解することができる一方、殺意をもっていたのが1名しかいないにもかかわらず、殺人罪の共同正犯としたことから、行為共同説が採用されたと理解することもできる。この判断では、最高裁が、両説のうち、いずれの説を採用しているのかということが、明らかではなかった。その後、いわゆるシャクティ治療を行うために、被告人の指示により、被害者の親族に被害者を病院から連れ出させ、ホテルの一室でシャクティ治療を施すにとどまり、そのまま放置していたところ、被害者が死亡したという事案で、（やわらかい）部分的犯罪共同説を採用した。

○最決平成17年7月4日刑集59巻6号403頁

> ……被告人は、自己の責めに帰すべき事由により患者の生命に具体的な危険を生じさせた上、患者が運び込まれたホテルにおいて、被告人を信奉する患者の親族から、重篤な患者に対する手当てを全面的にゆだねられた立場にあったものと認められる。その際、被告人は、患者の重篤な状態を認識し、これを自らが救命できるとする根拠はなかったのであるから、直ちに患者の生命を維持するために必要な医療措置を受けさせる義務を負っていたものというべきである。それにもかかわらず、未必的な殺意をもって、上記医療措置を受けさせないまま放置して患者を死亡させた被告人には、不作為による殺人罪が成立し、殺意のない患者の親族との間では保護責任者遺棄致死罪の限度で共同正犯となると解するのが相当である。

　このように、保護責任者遺棄致死罪の限度で共同正犯とし、殺意のある被告人には殺人罪が成立するとしたので、最高裁は明示的に（やわらかい）部分的犯罪共同説を採用したと評価することができる。

なお、この議論は、共同正犯を念頭に置いて議論されているが、共犯全体に及ぶともされている。

1. 甲の責任について

（1）A 社の現金の横領について

　A 社の総務部長として用度品購入のために手提げ金庫に入れて現金を管理していた甲は、これを A 社の営業部長である乙のため、B 市の公共工事を受注して A 社の営業成績を上げる目的で、用度品購入に限定して甲に裁量が与えられている現金を丙に渡している。甲に業務上横領罪が成立しないかということが問題になる。

　業務上横領罪にいう「業務」とは、社会生活上の地位に基づいて反復継続して行われる事務のうち、委託を受けて他人の物を占有、保管することを内容とする事務を言う。甲は、A 社の総務部長という地位にあり、これに基づいて、用度品購入用の現金を手提げ金庫に入れて管理していたが、これは総務部長という地位に与えられた事務の 1 つである。その事務を A 社の委託を受けて行っているので、用度品購入用の現金の管理は「業務上」のものと言える。また、手提げ金庫に入れて管理していたことから、甲が事実上現金を占有していたと言える。さらに、用度品購入用の現金は、A 社の現金と言えるため、甲が占有する A 社の現金という「物」と言える。

　「横領した」とは、不法領得の意思を実現する一切の行為を言い、不法領得の意思とは、他人の物の占有者が委託の任務に背いて、その物につき権限がないのに所有者でなければできないような処分をする意思を言う。また、横領行為は、自己のためである必要はなく、第三者のためでもよい。甲は、A 社の現金の占有者であり、A 社により、用度品調達及びその現金の管理を委託されていたにもかかわらず、その任務に背いて、用度品調達以外に現金を使用する権限がないのに、乙の営業成績を上げるために、公務員である丙に、公共工事を A 社が受注できるように用度品調達用の現金を渡したが、これは A 社、A 社社長又は経理部長などでなければできない処分と言えるため、不法領得

の意思が認められ、用度品調達用の現金を丙の妻丁に渡したことから、不法領得の意思を実現する行為があったと言えるので、「横領した」と言える。したがって、甲には業務上横領罪が成立する。

(2) 甲による贈賄について

甲は、丙と会って、「今度発注予定の公共工事について A 社と契約してほしい。もし、契約を取ることができたら、そのお礼として 50 万円を渡したい。」と言い、丙は、甲の頼みを受け入れ、甲に対し、「分かった。何とかしてあげよう。」と言っている。現金 50 万円は後述するように賄賂に当たり、甲と丙の間でその授受についての合意がなされているので、この時点で甲に賄賂の約束罪（贈賄罪）が成立する。その後、甲の妻丁に現金を渡しており、賄賂の供与罪になる。そして、約束罪と供与罪は全体で 1 つの贈賄罪になる。

2. 乙の責任について

乙は、社長から営業成績を上げるように言われたことから、甲に対してその内容を話した上、「お前は B 市職員の丙と同級生なんだろう。丙に、お礼を渡すから A 社と公共工事の契約をしてほしいと頼んでくれ。お礼として渡す金は、お前が総務部長として用度品を買うために管理している現金から、用度品を購入したことにして流用してくれないか。昔は、お前を随分助けたじゃないか。」などと言い、甲はそれに同意している。したがって、乙に甲の業務上横領罪及び贈賄罪に対する共犯が成立しないかということが問題になる。乙はこれらの犯罪について実行行為を行っていないことから、共謀共同正犯が成立しないかということが問題になる。共謀共同正犯の成立要件は、共謀、一部の者による実行及び正犯意思である。乙が、用度品用のお金を流用して公務員である丙に謝礼を渡し、その代わりに公共工事を A 社と契約を結ぶよう頼んでほしいと甲に話し、甲も同意していることから、業務上横領及び贈賄についての共謀がなされている。また甲による実行もあり、乙は自分の営業成績を上げるという目的を持っており、また甲に伝えてもいるため、両者に乙のための犯罪という認識があるので、乙に正犯意思も認められる。そこで、乙に贈賄の共謀共同正犯が成立するのは明らかである。

業務上横領罪については、乙は用度品調達のための現金を占有すらしていないため、その成否が問題になる。この場合には、65条の適用方法が問題になるが、判例によれば、1項の共犯には共謀共同正犯も含み、業務上物の占有者は1個の真正身分であると解されるため、乙には1項により乙に業務上横領罪の共謀共同正犯が成立し、2項により、単純横領罪の刑が科されることになる。それに対して、1項を真正身分犯の規定、2項を不真正身分犯の規定と理解する見解によれば、物の占有者という身分は真正身分と考えられるため、1項により乙に単純横領罪の共謀共同正犯が成立し、2項により甲だけ業務上横領罪が成立すると考えられる。最後に、1項を違法身分の規定、2項を責任身分の規定と解する見解によれば、占有者という身分は違法身分と解されるため、1項により乙に単純横領罪の共謀共同正犯が成立する。他方で業務者という身分は責任身分と解されるため、甲だけ業務上横領罪になる。なお、厳密に言えば、部分的犯罪共同説によれば、乙は甲と単純横領罪と業務上横領罪が重なり合う単純横領罪の限度で共謀共同正犯になり、業務者という身分を有する甲だけ業務上横領罪になり、行為共同説によれば、甲が業務上横領罪になり、乙は単純横領罪の共謀共同正犯になる。

学説	1項	2項
第1説	単純横領罪の共同正犯 （占有者という真正身分）	業務者は重い業務上横領罪 （業務者という不真正身分）
第2説	業務上横領罪の共同正犯が成立	非占有者は軽い単純横領罪の刑
第3説	単純横領罪の共同正犯 （占有者という違法身分）	業務者は重い業務上横領罪 （業務者という責任身分）

各説については基礎編4（3）を参照。

3. 丙及び丁の責任について

甲が「今度発注予定の公共工事についてA社と契約してほしい。もし、契約を取ることができたら、そのお礼として50万円を渡したい。」などと言ったのに対し、丙は、甲の頼みを受け入れ、「分かった。何とかしてあげよう。」などと甲に言っている。丙は、B市職員であることから、「地方公共団体の職員」

であり、公務員である（7条）。そして、丙は、B市の公共工事に関して業者を選定し、B市として契約を締結する職務に従事していたことから、甲が丙にA社との契約を依頼した今度発注予定の公共工事は、丙の職務と言える。その際、丙は、甲から、A社との契約の謝礼として50万円を渡すと言われたのに対し、甲の依頼を受け入れ、「分かった。何とかしてあげよう。」などと甲に言っていることから、両者の間で50万円の授受について合意がなされている。50万円という現金は、人の需用若しくは慾望を充たすに足りる利益と言え、また、公共工事を受注するという丙の職務に対するものであり、また、丙がその職務との関係で正当に取得しうる対価とは言えないため、不正な報酬としての対価であると言える。したがって、賄賂の約束がなされている。また、甲は、公務員である丙に対して、B市の公共行為をA社が契約できるように依頼していて、それに対して丙が応じていることから、請託を受けたと言える。以上より、丙には請託を受けて賄賂の授受を約束したと言え、受託収賄罪が成立することになる。

　その後、A社は、B市と契約することができたことから、甲は、丙に対して謝礼として50万円を渡すため、手提げ金庫の用度品購入用現金の中から50万円を取り出して封筒に入れ、これを持って丙方を訪問した。しかし、丙は外出しており不在であったため、甲は、応対に出た丙の妻丁に対し、これまでの経緯を話した上、「御主人と約束していたお礼のお金を持参しましたので、御主人にお渡しください。」と頼んだ。丁は、外出中の丙に電話で連絡を取り、丙に対して、甲が来訪したことや契約締結の謝礼を渡そうとしていることを伝えたところ、丙は、丁に対して、「私の代わりにもらっておいてくれ。」と言った。丁は、甲から封筒に入った50万円を受領し、これを帰宅した丙に封筒のまま渡している。

　甲が50万円を渡したのは、公務員の身分を持たない丁であり、公務員の身分を持つ丙は50万円を受け取っていない。しかし、丁は丙の妻であり、しかも、丁は、丙が帰宅後、受け取った50万円を丙に渡しているため、実質的には丙が直接賄賂を受け取ったと評価することができる。そこで、丙に受託収賄罪が成立しないかということが問題になる。

　まず、丙及び丁が共同正犯にならないかということが考えられる。受託収賄罪のうちの収受罪の実行行為は、賄賂を受け取ることであるが、公務員である

丙は賄賂を受け取っていないため、丙は丁と共謀共同正犯にならないかということが問題になる。共謀共同正犯の成立要件は、共謀、一部の者による実行及び正犯意思である。丁は、甲からこれまでの経緯を聞いたうえで、丙に甲が50万円を持参したことを電話で連絡し、丙から受け取るよう指示されたことから、共謀は認められる。また、賄賂の授受は丙と甲の間で話し合われており、たまたま丙が外出していた時に、甲が50万円を持参したため、丁が受け取っただけであり、また、丁は丙に連絡し、丙の指示に従って、甲から50万円を受け取っていることから、丙に正犯意思が認められる。しかし、50万円を受け取ったのは、公務員ではない丁であり、丁による受け取りは収受罪の実行行為とは言えないため、一部の者による実行は認められない。したがって、丁に収受罪が成立せず、丙にその共謀共同正犯も成立しないため、50万円の受け取りについて受託収賄罪が成立しないことになる。ただ、丁は、「私の代わりにもらっておいてくれ。」という丙の指示に従って、50万円を受け取っただけであり、現に丙が帰宅後に丙に50万円を渡している。したがって、丁は、丙の道具と考えられ、実質的には丙自身が賄賂を受け取ったと評価しうる。そこで、丙は、丁という公務員という身分のない収賄の故意がある道具を利用した受託収賄罪の間接正犯になり、乙は甲による受託収賄の道具として65条1項により受託収賄罪の従犯になると考えられる（第1説）。

これに対して、共同意思主体説によるならば、丙と丁の間に共謀がなされているため、その時点で共同意思主体が形成されたことになり、その共同意思主体の構成員である丙が公務員の身分を持っているので、共同意思主体は公務員という身分を持つことになり、公務員の身分を持つ共同意思主体の構成員である丁が賄賂を受け取っていることから、共同意思主体は受託収賄罪を行ったと評価しうる。したがって、丙は受託収賄罪の共謀共同正犯になり、丁は65条1項により受託収賄罪の実行正犯になる（第2説）。

また、収賄の禁止という規範は、公務員に対してだけではなく、公務員以外の一般人にも向けられていると考えれば、丁による50万円の受け取りは収受罪の実行行為と評価することができるため、丁が65条1項により受託収賄罪の実行正犯、丙が受託収賄罪の共謀共同正犯と評価することになる（第3説）。

他方で、共犯の従属性について可罰的不法従属性説によるならば、賄賂を受け取った丁は、公務員ではないため、受託収賄罪の実行行為を行ったと評価す

ることはできず、丙の受託収賄の教唆を幇助したとして65条1項により受託
収賄罪の教唆犯の従犯になり、丙は、その丁の幇助に従属し、賄賂の受け取り
を教唆しただけであるとして受託収賄罪の従犯の教唆犯が成立することになる。
丙が丁に賄賂の受け取りを指示したことで、丁が賄賂を受け取るという意思が
生じたと評価することができるので、丙は丁の収賄の従犯ではなく、教唆犯の
責任を負うことになる（第4説）。

学説	丙	丁
第1説	受託収賄罪の間接正犯	受託収賄罪の従犯
第2説	受託収賄罪の共謀共同正犯	受託収賄罪の共謀共同正犯
第3説	受託収賄罪の共謀共同正犯	受託収賄罪の実行正犯
第4説	受託収賄罪の従犯の教唆犯	受託収賄罪の教唆犯の従犯

　なお、丙に成立する賄賂の約束罪と収受罪は包括して1個の受託収賄罪が成
立することになる。

4. 出題趣旨について

（1）出題趣旨
　法務省から公表された平成26年度予備試験の出題趣旨は以下のとおりであ
る（http://www.moj.go.jp/content/001165558.pdf）。

> 　本問は、建設業等を営むA株式会社の総務部長である甲が、同社営業部
> 長である乙からの要請を受け、B市職員であり、同市発注の公共工事に関
> する業者の選定及び契約締結権を持つ丙に対し、業者選定の際に同社を有
> 利に取り計らってほしいとの趣旨であることを了解した丁を介して、総務
> 部長として管理する用度品購入に充てるための現金の中から50万円を供
> 与したという事案を素材として、事実を的確に分析する能力を問うととも
> に、共同正犯、共犯と身分、贈収賄罪、業務上横領罪等に関する基本的理
> 解とその事例への当てはめが、論理的一貫性を保って行われているかを問
> うものである。

(2) コメント

出題趣旨にあるように、本問は、共同正犯、共犯と身分、贈収賄罪、業務上横領罪の成否が主に問われているものである。いずれも刑法学では基本的な問題点であり、また内容的にも、それらの問題点の基本的な知識及び判例や通説を理解することができていれば、十分に解答することができるものである。

もっとも、丙と丁による賄賂の収受については、公務員の身分を有する丙は賄賂を受け取っていないこと及び実際に賄賂を受け取った丁は公務員の身分を有しないことから、特別な考慮が必要になるという点に注意を要する。

5. 参考答案例

第1　甲の責任について

（1）　A 社の現金の横領について

1　甲は A 社の総務部長として自己が用度品購入のために管理していた現金を丙に渡したので、甲に業務上横領罪が成立しないか。

2　業務上横領罪は、業務上自己の占有する他人の物を横領した場合に成立する（253 条）。

「業務」とは、社会生活上の地位に基づいて反復継続して行われる事務のうち、委託を受けて他人の物を占有、保管することを内容とする事務を言う。甲は、A 社の総務部長という社会生活上の地位に基づいて、A 社の委託に基づいて用度品購入用の現金を手提げ金庫に入れて管理すなわち占有していたので、用度品購入用の現金は甲が占有する A 社の「物」である。

「横領した」とは、不法領得の意思を実現する一切の行為を言い、不法領得の意思とは、他人の物の占有者が委託の任務に背いて、その物につき権限がないのに所有者でなければできないような処分をする意思を言う。また、横領行為は、自己のためである必要はなく、第三者のためでもよい。A 社の現金の占有者である甲が、A 社により委託されていた用度品調達及びその現金の管理という任務に背いて、用度品調達以外に現金を使用する権限がないのに、乙という第三者のために、公務員である丙に、公共工事を A 社が受注できるように用度品調達用の現金を渡すという A 社の経理部長などでなければできない処分を行ったので、不法領得の意思が認められ、用度品調達用の現金を丙の妻丁に渡したので、不法領得の意思を実現する行為があったと言え、

「横領した」と言える。

　以上より甲には業務上横領罪が成立する。

（2）　甲による贈賄について

　甲は、丙と会って、公共工事の発注についてA社と契約する見返りに、50万円を渡すことを提案し、丙は、甲の頼みを受け入れた。後述するように、丙の職務に関して甲と丙の間で賄賂の授受についての合意がなされているので、この時点で甲に賄賂の約束罪（贈賄罪）が成立する。その後実際に甲は賄賂を渡したので、賄賂の供与罪が成立し、約束罪と供与罪は包括して1個の贈賄罪が成立する。

第2　乙の責任について

1　甲が業務横領及び贈賄を行ったのは、乙に依頼されたことによる。そこで、乙に甲の業務上横領罪及び贈賄罪の共犯が成立しないか。乙はこれらの犯罪の実行行為を行っていないので、乙には業務上横領罪及び贈賄罪の共謀共同正犯が成立しないか。

2　共謀共同正犯の成立要件は、共謀、一部の者による実行及び正犯意思である。乙が、甲が管理する用度品用のお金を流用して公務員である丙に謝礼を渡し、その代わりに公共工事をA社と契約を結ぶよう頼んでほしいと甲に話し、甲も同意していることから、業務上横領罪及び贈賄罪についての共謀がなされており、甲によるそれらの犯罪の実行もあり、また、乙は自分の営業成績を上げるという目的を持っており、また甲にもそれを伝えているため、両者に乙のための犯罪という認識があるので、乙に正犯意思も認められる。そこで、まず乙に贈賄罪の共謀共同正犯が成立する。

3　業務上横領罪については、乙は用度品調達のための現金を占有していないため、その成否が問題になる。業務上横領罪は、占有者と業務者という2つの身分から構成される二重の身分犯であり、これらのうち占有者という身分は、これがあることにより横領罪が成立する真正身分であり、業務者という身分は、これがあることにより横領罪よりも重く処罰される不真正身分である。したがって、真正身分犯についての規定である65条1項により乙に単純横領罪の共謀共同正犯が成立し、不真正身分犯の規定である2項により甲にだけ業務上横領罪が成立する。

　以上より、乙には単純横領罪と業務上横領罪が重なり合う単純横領罪の限度で共謀共同正犯が成立し、業務者という身分を有する甲にだけ業務上横領

罪が成立する。

第3　丙及び丁の責任について

1　丙は、50万円の謝礼と引き換えに、A社と公共工事の契約をしてほしいとの依頼に対して、応じている。丙に受託収賄罪のうちの賄賂の約束罪が成立しないか。

2　受託収賄罪は、公務員が、請託を受けて、その職務に関し、賄賂を収受し、又はその要求若しくは約束をした場合に成立する。丙は、B市という「地方公共団体の職員」であるので、公務員である（7条）。職務とは、公務員がその地位に伴い公務として取り扱うべき一切の執務を言うところ、丙は、B市の公共工事に関して業者を選定し、B市として契約を締結する職務に従事していたので、甲が今度発注予定の公共工事の契約は丙の職務と言える。その際、丙と甲の間で50万円の授受について合意がなされている。50万円という現金は、人の需用若しくは慾望を充たすに足りる利益であり、また、公共工事を受注するという丙の職務に対するものであり、丙がその職務との関係で正当に取得しうる対価とは言えないため、不正な報酬としての対価である賄賂と言える。したがって、甲と丙の間で賄賂の約束がなされている。また、甲は、公務員である丙に対して、B市の公共工事をA社が契約できるように依頼していて、それに対して丙が応じていることから、請託を受けたと言える。

　以上より、丙に受託収賄罪のうちの賄賂の約束罪が成立する。

3　その後、A社は、B市と契約することができたため、甲は、丙に対して謝礼として50万円を渡すために丙方を訪問したが、丙が不在であったため、丙の妻丁に渡した。丙に受託収賄罪のうちの賄賂の収受罪が成立しないか。

　甲が謝礼として50万円を渡したのは、公務員の身分を持たない丁であり、公務員の身分を有する丙は50万円を受け取っていない。したがって、収受罪が成立しないとも考えられる。しかし、甲は、丁に、これまでの経緯を話した上、持参した50万円を丙に渡すよう頼み、丁は、丙に電話で連絡を取り、甲が契約締結の謝礼を渡す目的で来訪したことを伝えたところ、丙は、丁に謝礼を受け取るように話したので、丁は、甲から50万円を受領して、これを帰宅した丙に渡している。これらの事実から、実質的には丙自身が賄賂を受け取ったと評価しえ、丁は丙の道具と考えられる。そこで、丙は、丁という公務員の身分のない収賄罪の故意がある道具を利用した受託収賄罪の間接

正犯になり、乙は甲による受託収賄の道具として65条1項により受託収賄罪の従犯になる。

第4　罪　数

　以上より、甲には業務上横領罪及び贈賄罪が成立し、両者は併合罪になる。

　乙には甲に成立する業務上横領罪及び贈賄罪の共謀共同正犯が成立し、両者は併合罪になる。

　丙には受託収賄罪のうちの約束罪と収賄罪が成立し、包括して1個の受託収賄罪が成立する。

　丁には受託収賄罪の従犯が成立する。

以上

Ⅲ. 展開編

　本問では、甲が自己が占有する用度品購入用の現金を賄賂として丙に渡したという事案であったが、甲と乙が丙に賄賂を渡すことを話し合った際には、まだ甲が現金を占有していたが、賄賂として丙に渡す際には、人事異動などにより甲が現金の占有を喪失していたという事案も考えられる。この場合、甲は、他人が管理する現金を勝手に持ち出したことになるので、基本的には窃盗罪が成立することになるが、業務上横領罪を共謀した占有者という身分のない乙の責任が問題になる。二重の身分犯の共犯の錯誤と呼ぶことができる問題である（この問題は教科書などでは触れられていないが、平成27年度の司法試験でも出題されている）。前述のように本問の乙の関与の形態は共謀共同正犯であるので、ここでは、業務上横領罪を共謀して、実行正犯が窃盗罪の事実を実現した場合の共謀共同正犯者の責任の問題として論じていく。但し、その論理は他の共犯にも妥当する。

　客観的には窃盗罪の事実が実現されたが、乙の主観では業務上横領罪の事実だったので、これは抽象的事実の錯誤の事例になる（抽象的事実の錯誤については平成23年度の解説を参照）。この場合、窃盗罪には50万円以下の罰金が規定されているため、業務上横領罪の方が窃盗罪よりも重いと考えれば、重い犯罪の意思で軽い犯罪の事実を実現した場合になる。したがって、38条2項には解決方法が示されていないため、解釈によってこれを解決することになるが、通説

判例である法定的符合説によると、業務上横領罪と窃盗罪の間で符合を認めることができれば、軽い窃盗罪が成立することになる。

　しかし、甲が占有を喪失しなかった場合には、判例によれば、65条1項により乙には業務上横領罪の共謀共同正犯が成立することになるが、その刑は2項により単純横領罪の刑、すなわち5年以下の懲役が科されることになる。それに対して、甲が占有を喪失すると、窃盗罪になり10年以下の懲役が科されることになるが、その場合には業務上横領罪と窃盗罪の間に加減的身分の関係を認めることができないため、65条2項により単純横領罪の刑を科すことができなくなる。甲が窃盗罪よりも重い業務上横領罪を行えば、乙には単純横領罪の刑が科されることになるのに、甲が業務上横領罪よりも軽い窃盗罪を行うと、乙は窃盗罪の刑になって、かえって重くなる。甲が物の占有を喪失するという乙に無関係の事情により、乙の刑が10年になったり、5年になったりするのは疑問であろう。何らかの形で単純横領罪の刑を科すことができるような解決を模索するべきである。この場合、確かに犯罪の成立については窃盗罪を認め、量刑で単純横領罪として考えて5年以下の懲役にするということも考えられるが、5年以下の懲役ということが保障されていない点でやはり問題があると言わざるをえない。解釈論的に単純横領罪の刑を科すようにするべきである。この問題についての解決方法は2つ考えられる。1つは業務上横領罪の身分の解釈により解決する方法であり、もう1つは窃盗罪と業務上横領罪の関係により解決する方法である。以下順に検討する。

①業務上横領罪の身分の解釈により解決する方法

　これには2つの解決方法が考えられる。1つは、基礎編では説明しなかったが、横領罪の基本犯を254条の遺失物等横領罪とし、遺失物等横領罪と単純横領罪は占有の有無による客体の違いによって区別され、業務上横領罪における業務者だけが身分になるとする見解である。この見解によれば、業務上横領罪と単純横領罪又は遺失物等横領罪は、「業務者」という身分による加減的身分犯になるため、65条2項の適用だけが問題になる。したがって、単純占有者と業務上の占有者の共犯の場合には、65条2項だけが適用されることになる。この理解を前提にすれば、65条2項により、業務者という身分を有する甲には業務上横領罪が成立し、業務者という身分がない乙には単純横領罪が成立し、その刑が科されることになる。65条2項の通常の刑は、非占有者であ

る乙の場合には遺失物等横領罪を意味すると考えることもできるが、乙が単純横領罪に関与した場合に単純横領罪の共犯が成立することを考えると、乙が業務上横領罪に関与した場合にはなおさら乙の行為に単純横領罪の違法性を認めることができるため、通常の刑は単純横領罪を意味すると考えるべきであろう。この考え方によれば、甲と乙が業務上横領罪を共謀したが、甲が業務者の身分を喪失した結果、窃盗の事実を実現した場合には、身分のない乙の認識によれば単純横領罪になり、客観によれば窃盗罪になる。この場合、窃盗罪の方が単純横領罪よりも重いため、38条2項により窃盗罪で処断することはできない。窃盗罪と横領罪は、物の占有者が他人なのか、それとも自分なのかという点に違いがあるだけで、物を領得するという意味では一致する。また、横領罪の法益が所有権であるのに対し、窃盗罪の法益は占有とされているが、窃盗罪も占有を通じて究極的には所有権を保護していると考えられるので、法益も一致すると考えることができる。したがって、窃盗罪と横領罪は同質的で重なり合うと言えるため、乙には軽い単純横領罪が成立することになる。

　もう1つは、業務上横領罪を、物の占有者と業務者の2つの身分から構成される二重の身分犯ととらえる見解である。この見解によっても、乙の認識に基づいた犯罪は単純横領罪になる（基礎編及び応用編を参照）。したがって、甲と乙の間で業務上横領罪を共謀したが、甲が業務上の物の占有者の身分を喪失し、甲が窃盗の事実を実現した場合も、身分のない乙には、38条2項により、単純横領罪が成立することになる。

②窃盗罪と業務上横領罪の関係により解決する方法

　窃盗罪には50万円以下の法定刑が規定されているため、罰金が規定されていない業務上横領罪の方が窃盗罪よりも重いとされている。確かに、刑法10条によれば、罰金を選択刑として規定する窃盗罪の方が業務上横領罪よりも軽いと言える。しかし、平成18年改正において窃盗罪に選択刑として罰金を規定した趣旨は、「窃盗罪については、その利欲犯的な性格を考えると、その責任を看過することはできないものの、例えば、万引き事犯等の中には、その犯罪類型としての特質や偶発的に行われる場合が少なくないことなどから、被害金額が少額にとどまり、かつ、速やかに被害回復がなされるといった類型の事案が存在することを否定できない。」「このような類型の事案については、……起訴すべきか否かの判断に困難を伴うことも少なくないことから、窃盗罪につ

いても選択刑として罰金刑を新設し、刑の選択の幅を拡大することとした」というものである。したがって、「これまで個別の事案について検察官が懲役刑相当と判断したこと自体に影響を与えることを意図するものではない」とされている（安永健次「罰金刑の新設等のための刑事法の整備」時の法令1775号39頁）。そうすると、窃盗罪における罰金刑の新設は、これまで場合によっては起訴猶予とされてきた領域に処罰範囲を拡大する趣旨と解することができる。窃盗罪と業務上横領罪の起訴猶予については、その性質の違いから同列に扱うことができないが、他人の支配を侵害しないことを根拠に、業務上横領罪の方が窃盗罪よりも軽いと考えるのであれば、窃盗罪であれば罰金刑が選択されるような犯情の事案について、業務上横領罪の場合には引き続き起訴猶予になるのではなかろうか。235条の平成18年改正の趣旨を、処罰範囲を起訴猶予とされてきた領域に拡張するものと理解するのであれば、窃盗罪の方が重いと理解することができる。したがって、甲と乙の間で業務上横領罪を共謀したが、甲が業務上の物の占有者の身分を喪失し、甲が窃盗罪の事実を実現した場合も、身分のない乙については38条2項により、業務上横領罪が問題になり、判例の立場も含めていずれの立場に従っても、65条2項により単純横領罪の刑が科されることになる。

非現住建造物放火罪及び現住建造物放火罪の中止犯の成否

◀ 問題 ▶

　以下の事例に基づき，甲及び乙の罪責について論じなさい（特別法違反の点を除く。）。

1　甲（40 歳，男性）と乙（35 歳，男性）は，数年来の遊び仲間で，働かずに遊んで暮らしていた。甲は，住宅街にある甲所有の 2 階建て木造一軒家（以下「甲宅」という。）で 1 人で暮らしており，乙も，甲がそのような甲宅に 1 人で住んでいることを承知していた。乙は，住宅街にある乙所有の 2 階建て木造一軒家（以下「乙宅」という。）で内妻 A と 2 人で暮らしており，甲も，乙がそのような乙宅に A と 2 人で住んでいることを承知していた。甲宅と乙宅は，直線距離で約 2 キロメートル離れていた。

2　甲と乙は，某年 8 月下旬頃，働かずに遊びに使う金を手に入れたいと考え，その相談をした。そして，甲と乙は，同年 9 月 1 日に更に話合いをし，設定した時間に発火し，その火を周囲の物に燃え移らせる装置（以下「発火装置」という。）を製作し，これを使って甲宅と乙宅に放火した後，正当な請求と見せ掛けて，甲宅と乙宅にそれぞれ掛けてある火災保険の保険金の支払を請求して保険会社から保険金をだまし取り，これを折半することにした。その後，甲と乙は，2 人でその製作作業をして，同月 5 日，同じ性能の発火装置 2 台（以下，それぞれ「X 発火装置」，「Y 発火装置」という。）を完成させた上，甲宅と乙宅に放火する日を，A が旅行に出掛けて乙宅を留守にしている同月 8 日の夜に決めた。

3　A は，同日昼，旅行に出掛けて乙宅を留守にした。

4　甲と乙は，同日午後 7 時，2 人で，甲宅内に X 発火装置を運び込んで甲宅の 1 階の居間の木製の床板上に置き，同日午後 9 時に発火するように設定した。その時，甲宅の 2 階の部屋には，甲宅内に勝手に入り込んで寝ていた甲の知人 B がいたが，甲と乙は，B が甲宅にいることには気付かなかった。その後，甲と乙は，同日午後 7 時 30 分，2 人で，乙宅の敷地内にあって普段から物置として使用している乙所有の木造の小屋（以下「乙物置」という。）

165

内にY発火装置を運び込んで，乙物置内の床に置かれていた，洋服が入った段ボール箱（いずれも乙所有）上に置き，同日午後9時30分に発火するように設定した。なお，乙物置は，乙宅とは屋根付きの長さ約3メートルの木造の渡り廊下でつながっており，甲と乙は，そのような構造で乙宅と乙物置がつながっていることや，乙物置及び渡り廊下がいずれも木造であることを承知していた。

その後，甲と乙は，乙宅の敷地内から出て別れた。

5　甲宅の2階の部屋で寝ていたBは，同日午後8時50分に目を覚まし，甲宅の1階の居間に行ってテレビを見ていた。すると，X発火装置が，同日午後9時，設定したとおりに作動して発火した。Bは，その様子を見て驚き，すぐに甲宅から逃げ出した。その後，X発火装置から出た火は，同装置そばの木製の床板に燃え移り，同床板が燃え始めたものの，その燃え移った火は，同床板の表面の約10センチメートル四方まで燃え広がったところで自然に消えた。なお，甲と乙は，終始，Bが甲宅にいたことに気付かなかった。

6　Y発火装置は，同日午後9時30分，設定したとおりに作動して発火した。乙は，その時，乙宅の付近でうろついて様子をうかがっていたが，Y発火装置の発火時間となって，「このままだと自分の家が燃えてしまうが，やはりAには迷惑を掛けたくない。それに，その火が隣の家に燃え移ったら危ないし，近所にも迷惑を掛けたくない。こんなことはやめよう。」と考え，火を消すために乙物置内に入った。すると，Y発火装置から出た火が同装置が置いてある前記段ボール箱に燃え移っていたので，乙は，乙物置内にある消火器を使って消火活動をし，同日午後9時35分，その火を消し止めた。乙物置内で燃えたものは，Y発火装置のほか，同段ボール箱の一部と同箱内の洋服の一部のみで，乙物置には，床，壁，天井等を含め火は燃え移らず，焦げた箇所もなかった。また，前記渡り廊下及び乙宅にも，火は燃え移らず，焦げた箇所もなかった。

7　その後，甲と乙は，甲宅と乙宅にそれぞれ掛けてある火災保険の保険金を手に入れることを諦め，保険会社に対する保険金の支払の請求をしなかった。

> **▶基礎的事項のチェック**
> 1. 現住建造物放火罪の成立要件
>   ・現住性及び現在性
>   ・「焼損した」
> 2. 中止犯の成立要件
>   ・「自己の意思により」
>   ・「中止した」

1. 問題の捉え方

　本問では、甲宅と乙宅の2軒の家が放火されていることから、分けて見ていこう。まず甲宅についてである。甲宅は木造の一軒家であり、そこでは甲が1人で暮らしていた。甲及び乙は、甲宅を放火するため、X発火装置を甲宅に設置した。甲宅は、甲宅の所有者であり、甲宅において1人で暮らしていた甲自身が放火の犯人であり、乙にとっては甲の承諾があることから、居住者がいないものとみなされ、非現住建造物になる。したがって、甲及び乙の主観においては、非現住建造物放火罪が行われたことになる。ところが、実際には、Bが勝手に甲宅に入り込んで寝ていたため、甲宅は現在建造物であった。したがって、客観的には現在建造物放火罪が行われたことになる。このように、本問では、非現住建造物放火罪の故意で現在建造物放火罪が行われた場合、すなわち抽象的事実の錯誤が問題になる（この点については、ほぼ同様の問題が平成23年度予備試験に出題されているので、平成23年度予備試験の解説を参照）。

　次に乙宅についてである。乙宅は、所有者である乙だけでなく、その妻Aも居住している。また、乙宅と3メートルほどの渡り廊下でつながれている木造の乙物置があり、この乙物置にY発火装置が設置されている。乙物置は現に人が住居に使用しておらず、また、Y発火装置の発火時間には誰もいなかったので、乙物置は非現住建造物になる。しかし、乙物置は乙宅と屋根付きの長さ約3メートルの木造の渡り廊下でつながっていた。そこで、乙宅と乙物置を一体のものとみて、乙宅についての現住建造物放火罪が成立しないかという

ことが問題になる。但し、Aが旅行に出かけ、甲及び乙もそのことを確認してから、乙宅に放火しているので、実質的には乙宅は非現住建造物であったのではないかということも問題になる。その後、乙は、Y発火装置の発火時間になって、「このままだと自分の家が燃えてしまうが、やはりAには迷惑を掛けたくない。それに、その火が隣の家に燃え移ったら危ないし、近所にも迷惑を掛けたくない。こんなことはやめよう。」と考え、火を消すために乙物置内に入り、Y発火装置から出た火が同装置が置いてある段ボール箱に燃え移っていたため、乙物置内にある消火器を使って消火活動をし、その火を消し止めている。この乙の行為について放火の中止犯が成立しないかということが問題になる。さらに、乙に中止犯が認められた場合に、その法的効果が共犯である甲にまで及ぶのかということが問題になる。以下では、放火罪及び中止犯の基礎的事項について見ていこう。

　なお、X発火装置を甲宅に、Y発火装置を乙物置に設置した時点で放火罪の実行の着手が認められるとすれば、甲と乙は放火の実行行為を分担していることになるので、刑法60条の実行共同正犯になる（共同正犯については平成24年度を参照）。

2. 放火罪に関する基礎的事項

（1）はじめに

　刑法108条は、「放火して、現に人が住居に使用し又は現に人がいる建造物、汽車、電車、艦船又は鉱坑を焼損した者は、死刑又は無期若しくは5年以上の懲役に処する。」と規定する（個々の要件については平成23年度予備試験の解説も参照）。放火罪については説明することが多いので、本問と関連する範囲で説明する。

（2）現住建造物放火罪の構成要件

　「現に人が住居に使用し」とは、現に人の起臥寝食に使用されている状態を言うが、この現住性が認められる場合には、外出するなどして一時的に建造物を不在にしていたとしても現住性は失われない。また、現住建造物放火罪は、抽象的危険犯であり、不特定又は多数の人の生命、身体又は財産に対する危険

が擬制されていることから、現住性が肯定される以上、居住者が不在であったとしても、現住建造物放火罪になる。例えば、最決平成9年10月21日刑集51巻9号755頁は、競売手続を妨害する目的で自己が経営する会社の従業員5名を交代で宿泊させていた家屋に、宿泊していた従業員を沖縄に旅行に行かせている間に放火したという事案について、「本件家屋は、人の起居の場所として日常使用されていたものであり、右沖縄旅行中の本件犯行時においても、その使用形態に変更はなかった」として現住建造物に当たるとした。但し、本決定では、事実認定において、被告人が、従業員らに対し、沖縄旅行から帰った後は本件家屋に宿泊しなくてもよいと指示していなかったこと、従業員らは、旅行から帰れば再び本件家屋への交替の宿泊が継続されるものと認識していたこと、及び、被告人は、旅行に出発する前に本件家屋の鍵を回収したことはなく、その一本は従業員が旅行に持参していたことが認定されている。したがって、例えば、従業員に帰ってきたら、居住する必要はないと指示し、従業員からすべての鍵を回収していたような場合には、異なる判断がなされる可能性があることに注意を要する。

　建造物の現住性又は現在性については、まず実際に放火された場所にそれらが認められるかどうかということを検討し、これが肯定されれば、その時点で直ちに当該建造物が現住建造物又は現在建造物と評価されることになる。それに対して、それが否定された場合には、次に現住又は現在部分を含む建造物全体が一体のものとして現住建造物と言えるのかということを検討し、それが肯定されれば、建造物全体が一体の現住又は現在建造物と評価されることになる。建造物の一体性は、マンションのような全体が一体の建造物の一部が問題になる場合と複数の建造物の一体性が問題になる場合に分けられる。

①全体が一体の建造物の一部が問題になる場合

　この場合には、判例は、原則として全体が1個の建造物と見て現住建造物であるとしていると考えられる。例えば、大判大正2年12月24日刑録19輯1517頁は、学校の校舎の1階にある宿直室に宿直員として夜間に教員が宿泊していた時に、その校舎の2階に放火した事案について、「學校ノ校舎ノ一室ヲ宿直室ニ充テ宿直員ヲシテ夜間宿泊セシムルトキハ其校舎ハ現ニ宿直員ノ起臥寝食ノ場所トシテ日常使用セラルルモノニシテ現ニ人ノ住居ニ使用スル建造物ナリト謂ハサルヘカラス」として、現住建造物放火罪を認めた。また、最判

昭和 24 年 2 月 22 日刑集 3 巻 2 号 198 頁も、人が寝泊まりしている劇場の建物の東側に接着する便所に放火したという事案について、便所が劇場の一部であることを理由に、現住建造物放火罪を認めた。但し、これらの建造物は木造であるなど建造物の一部に火がつけば、建造物全体が危険にさらされるものであった。しかし、近時は、耐火性の建築資材が使用された建造物が普及している。このような場合には、建造物の一部に火が付いたとしても、必ずしも建造物全体が危険にさらされるとは言えないような場合も考えられる。そういう場合まで、建造物全体が一体であるとして、現住性を認めるのが妥当かということが問題になる。この点、仙台地判昭和 58 年 3 月 28 日刑月 15 巻 3 号 279 頁は、鉄筋 10 階建マンション C の 1 階にある D 医院の受付室に放火し、同室の壁、天井などに燃え移らせ、B 所有の現に人の住居に使用せず、かつ、人の現在しない医院の受付室などを焼損したという事案について、他の区画とは鉄筋コンクリートの壁、天井などで画され、独立性が強く、他の居住部分と一体の建造物とみることは困難であるということ、医院に火災が発生したとしても、一般的には他区画へは容易に延焼しないすぐれた防火構造を有する建物であるということなどを指摘し、医院を非現住建造物とした。

　他方で、東京高判昭和 58 年 6 月 20 日刑月 15 巻 4 ＝ 6 号 299 頁は、17 名が住居に使用しているマンションの空室に放火したが、未遂に終わったという事案について、マンションの構造上及び効用上の一体性及び有毒ガスや火勢が他の部屋へ及ぶ可能性を指摘して、「各室とこれに接続する外廊下や外階段などの共用部分も含め全体として一個の建造物とみるのが相当である……。」として現住建造物とした。

　さらに、最決平成元年 7 月 7 日判時 1326 号 157 頁は、被告人が 12 階建集合住宅であるマンション内部に設置されたエレベーターのかご内で火を放ち、その側壁として使用されている化粧鋼板の表面約 0.3 m² を燃焼させたという事案について、現住建造物等放火罪を認めたが、その原審東京高判昭和 63 年 9 月 8 日高検速報昭和 63 号 214 頁は、「本件マンションのほぼ中央部に設置された本件エレベーターは、……高層（12 階建）集合住宅である本件マンションの居住者が各階間の昇降に常時利用している共用部分であり、本件マンションの集合住宅としての構造とその利用形態に徴すると、原判示のとおり、本件エレベーターは、本件マンションの各居住空間の部分とともに、それぞれ一体と

して住宅として機能し、現住建造物である本件マンションを構成していることが認められる。」として、マンションの一部を構成するとした。この東京高裁の判断は、構造上の一体性により判断しているように考えられるが、放火された場所がマンションの共用エレベーターなので、ひとたび火が付けば有毒ガスなどが各階に回る可能性があり、さらに、エレベーターの材質などによっては各階に延焼していく可能性を否定しえないことから、延焼の容易さを特に判断する必要がなかったと考えられる。したがって、この判断もこれまでの判断の延長線上にあると考えることができるであろう。

　以上のように、全体が一体の建造物の一部が非現住である場合の現住性の判断は、基本的に延焼の容易さと構造上及び効用上の一体性によりなされていると考えられる。

②複数の建造物の一体性が問題になる場合

　複数の建造物の一体性が問題になったのが、平安神宮事件についての最決平成1年7月14日刑集43巻7号641頁である。その事案は、平安神宮の本殿などを焼損しようと決意し、平安神宮において、それ自体は非現住かつ非現在建造物である祭具庫西側板壁付近にガソリン約10リットルを散布したうえ、ガスライターでこれに点火して火を放った結果、祭具庫及びこれに接続する本殿など複数の建造物に燃え移らせて、その全部または一部を炎上させたというものである。これについて、最高裁は以下のように判断した。

○**最決平成元年7月14日刑集43巻7号641頁**

> ……右社殿は、その一部に放火されることにより全体に危険が及ぶと考えられる一体の構造であり、また、全体が一体として日夜人の起居に利用されていたものと認められる。そうすると、右社殿は、物理的に見ても、機能的に見ても、その全体が一個の現住建造物であったと認めるのが相当である……。

　この最高裁の判断のうち、「社殿の一部に放火されることにより全体に危険が及ぶと考えられる」という点が物理的な一体性であり、「全体が一体として日夜人の起居に利用されていた」という点が機能的な一体性である（但し、物理的一体性を認定する事実と機能的一体性を認定する事実は重なる場合もあるであろう）。こ

れらのうち、物理的一体性は、延焼の可能性をその内容としていることから、全体が一体の建造物の一部が問題になる場合の延焼の容易さに対応すると考えられ、また、機能的一体性は、全体の建造物の一部が問題になる場合の効用上の一体性に対応すると考えられる。したがって、全体が一体の建造物の一部が問題になる場合も、複数の建造物の一体性が問題になる場合も同じ判断方法であり、いずれの場合も、物理的一体性と機能的一体性により建造物の一体性が判断されることになる。以上の判例は現住性に関するものであるが、その判断方法は現在性の判断にも妥当すると考えられる。

　放火罪は「焼損した」ときに既遂になる。いつ「焼損した」と言えるのかということが問題になる。1995 年改正前の 108 条は、「焼燬シタ」となっており、この規定の下、判例はいわゆる独立燃焼説を採用していた（最判昭和 23 年 11 月 2 日刑集 2 巻 12 号 1443 頁）。

○最判昭和 23 年 11 月 2 日刑集 2 巻 12 号 1443 頁

　……被告人が原判示家屋の押入内壁紙にマッチで放火したため火は天井に燃え移り右家屋の天井板約 1 尺四方を焼燬した事実を認定しているのであるから、右の事実自体によって、火勢は放火の媒介物を離れて家屋が独立燃焼する程度に達したことが認められるので、原判示の事実は放火既遂罪を構成する事実を充たしたものというべきである。

　1995 年改正の際に「焼燬シタ」という文言は「焼損した」という文言に変更されたが、1995 年改正では、内容の変更を伴う改正は原則として行なわないとされており（齊藤誠二「『焼燬』と『焼損』をめぐって」『日本刑事法の理論と展望 上巻』（信山社、2002）133 頁）、語句の変更は解釈論に影響しないとされている（川端博・西田典之・原田國男・三浦守編『裁判例コンメンタール刑法』（立花書房、2012）67 頁［塩見淳］）。また、「従来の『焼燬』の解釈は、字義よりも放火罪・失火罪の理論的な基礎から論じられていたのであり、『焼燬』を『焼損』としても解釈論に影響はない」とされている（大塚仁・河上和雄・中山善房・古田佑紀編『大コンメンタール刑法（第 3 版）第 7 巻』（青林書院、2014）23 頁［村瀬均］）。したがって、1995 年改正後も判例において独立燃焼説が維持されている。

　しかし、1995 年改正以前でも、「焼燬」の意味を「焼きこぼつ」と理解して

効用喪失説が主張され、「焼燬」の「燬」の意味を「さかんに焼く」と理解して独立燃焼説が主張されるなどした経緯が指摘されている（この場合「燬」のうちの「毀」の部分は「キ」という音だけであり、意味を持たないと解されている）。「焼燬」という文言であれば、「焼燬」をさかんに焼くという意味に理解して、独立燃焼説を採用することができたが、「焼損」に変更されたことにより、「焼いて損なう」という意味にしか理解できないため、条文の文言上独立燃焼説を採用するのは困難であり、客体の重要な部分が消失してその効用が失われたときに既遂になるとする効用喪失説になるのではないかとされている（詳しくは、齊藤誠二、前掲 133 頁以下）。大塚仁『刑法概説　各論（第 3 版増補）』（有斐閣、2005）371頁も、「焼燬の語義の捉え方とともに、放火罪の罪質についての認識の相違に由来したといえ」るとして、語義の捉え方を無視したものではないことを指摘する）。

　これまで、「焼損」に関して、独立燃焼説をはじめ、燃え上がり説、損壊説及び効用喪失説といった学説が主張されてきたが、これらは炎が出ることを前提にしているものであり、木造家屋などの可燃性の客体を念頭に置いた議論である。しかし、近時は難燃性の建造物が普及してきている。この点、前述の最決平成元年 7 月 7 日は、12 階建マンション内部に設置されたエレベーターのかごの側壁として使用されている化粧鋼板の表面約 0.3 m² を燃焼させたということをもって焼損を認めている。他方で、地下 2 階の塵芥処理場に集積されている塵芥の紙片に点火して火を放ったが、塵芥処理場のコンクリート内壁表面のモルタルを剝離、脱落させ、コンクリート天井表面に吹き付けてあった石綿を損傷、剝離させるなどした行為について、東京地判昭和 59 年 6 月 22 日判時 1131 号 156 頁は、「『焼燬』とは、……犯人の放った火が、媒介物を離れて当該目的建造物の部分に燃え移り、爾後その火が独立して燃焼を維持する程度に達したことをいうものと解するを相当とする。」として独立燃焼説に立ちつつ、独立燃焼が認められないことを理由に、「焼燬」を認めなかった。これらの判例を見ると、難燃性の建造物が「焼損した」と言えるかどうかということも、独立燃焼説に従って判断していると言え、建造物の可燃部分が独立に燃焼した場合に「焼損した」と認めていると言える。

　判例の考え方によれば、次に問題になるのは、燃焼した部分が建造物の一部と言えるかどうかということである。建造物の一部を構成すると認めるために

は、当該物件が建造物の一部に建付けられているだけでは足りず、さらに、これを毀損しなければ取り外すことができない状態にあることを必要とするというのが判例である（最判昭和25年12月14日刑集4巻12号2548頁）。例えば床板や天井板は建造物の一部とされているが、布団や畳などは建造物を構成するものとは言えないとされている。

3. 中止犯に関する基礎的事項

（1）はじめに

刑法43条は、「犯罪の実行に着手してこれを遂げなかった者は、その刑を減軽することができる。ただし、自己の意思により犯罪を中止したときは、その刑を減軽し、又は免除する。」と規定する。

（2）中止犯の成立要件

43条は、本文と但書で構成されている。本文は、未遂に終わった場合の原則を規定している（未遂については平成25年度予備試験を参照）。これによれば未遂に終わった場合には「その刑を減軽することができる」とされている。この場合の未遂を障害未遂と言う。「減軽」の方法は、68条に規定されている。「減軽することができる」とは、裁判官の裁量で刑が減軽される場合があるという意味であり、これを任意的減軽と言う。未遂のうち、「自己の意思により中止した」ことによる場合についての規定が43条但書である。これを中止犯又は中止未遂と言う。中止犯が成立する場合には、必ず刑が減軽されるか、免除される。これを必要的減免と言う。

中止犯が成立するための要件は、犯罪の実行に着手し、これを遂げなかった場合で、それが自己の意思により中止したことによる場合である。以下では、中止犯の要件を見ていこう（実行の着手については平成25年度予備試験を参照）。

（3）自己の意思により

「自己の意思により」という要件は任意性と呼ばれている。この任意性が認められるかどうかという問題について、主なものとして、主観説、限定主観説、客観説及び折衷説の4つが主張されている。これらのうち、主観説は、外部的

障害の表象の影響を受けずに中止の意思が生じた場合又は「やろうと思えばできたが、やらなかった場合」（フランクの公式）に任意性を肯定する見解である。次に、限定主観説は、広義の後悔（悔改・慚愧・同情・憐憫）に基づいて中止した場合に任意性を肯定する見解である。さらに、客観説は、一般の経験上、外部的な事情が意思に強制的な影響を与えないような事情が動機となって中止した場合に任意性を肯定する見解である。最後に、折衷説は、行為者が外部的事情を認識したにせよ、「やろうと思えばやれた」と考えた場合に任意性を肯定する見解である。

　判例は、この任意性について、客観説にしたがっているとされるものと折衷説にしたがっているとされるものがある。前者の客観説に従っているとされる判例としては、最判昭和24年7月9日刑集3巻8号1174頁及び最決昭和32年9月10日刑集11巻9号2202頁が挙げられる。最判昭和24年7月9日刑集3巻8号1174頁の事案は、人事不省に陥った被害者を姦淫しようとしたが、被害者の出血に驚愕して姦淫を中止したというものである。

○最判昭和24年7月9日刑集3巻8号1174頁

　……驚愕の原因となった諸般の事情を考慮するときは、それが被告人の強姦の遂行に障礙となるべき客觀性ある事情であることは前述のとおりである以上、本件被告人の所爲を以て、原判決が障礙未遂に該当するものとし、これを中止未遂にあらずと判定したのは相当であって、何ら所論のごとき違法はない。

　この判断において「強姦の遂行に障礙となるべき客観性ある事情である」として中止犯を否定したことから、最高裁は、客観説にしたがっているとされている。次に、最決昭和32年9月10日刑集11巻9号2202頁の事案は、殺害する目的で自己の母親をバットで殴ったが、母が頭部より血を流して痛苦している姿を見て、恐怖驚愕し、その後の殺害行為を続行することができなかったというものである。

○最決昭和32年9月10日刑集11巻9号2202頁

　……被告人は、原判決認定のように、前記母の流血痛苦の様子を見て今

さらの如く事の重大性に驚愕恐怖するとともに、自己当初の意図どおりに実母殺害の実行完遂ができないことを知り、これらのため殺害行為続行の意力を抑圧せられ、他面事態をそのまゝにしておけば、当然犯人は自己であることが直に発覚することを怖れ、原判示のように、ことさらに便所の戸や高窓を開いたり等して外部からの侵入者の犯行であるかのように偽装することに努めたものと認めるのが相当である。……そして右のような事情原因の下に被告人が犯行完成の意力を抑圧せしめられて本件犯行を中止した場合は、犯罪の完成を妨害するに足る性質の障がいに基くものと認むべきであって、刑法43条但書にいわゆる自己の意思により犯行を止めたる場合に当らないものと解するを相当とする。

　この判断においても「犯罪の完成を妨害するに足る性質の障がいに基づく」として中止犯を否定したことから、客観説にしたがっているとされている。但し、これら2つの最高裁の判例は、中止犯を否定していることに注意を要する。そして、特に最決昭和32年9月10日は、「右のような事情原因の下に被告人が犯行完成の意力を抑圧せしめられて本件犯行を中止した場合」であるとして中止犯を否定したので、外部的障害による中止として中止犯を否定したとも考えられるし、被告人がやろうとしてもできなかった場合であるとして中止犯を否定したとも考えられる。その意味では主観説にしたがっているとも、折衷説にしたがっているとも考えられる。最高裁の判例はこれら2つの否定例しかないが、下級審の肯定例の代表的なものとしては、福岡高判昭和61年3月6日高刑集39巻1号1頁がある。その事案は、被告人が、未必的殺意をもって被害女性の頸部を果物ナイフで1回突き刺したが、同女に頸部刺傷等の傷害を負わせたにとどまり、被告人は、同女の頸部を果物ナイフで一回突き刺した直後、同女が大量の血を口から吐き出し、呼吸のたびに血が流れ出るのを見て、驚愕すると同時に大変なことをしたと思い、直ちにタオルを同女の頸部に当てて血が吹き出ないようにしたり、同女に「動くな、じっとしとけ。」と声をかけたりなどした上、「ナイトパブカトレア」の店内から消防署に架電し、傷害事件を起こした旨告げて救急車の派遣と警察署への通報を依頼したこと、被告人は、その後「救急車がきよるけん心配せんでいいよ。」と同女を励ましたりしながら救急車の到着を待ち、救急車が到着するや、1階出入口のシャッターの内側

から鍵を差出して消防署員にシャッターを開けてもらい、消防署員とともに同女を担架に乗せて救急車に運び込み、そのころ駆け付けた警察官に同女の首筋をナイフで刺した旨自ら告げてその場で現行犯逮捕されたこと、同女は直ちに別の外科医院に搬送されて昇圧剤の投与を受けたのち、さらに別の医院に転送されて手術を受けたが、同女に生じた頸部刺傷は深さ約5センチメートルで気管内に達し、多量の出血と皮下気腫を伴うもので、出血多量による失血死や出血が気道内に入って窒息死する危険があったというものである。

○福岡高判昭和61年3月6日高刑集39巻1号1頁

……「自己ノ意思ニ因リ」とは、外部的障碍によってではなく、犯人の任意の意思によってなされることをいうと解すべきところ、本件において、被告人が中止行為に出た契機が、Aの口から多量の血が吐き出されるのを目のあたりにして驚愕したことにあることは前記認定のとおりであるが、中止行為が流血等の外部的事実の表象を契機とする場合のすべてについて、いわゆる外部的障碍によるものとして中止未遂の成立を否定するのは相当ではなく、外部的事実の表象が中止行為の契機となっている場合であっても、犯人がその表象によって必ずしも中止行為に出るとは限らない場合に敢えて中止行為に出たときには、任意の意思によるものとみるべきである。

「外部的事実の表象が中止行為の契機となっている場合であっても、犯人がその表象によって必ずしも中止行為に出るとは限らない場合に敢えて中止行為に出たときには、任意の意思によるものとみるべきである。」としているので、福岡高裁は折衷説にしたがっているとされている。

以上のように、任意性に関して判例は、明確にどの説に従っているとは言えない。この問題については、各自が妥当と考える見解に従い、その当てはめの過程をしっかりと示しながら、任意性の肯否についての結論を示すことが重要である。

(4) 犯罪を中止した

「犯罪を中止した」という要件は、中止行為と呼ばれている。「中止した」と言えるためには、行為者が犯罪が既遂になるのを阻止しなければならない。ど

のような場合に阻止したと言えるのかという場合について、従来は犯罪の実行に着手し、実行行為が終了する前の段階である着手未遂と実行行為が終了した後の段階である実行未遂に分け、着手未遂の段階ではその後の犯罪の実行を放棄すれば足りるのに対し、実行未遂の段階ではその後の犯罪の実行を放棄するだけでは足りず、犯罪が既遂になることを阻止するべく積極的な作為が必要であるとされてきた。前者を着手中止と言い、後者を実行中止と言う。

　ただ、中止犯を認めた判例として、例えば東京高判昭和51年7月14日判時834号106頁があるが、その事案は以下のとおりである。すなわち、AとBが、Vを殺害することを共謀し、Bが刃渡り約52センチメートルの日本刀でVの右肩辺りを1回切りつけたところ、Vが前かがみに倒れたので、更にVの息の根を止めようとして次の攻撃に移ろうとした際に、Aが、Bに次の攻撃を止めさせ、Bもこれに応じて攻撃を断念したというものである。東京高裁は、Bの行為について中止未遂を認めた理由として、Aらとしても、BがVに加えた最初の一撃でVを殺害できたとは考えなかったこと、Vが受けた傷害の程度も右肩部の長さ約22センチメートルの切創で、その傷の深さは骨に達しない程度のものであったことを挙げているが、その際、AがVを病院に連れていくよう指示し、Vが直ちに病院に運ばれ治療を受けたということを認定している。また、東京高判昭和62年7月16日高検速報昭和62号87頁も中止未遂を認めているが、その事案は以下のとおりである。すなわち、被告人は、殺意をもって、牛刀でWの左側頭部付近を切りつけたが、とっさにWがこれを左腕で防ぐなどしたため、Wに全治約2週間の左前腕切傷を負わせたにとどまり、殺害の目的を遂げず、Wが助命を哀願したことから、憐憫の情を催し、その後の攻撃を中止したうえ、Wに謝罪してWを病院に運んだというものである。これらの事案で、仮に被告人がその後の攻撃を中止したが、被害者を病院に運ばずにそのまま放置して立ち去っただけであった場合でも東京高裁が中止犯を認めたであろうか。

　このように、着手未遂の段階であっても、何らかの作為が必要な場合も考えられる。重要なのは、実行行為がまだ着手未遂の段階にとどまっているのか、それともすでに実行未遂の段階に至っていたのかということではなく、行為者が実行を中止するときに、作為を必要とするような危険があったのかどうかということであろう。犯罪が実行されると結果の発生に向けて徐々に危険が高ま

っていく。実行行為がまだ着手未遂の段階にとどまっている場合には、一般的には、まだそれほど結果発生の危険が高まっていないと言えるため、その後の実行行為を中止するだけで、結果発生の危険を消失させることができるかもしれない。それに対して、実行未遂の段階では、すでに実行行為を終了しているため、結果発生の危険が非常に高まっているため、結果発生の危険を消失させるための積極的な作為が必要になると言える。したがって、未遂を着手未遂と実行未遂に分け、前者の段階では不作為で足り、後者の段階では結果の発生を防止するための作為が必要であるとされることになる。しかし、結果発生の危険は様々なレベルがあることから、着手未遂の段階でもその後の実行を中止する不作為だけでは足りず、結果発生を防止するための何らかの作為が必要な場合も考えられる。これを因果関係の観点で見ると、結果へと向けて始動した因果経過を、途中でどのように遮断するのかということを意味する。結果へと向けて始動した因果経過の進行具合により、不作為で足りる場合もあれば、積極的な作為が必要な場合もある。これが因果性遮断説と呼ばれる見解である。以上より、中止犯が成立するための作為の要否は、結果へ向けて始動した因果経過を遮断するのに何が必要なのかということにより判断することになる。そして、そのまま放置していてもまだ結果が生じない程度にしか因果が経過していなければ、不作為で足りるのに対し、そのまま放置しておくと結果が生じてしまうような程度にまで因果が経過していた場合には、因果の進行すなわちその段階で生じている結果発生の危険に応じた作為が必要になる（共犯関係の解消と同様である。平成24年度予備試験を参照）。

　中止犯が成立するために積極的な作為が必要とされる場合には、その作為が真摯なものでなければならないのかということも問題になる。判例はこの真摯性を要求しているとされている。例えば、建造物に放火したが、その火勢を見て恐怖心が生じ、放火された建造物の家人に対して、放火したからよろしく頼むと叫びながら走り去ったという事案について、大審院は、「被告人ニ於テ放火ノ結果發生ノ防止ニ付自ラ之ニ當リタルト同視スルニ足ルヘキ努力ヲ盡シタルモノト認ムルヲ得サルカ故ニ」中止犯を認めなかった（大判昭和12年6月25日刑集16号998頁）。また、大阪高判昭和44年10月17日判タ244号290頁も中止のための真摯な努力がないとして中止犯を否定した。その事案は、被告人が、未必の殺意をもって被害者の腹部を刺したが、被害者が痛がって病院に連

れていくよう哀願したため、憐憫の情を発するとともに、ことの重大さに恐怖驚愕して出血しつつある被害者を病院に連れて行ったが、病院において医師や被害者の友人や母親に、犯人は自分ではなく、他の者に刺されたなどの虚偽の事実を述べたというものである。

○大阪高判昭和 44 年 10 月 17 日判タ 244 号 290 頁

……被告人が被害者を病院へ運び入れた際、その病院の医師に対し、犯人が自分であることを打明けいつどこでどのような兇器でどのように突刺したとか及び医師の手術、治療等に対し自己が経済的負担を約するとかの救助のための万全の行動を採ったものとはいいがたく、単に被害者を病院へ運ぶという一応の努力をしたに過ぎないものであって、この程度の行動では、未だ以て結果発生防止のため被告人が真摯な努力をしたものと認めるに足りないものといわなければならない。

さらに、東京高判平成 13 年 4 月 9 日高検速報平成 13 号 50 頁も中止犯を否定した。その事案は、被告人が、アパートの自室で衣類に火をつけた後、火勢を見て燃えていない衣類を炎の上からかぶせ、手で押さえつけたが、自らそれ以上の消火行為をしないで、アパートから外に出た後、119 番通報をしたというものである。

○東京高判平成 13 年 4 月 9 日高検速報平成 13 号 50 頁

……被告人が、燃えていない洗濯物を燃えた衣類にかぶせて押さえつけた後に、火が室内の木製 3 段の小物入れや畳などに燃え移っていることが認められるのであるから、被告人の所論の行為をもって結果発生を防止したと同視し得る行為ということはできず、被告人が 119 番通報をしたことをあわせてみても、被告人がアパートの居住者に火事を知らせ、消火の助力を求めるなどの措置を執っていない以上、結果発生を防止したと同視し得る行為と認めるに足りないとして中止犯の成立を否定した原判断は是認することができ、原判決に所論の事実誤認があるとは考えられない。

中止行為の真摯性を要求すると、中止行為が認められるために、倫理的・道

徳的な行動を求めることになるという批判がなされている。しかし、これらは結果防止のために他人に協力を求めている事案であり、その他人ができるだけ容易に結果発生を防止することができるように協力するのは当然であると考えられる。大阪高裁が指摘するように、医者が治療するためには、どのような刃物でどのように突き刺したのかということは、非常に重要な情報なのであり、これを結果発生を防止する協力者に提供することによって初めて行為者本人が中止したと言うことができると考えられる。火災の場合も、火災の原因が何かということを知らせないと、例えば消火のために水を使用してよいかどうかということもわからない。そして、これらの情報を提供した者が誰なのかということも重要であろう。行為者本人が自ら情報を提供したのであれば、行為者しか知りえない情報が提供されたものとして、提供された情報の信憑性が高まると考えられる。中止犯は自首制度に関する規定ではないとして、誰が実行行為を行ったのかということまで話す必要はないとする批判もあるが、情報の信憑性又は説得力は実行行為を行った本人であるかどうかにより変わる場合もあると考えられるので、そうした情報も含めて真摯な努力を行ったかどうかを判断するべきであろう（もちろん、情報提供者が誰かということが重要性を持たない場合も考えられ、そのような場合には自ら犯人であると名乗り出なくても真摯性が認められることになる）。

(5) 中止犯と共犯

　共犯者の1人に中止犯が認められた時に、その効果が他の共犯者にまで及ぶのかということが問題になる。共犯の従属性について判例が採用しているとされている制限従属性説によれば、違法は連帯し、責任は個別化するので、中止犯の法的性格の問題に関連すると考えられる。中止犯の法的性格の問題とは、障害未遂が任意的減軽であるのに対し、中止未遂は必要的減免であり、法的効果の点で中止未遂が有利に扱われるのはなぜなのかという問題である。この点、学説上は政策説と法律説が主張されている。前者の政策説は、中止犯の規定は、犯罪を中止した者に対して必要的減免という恩恵を与えることによって犯罪の完成を阻止することを目的に設けられているとする考え方である。政策説によれば、中止犯の規定は「後戻りのための黄金の架け橋」である。それに対して、法律説は、犯罪成立要件のうちのいずれかが減少するために必要的減免になる

とする見解である。違法性が減少するという違法減少説と責任が減少するという責任減少説が主張されている。制限従属性説を前提に、これらの説のうち違法減少説に従うと、中止犯による違法減少の効果は共犯にまで及ぶと考えられ、共犯も中止犯の効果を受けられることになると考えられる。但し、中止犯の場合には「自己の意思により中止した」ことが必要とされるため、自己の意思により中止したとは言えない共犯にまで中止犯の効果が及ぶとするのは、明らかに43条但書に反する。そこで、中止犯の法的性格について違法減少説以外の説を採用するか、あるいは共犯の従属性について制限従属性説ではなく、最小限従属性説又は可罰的不法従属性説を採用するということが考えられる。また、違法減少説に従いつつ、中止行為により行為無価値が減少するとともに結果不発生という結果無価値の減少がある場合に違法減少が認められるとし、中止行為と結果の不発生との間に因果関係を要求する見解に立てば、共犯は中止行為を行っておらず、共犯の行為と結果の不発生との間に因果関係がないため、共犯に中止犯の効果が及ばないとすることができる。さらに、違法性は原則として連帯するが、正当防衛における防衛の意思などのような主観的違法要素は連帯しないとし、中止犯においても「自己の意思により」という主観的要件は連帯しないと考えれば、違法減少説に従っても、中止犯の効果が共犯にまで及ぶことはなくなる。

Ⅱ. 応用編

1. 放火の実行の着手について

　甲及び乙は、甲宅及び乙宅に掛けられている保険金の払い戻しを受けるために、各自の自宅である甲宅及び乙宅に放火することを共謀し、X発火装置を甲宅に、Y発火装置を乙物置に設置し、発火装置はそれぞれ設置から2時間後に発火しているため、放火の実行の着手が認められる。甲宅及び乙宅のうちのいずれも住宅街にある2階建て木造一軒家であることから、その一部に火が点けば速やかに火が住宅全体に回りうるものであること、甲宅には甲1人しか住んでおらず、乙宅は同居していたAが旅行に行っていて誰もいなかったため、甲と乙がX発火装置及びY発火装置を設置すれば、それらが作動して発

火するまでに特段の障害となる事情は見受けられないこと、設置から発火まで2時間しかなかったことから時間的場所的近接性が認められること及び甲と乙はそれらの事情を認識し、2時間後に発火するように設定して発火装置を設置していることなどの事情を考慮すれば、発火装置を設置した時点で放火に至る客観的な危険が認められるため、実行の着手があったと考えることができるであろう。以下では、甲宅と乙宅に分けて検討していく。

2. 甲宅への放火について

甲宅の所有者は甲であるため、109条2項の自己所有物件であるが、甲及び乙は甲宅にかけられている保険金を詐取する目的で甲宅に放火することを考えたので、115条により、甲宅は他人所有の物件と見なされる。そこで、甲宅の放火については、甲及び乙の主観では他人所有の非現住建造物放火罪を行ったことになるのに対し、客観的には、X発火装置が発火した時には甲宅にBがいたことから、甲宅は現に人がいる建造物になるため、現在建造物放火罪の事実を行ったことになる。したがって、甲及び乙は軽い他人所有の非現住建造物放火罪の事実の認識で、重い現在建造物放火罪の事実を行ったという抽象的事実の錯誤が問題になる。

38条2項によれば、甲と乙は、重い現在建造物放火罪に当たる事実を知らなかったので、重い現在建造物放火罪で処断することはできない。しかし、甲と乙に軽い非現住建造物放火罪が成立するのか、それとも非現住建造物放火罪も成立せず、せいぜい失火罪しか成立しないのかということは、38条2項からは明らかではない。そこで、この問題を解釈により解決することになる。

行為者が認識していた犯罪事実と客観的に発生した犯罪事実が法定の範囲で一致していれば、故意を認めることができるとする法定的符合説によれば、抽象的事実の錯誤の場合には行為者が認識した犯罪事実と客観的に発生した犯罪事実が法定の範囲で一致していないため、原則として発生した結果についての故意責任を認めることができない。但し、行為者が認識した犯罪事実についての構成要件と客観的に発生した犯罪事実についての構成要件が同質的で重なり合う場合には、行為者は重なり合う限度で規範の問題に直面していると考えられるため、その範囲で故意犯を認めることができる。この重なり合いの判断基

準を法益の同一性及び行為態様の同一性に求める構成要件的符合説によれば、以下のとおりになる。甲及び乙が認識していた非現住建造物放火罪の法益は公共の安全であり、客観的に発生した現在建造物放火罪の法益も公共の安全であることから、法益は同一であると言える。また建造物が非現住なのかそれとも現在なのかということに違いがあるだけで、建造物に放火するという点では行為態様も同一であると言える。したがって、非現住建造物放火罪と現在建造物放火罪は、軽い非現住建造物放火罪の限度で重なり合っていると言えるため、甲及び乙に軽い非現住建造物放火罪が成立する。

3. 乙宅について

　甲及び乙がY発火装置を設置したのは乙物置であった。この物置は、問題文からはその形状などがはっきりしないが、屋蓋を有し障壁又は柱材により支持されて土地に定著し、その内部に人が出入りできるものであると考えられ、そうであれば建造物と言える。また、乙物置は、乙及びAが起臥寝食に使用していたものではなく、かつ、放火当時誰もいなかったので、非現住建造物であると言える。したがって、甲と乙がY発火装置を設置した乙物置は非現住建造物であると言える。しかし、乙物置と乙宅は3メートルの渡り廊下で乙宅とつながっている。そして、乙宅には、乙の他、乙の内妻Aが居住していたため、所有者である乙の承諾があったとしても、Aの承諾がないため、乙宅の現住性は否定されない。したがって、乙物置と乙宅全体を1個の建造物と考え、全体で1個の現住建造物と考えることができないかということが問題になる。ただ、甲と乙はAが旅行に行ったことを確認してから、Y発火装置を設置していることから、実質的に見れば乙宅は非現住建造物と言えるのではないかとも考えられる。この点、乙宅は乙及びAの起居の場所として日常使用されていたものであり、Aの旅行中においても、その使用形態に変更はなかったことから、現住建造物に当たる。そこで、乙物置と乙宅の一体性を検討することになる。乙物置と乙宅は、3メートルの木造の渡り廊下でつながっており、またいずれの建造物も木造であることにかんがみれば、それらのうちの一部に放火されることにより両建造物の全体に危険が及ぶと考えられる一体の構造であり、また、両建造物全体が一体として日夜人の起居に利用されていたものと

認められる。したがって、乙物置と乙宅は、機能的にも物理的にも一体のものと言えるため、全体で1個の建造物であると考えられ、Y発火装置を設置した時点で甲及び乙は現住建造物放火罪の実行を行ったことになる。

その後、Y発火装置が発火したが、乙物置内で燃えたものは、Y発火装置のほか、段ボール箱の一部と箱内の洋服の一部のみで、乙物置には、床、壁、天井などを含め火は燃え移らず、焦げた箇所もなく、渡り廊下及び乙宅にも、火は燃え移らず、焦げた箇所もなかったことから、建造物の一部が独立して燃焼するに至っていないため、甲及び乙の責任は現住建造物放火罪の未遂になる。

4. 放火の中止について

乙宅及び乙物置への現住建造物放火罪が未遂になったのは、乙宅の付近でうろついて様子をうかがっていた乙が、Y発火装置の発火時間となって、「このままだと自分の家が燃えてしまうが、やはりAには迷惑を掛けたくない。それに、その火が隣の家に燃え移ったら危ないし、近所にも迷惑を掛けたくない。こんなことはやめよう。」と考え、乙物置内に入って、Y発火装置が置いてあった段ボール箱に燃え移っていた火を、乙物置内にある消火器を使って消火活動をし、その火を消し止めたことによるものである。そこで、乙に乙宅及び乙物置についての現住建造物放火罪の中止犯が成立しないかということが問題になる。

前述のとおり、現住建造物放火罪は未遂の段階であると言える。任意性については、乙が、乙宅の付近でうろついて様子をうかがい、特に外部から影響されずに自発的に「このままだと自分の家が燃えてしまうが、やはりAには迷惑を掛けたくない。それに、その火が隣の家に燃え移ったら危ないし、近所にも迷惑を掛けたくない。こんなことはやめよう。」と考えるに至ったと評価することができるであろう。また、そのままY発火装置が発火するままに放置しようと思えば放置できたのに、放置せずに消火活動を行ったと評価することができる。したがって、主観説によれば任意性を肯定することができる。また、「Aには迷惑を掛けたくない。それに、その火が隣の家に燃え移ったら危ないし、近所にも迷惑を掛けたくない。」と考えている点で、広義の後悔が認められるため、限定主観説によっても任意性を肯定することができる。さらに、一

般の経験上、自宅への放火により、自宅が燃えるという外部的な事情が、乙の意思に消火せざるをえないという強制的な影響を与えるような事情とは言えないと考えられるので、客観説によっても、任意性を肯定することができるであろう。最後に、乙が自宅が燃えるという外部的事情を認識したにせよ、放置しようと思えば放置できたと考えられるので、折衷説によっても任意性を肯定することができるであろう。以上、任意性に関する各説のうち、いずれによっても任意性を肯定することができると考えられる。

さらに、乙が乙物置に入った時にはY発火装置が発火し、それが置かれていた段ボール箱が燃え始めていたが、乙はそれを漫然と放置することなく、積極的に自ら消火器で消火活動を行い、その結果、建造物が独立に燃焼する前に消火することができたことから、真摯に中止したと言える。

したがって、乙は現住建造物放火を「自己の意思により中止した」と言えるため、乙には現住建造物放火罪の中止犯が成立する。

他方で、甲は、Y発火装置の発火に関する消火活動に全く関与していないため、自己の意思により中止したとは言えない。少なくとも、自己の意思によりという主観的要件は、個別的に考えるべきであるので、甲には現住建造物放火罪の中止犯は成立しないことになる。

以上より、甲には非現住建造物放火罪及び現住建造物放火罪の未遂が成立し、両罪は併合罪になる。また、乙には非現住建造物放火罪と現住建造物放火罪の中止犯が成立することになる。中止犯であっても、現住建造物放火罪の未遂は成立するので、非現住建造物放火罪とは併合罪になる。

なお、保険金の請求は行われていないため、甲及び乙に詐欺罪は成立しない。

5. 出題趣旨について

（1）出題趣旨

法務省から公表された平成28年度予備試験の出題趣旨は以下のとおりである（http://www.moj.go.jp/content/001209315.pdf）。

本問は、数年来の遊び仲間である甲と乙が共謀して、各々の自宅建物に掛けてある火災保険金をだまし取ろうと考え、甲が1人で暮らす甲宅内と、

乙が内妻Ａと２人で暮らす乙宅（Ａは旅行のため留守）と木造の渡り廊下で繋がっている物置内にそれぞれ発火装置を設置したところ、甲宅内に設置した発火装置から出た火はその床板を燃やしたところで消え（なお、同発火装置の設置及び発火の際、甲宅には甲の知人Ｂがいたが、甲及び乙はＢの存在に全く気付かなかった）、乙宅の物置内に設置した発火装置から出た火は、本件を後悔して物置に戻ってきた乙によって消し止められ、発火装置下の段ボール箱及び同箱内の衣服の一部を燃やしたにとどまったことから、甲と乙は火災保険金の請求を諦めたという事例を素材として、事実を的確に分析する能力を問うとともに、放火罪、抽象的事実の錯誤、中止犯の成否及びこれが成立する場合に共犯へ及ぼす影響等に関する基本的理解と事例への当てはめが論理的一貫性を保って行われているかを問うものである。

（2）コメント

出題趣旨にあるように、本問は、放火罪、抽象的事実の錯誤、中止犯の成否及び中止犯の効果の共犯への影響が主に問われているものである。いずれも刑法学では基本的な問題点であり、また内容的にも、それらの問題点の基本的な知識及び判例や通説を理解することができていれば、十分に解答することができるものである。

もっとも、中止犯の効果の共犯への影響については、中止犯の法的性格及び共犯の従属性の理解など、応用力も要求されるため、その意味では難しい問題点も含まれている。

6. 参考答案例

第1　甲宅への放火について

1　甲と乙は、現にＢがいる甲宅に、Ｘ発火装置を設置し、これが作動した結果、床板約10センチメートル四方を燃やした。床板は甲宅の一部であり、これが独立に燃焼したので、甲宅を焼損したと言える。

2　甲は甲宅の所有者であり、乙にとっては甲の承諾があるため自己所有物件になるが（109条2項）、甲宅には保険が掛けられているので、甲宅は他人所有の物件とみなされる（115条）。甲と乙は他人所有の非現住建造物放火罪

を意図していたのに対し、客観的には、甲宅には現にBがいたため、現在建造物放火罪の事実を実現した（抽象的事実の錯誤）。38条2項によれば、甲と乙は、重い現在建造物放火罪に当たる事実を行ったのに、そのことを知らなかったので、重い現在建造物放火罪で処断することはできない。しかし、38条2項からはそれ以上のことが明らかではないので、甲と乙に成立する犯罪を解釈により検討することになる。

3 故意責任の本質は、ある犯罪事実を行為者が認識し、その犯罪事実に関する規範の問題に直面したにもかかわらず、あえてそのような行為を行為者が行ったことについての反規範的な態度にあるので、行為者が認識した犯罪事実と客観的に発生した犯罪事実が法定の範囲で一致していれば、故意責任を認めることができる。しかし、抽象的事実の錯誤の場合には行為者が認識した犯罪事実と客観的に発生した犯罪事実が法定の範囲で一致していないため、原則として発生した結果についての故意責任を認めることができない。但し、行為者が認識した犯罪事実の構成要件と客観的に発生した犯罪事実の構成要件が同質的で重なり合う場合には、行為者は重なり合う限度で規範の問題に直面していると考えられるため、その範囲で故意犯を認めることができる。この重なり合いは、法益の同一性及び行為態様の同一性により判断される。非現住建造物放火罪の法益も現在建造物放火罪の法益も公共の安全であることから、両罪の法益は同一である。また建造物が非現住なのかそれとも現在なのかということに違いがあるだけで、建造物に放火するという点では行為態様も同一である。したがって、非現住建造物放火罪と現在建造物放火罪は、軽い非現住建造物放火罪の限度で重なり合っているので、甲と乙には軽い非現住建造物放火罪が成立する。

第2 乙宅への放火について

1 甲と乙がY発火装置を設置した乙物置は、乙とAが起臥寝食に使用していたものではなく、かつ、放火当時誰もいなかったので、非現住建造物である。しかし、乙物置は3メートルの渡り廊下で乙とAが起臥寝食に使用していた乙宅とつながっている。乙宅の放火について乙の承諾はあったが、Aの承諾はなかった。そこで、現住建造物たる乙宅と乙物置全体を1個の建造物と考え、全体で1個の現住建造物と考えることができないかということが問題になる。ただ、甲と乙がY発火装置を設置した時にはAが旅行に行っていたので、実質的に見れば乙宅は非現住建造物なのではないかとも考えられる

が、乙宅はAの旅行中も、その使用形態に変更はなかったので、現住建造物に当たる。

2　乙物置と乙宅は、3メートルの木造の渡り廊下でつながっており、またいずれの建造物も木造であることにかんがみれば、それらのうちの一部に放火されることにより両建造物の全体に危険が及ぶと考えられる一体の構造であり、また、両建造物全体が一体として日夜Aの起居に利用されていたものと考えられる。したがって、乙物置と乙宅は機能的にも、物理的にも一体のものと言えるため、全体で1個の建造物であると考えられる。

その後、Y発火装置が発火したが、乙物置内で燃えたものは、Y発火装置のほか、段ボール箱の一部と箱内の洋服の一部のみで、乙物置の一部が独立して燃焼するに至っていないため、甲と乙の責任は現住建造物放火罪の未遂になる。

3　甲と乙による現住建造物放火罪が未遂になったのは、乙が消火したためである。そこで、乙に現住建造物放火罪の中止犯が成立しないか。

4　中止犯は犯罪の実行に着手し、これを遂げなかった場合で、自己の意思により、犯罪を中止した場合に成立する（43条）。

乙宅は住宅街にある2階建て木造一軒家なので、その一部に火が点けば速やかに火が住宅全体に回りうるものであること、乙宅にはAが同居していたが、当時Aは旅行に行っていて誰もいなかったため、甲と乙がX発火装置を設置すれば、それが作動して発火するまでに特段の障害となる事情は見受けられないこと、設置から発火まで2時間しかなかったので時間的場所的近接性が認められること及び甲と乙はそれらの事情を認識し、2時間後に発火するように設定して発火装置を設置していることなどの事情から、Y発火装置を設置した時点で放火に至る客観的な危険が認められるため、実行の着手はあった。また、前述のとおり、放火は未遂である。

5　中止犯の必要的減免の根拠は、一度生じた犯罪意思すなわち故意を後に自己の意思により放棄することにより、主観的違法要素たる故意がなくなり、違法性が減少する点にあるので、「自己の意思により」とは、外部的障害の表象の影響を受けずに中止の意思が生じた場合すなわち「やろうと思えばできた、やらなかった場合」に認められる。乙は、Y発火装置が発火するままに放置しようと思えば放置できたのに、放置せずに消火活動を行い、消火したので、自己の意思によるものと認められる。

さらに、乙が乙物置に入った時には Y 発火装置が発火し、それが置かれていた段ボール箱が燃え始めていたが、乙はそれを漫然と放置することなく、積極的に自ら消火器で消火活動を行い、乙物置が独立に燃焼する前に消し止めている。したがって真摯に中止したと言える。

　以上より、乙には現住建造物放火罪の中止犯が成立する。

6　他方で、現住建造物放火罪が未遂に終わったのは乙による消火によるものであって、甲は特に消火の意思などを有していなかった。自己の意思によりという要件は主観的なものであり、個別的に考えるべきなので、甲には現住建造物放火罪の中止犯は成立しない。

第3　罪　数

　以上より、甲には非現住建造物放火罪及び現住建造物放火罪の未遂が成立し、両罪は併合罪になる。

　乙には非現住建造物放火罪と現住建造物放火罪の未遂が成立し、両者は併合罪になる。なお、現住建造物放火罪の未遂は中止犯になる。

　保険金の請求が行われていないため、甲及び乙に詐欺罪は成立しない。

以上

Ⅲ. 展開編

　本問では、X 及び Y という発火装置を使用して放火を行ったことから、作為による放火の事案であるが、不作為の形態での放火も考えられる。不作為による放火については、周知のように 3 つの重要な判例がある。すなわち、大判大正 7 年 12 月 18 日刑録 24 輯 1558 頁、大判昭和 13 年 3 月 11 日刑集 17 号 237 頁及び最判昭和 33 年 9 月 9 日刑集 12 巻 13 号 2882 頁の 3 つが、これである。最初の大判大正 7 年 12 月 18 日の事案は、被告人は、養父との間に不和を生じ、ついに喧嘩に発展し、押切包丁で養父の頸部などに斬りつけ、これを殺害したが、たまたま養父が投げつけた燃木尻の火が住宅内の庭に積んであった藁に飛散しその場所で燃上っているのを認め、住宅とともに死体及び証拠物件を焼損し、罪跡を隠滅しようと思い、当時容易に消止めることができたにもかかわらず、これを放置し、よって被告人以外に人が現在しない住宅を焼損しかつ隣家の物置一棟を類焼するに至

らしめたというものである。

○大判大正 7 年 12 月 18 日刑録 24 輯 1558 頁

> ……自己ノ故意行為ニ帰スヘカラサル原因ニ由リ既ニ叙上物件ニ発火シ
> タル場合ニ於テ之ヲ消止ムヘキ法律上ノ義務ヲ有シ且容易ニ之ヲ消止メ得
> ル地位ニ在ル者カ其既発ノ火力ヲ利用スル意思ヲ以テ鎮火ニ必要ナル手段
> ヲ執ラサルトキハ此不作為モ亦法律ニ所謂火ヲ放ツノ行為ニ該当スルモノ
> ト解スルヲ至当ナリトス

　次に、大判昭和 13 年 3 月 11 日の事案は、家の神棚に多数の神符が存在し、
その前に灯した燭台の蠟受けが不完全でこれに点火して立てた蠟燭が神符の方
に傾いているのを認識しながら危険の防止措置をせず、その状態を利用して火
災保険金を得ようと考えて外出したため、その灯火から神符に点火し、さらに
家屋に延焼するに至らしめたというものである。

○大判昭和 13 年 3 月 11 日刑集 17 号 237 頁

> ……自己ノ故意ニ帰スヘカラサル原因ニ依リ火力自己ノ家屋燃焼スルコ
> トアル場合其ノ危険ノ発生ヲ防止スルコト可能ナルニ拘ラス其ノ危険ヲ利
> 用スル意思ヲ以テ消火ニ必要ナル措置ヲ執ラス因テ家屋ニ延焼セシメタル
> モ亦法律ニ所謂火ヲ放ツノ行為ヲ為シタルモノニ該当スルモノトス

　これら 2 つの大審院判決のうち、大判大正 7 年 12 月 18 日は、不作為によ
る放火が成立するための要件として、自己の故意行為に帰すべからざる原因に
よりすでに発火していること、これを消し止めるべき法律上の義務を有するこ
と、容易に消し止めうる地位にあること及び既発の火力を利用する意思の 4 つ
を示している。また、大判昭和 13 年 3 月 11 日は、不作為による放火が成立
するための要件として、自己の故意に帰すべからざる原因により火が自己の家
屋を燃焼することがあること、その危険の発生を防止することが可能であるこ
と及びその危険を利用する意思の 3 つを示している。両判決には消火すべき法
律上の義務を示しているかどうかという点で違いがあるが、大判昭和 13 年 3
月 11 日も、前記引用部分のあとに、義務違反についても触れているので、両

判決の内容は実質的には同じであると考えられる。

　それに対して、最後の最判昭和 33 年 9 月 9 日は、既発の火力又は物件を焼損する危険を利用する意思が認められない場合でも、不作為による放火を認めた。その事案は、被告人が事務所の自席の木机 1 個の下に、机と原符をつめたボール箱 3 個に近い位置に、大量の炭火がよく起こっている木製火鉢を置き、引火防止処置を採らないまま他に誰も居ない事務所を離れて別室で休憩仮睡した結果、炭火の過熱によりボール箱入原符に引火しさらに木机に延焼発燃し、仮睡から醒め、事務室に戻った被告人はそれを発見したが、その際被告人が自ら消火に当たりあるいは宿直員 3 名を呼び起こしその協力を得れば、火勢、消火設備の関係から容易に消火できたのに、そのまま放置すれば火勢は拡大して営業所建物に延焼し、これを焼損するに至ることを認識しながら、自己の失策の発覚のおそれなどのため、あるいは建物が焼損することを認容しつつそのまま営業所玄関より表に出て立ち去った結果、火が燃え拡がって宿直員らの現在する営業所建物一棟などを焼損したというものである。

○最判昭和 33 年 9 月 9 日刑集 12 巻 13 号 2882 頁

> 　……被告人は自己の過失により右原符、木机等の物件が焼燬（焼損（筆者））されつつあるのを現場において目撃しながら、その既発の火力により右建物が焼燬せられるべきことを認容する意思をもってあえて被告人の義務である必要かつ容易な消火措置をとらない不作為により建物についての放火行為をなし、よってこれを焼燬したものであるということができる。

　この最判昭和 33 年 9 月 9 日は「自己の失策の発覚のおそれなどのため」ということを指摘しているので、大審院判決のような既発の火力又は焼損の危険を利用する意思を認定することができるとも考えられる。しかし、最終的には、既発の火力により建物が焼損せられるべきことを認識認容する意思を前提に判断がなされていることから、最高裁は、この判決において、既発の火力又は焼損の危険を利用する意思がなかった場合でも、不作為による放火が認められる場合があることを示したと考えるべきであろう。したがって、この判決によれば、すでに生じている火災を消火するべき法律上の義務を有する者が、消火が容易であるにもかかわらず、焼損することを認識認容して消火に必要な措置を

取らなかった場合に、不作為による放火が認められることになる。

　前述の2つの大審院判決は既発の火力又は焼損の危険を利用する意思を認定しているが、不作為による放火の成立にそれらが必要であるとまでは示していないので、これらの判決が示したのは、既発の火力又は焼損の危険を利用する意思を認定することができる事案について不作為による放火を認めるということである。したがって、大審院は、それらを認定することができない場合については判断していない。証拠上そのような利用意思までは認定することができず、焼損の認識認容しか認定することができない場合を判断し、不作為による放火を認めたのが最判昭和33年9月9日であると考えられる。

　他方で、大判大正7年12月18日及び大判昭和13年3月11日では、火災の原因について「自己の故意に帰すべからざる原因」とされているのに対し、最判昭和33年9月9日では、火災の原因について「自己の過失による」とされていることから、裁判所は、火災の原因について行為者に過失もなかった場合には利用意思を必要とし、火災の原因について行為者に過失があった場合には焼損の認識認容で足りるとしたという見解も示されている。また、逆に、行為者に利用意思が認められる場合には、火災の原因について行為者の過失を不要とし、行為者に認識認容しか認められない場合には、火災の原因について行為者の過失を必要としているとも考えられる。確かに、そのような理解も可能であるが、大判大正7年12月18日、大判昭和13年3月11日及び最判昭和33年9月9日が、火災の発生について被告人に過失がなく、しかも既発の火力により物件が焼損することの認識認容しか認められない場合についての判断を示していないので、判例がそのような理解に立っていると明言することは、現段階では難しい。

　なお、最判昭和33年9月9日が行為者に既発の火力により焼損することの認識認容があったことを認定していることから、これにより、最高裁は認容説を採用したという見解が示されている。確かに、認識説によれば不要な認容について最高裁が認定しているため、認容説を採用したと考えることもできる。しかし、認識説も行為者に認容が認められる場合に故意を認めるので、最判昭和33年9月9日をもって判例が認容説を採用したとするのは早計であろう。判例が認容説を採用したとすることができるのは、認容が認められない場合に故意を否定したときである。

また、すでに発生している火を消火するべき法律上の義務の発生根拠についてであるが、大判大正7年12月18日及び大判昭和13年3月11日は、家屋の所有者又は占有者であることによっていると考えられるのに対して、最判昭和33年9月9日は、自己の過失行為により物件を燃焼させた者及び残業職員であることによっているとも指摘されている。ただ、最判昭和33年9月9日の事案では、被告人の過失行為を認定することができたため、先行行為による作為義務の方が前面に出て、残業職員として事務所を管理するべき義務が後退しただけであり、残業職員としての管理義務それ自体だけでも、作為義務を基礎づけることができると考えるべきであろう。消火の作為義務は、火災の発生についての過失の有無や建造物の管理者としての地位などを考慮して総合的に判断するべきことになる。

殺人罪の未遂及び既遂、業務上過失致死罪、虚偽診断書作成罪及び同行使罪、犯人隠避罪並びに証拠偽造罪の成否

◀ 問題 ▶

　　以下の事例に基づき，甲及び乙の罪責について論じなさい（特別法違反の点を除く。）。

1　甲（40 歳，男性）は，公務員ではない医師であり，A 私立大学附属病院（以下「A 病院」という。）の内科部長を務めていたところ，V（35 歳，女性）と交際していた。V の心臓には特異な疾患があり，そのことについて，甲と V は知っていたが，通常の診察では判明し得ないものであった。

2　甲は，V の浪費癖に嫌気がさし，某年 8 月上旬頃から，V に別れ話を持ち掛けていたが，V から頑なに拒否されたため，V を殺害するしかないと考えた。甲は，V がワイン好きで，気に入ったワインであれば，2 時間から 3 時間でワイン 1 本（750 ミリリットルの瓶入り）を 1 人で飲み切ることを知っていたことから，劇薬を混入したワインを V に飲ませて V を殺害しようと考えた。

　　甲は，同月 22 日，V が飲みたがっていた高級ワイン 1 本（750 ミリリットルの瓶入り）を購入し，同月 23 日，甲の自宅において，同ワインの入った瓶に劇薬 X を注入し，同瓶を梱包した上，自宅近くのコンビニエンスストアから V が 1 人で住む V 宅宛てに宅配便で送った。劇薬 X の致死量（以下「致死量」とは，それ以上の量を体内に摂取すると，人の生命に危険を及ぼす量をいう。）は 10 ミリリットルであるが，甲は，劇薬 X の致死量を 4 ミリリットルと勘違いしていたところ，V を確実に殺害するため，8 ミリリットルの劇薬 X を用意して同瓶に注入した。そのため，甲が V 宅宛てに送ったワインに含まれていた劇薬 X の量は致死量に達していなかったが，心臓に特異な疾患がある V が，その全量を数時間以内で摂取した場合，死亡する危険があった。なお，劇薬 X は，体内に摂取してから半日後に効果が現れ，ワインに混入してもワインの味や臭いに変化を生じさせないものであった。

同月 25 日，宅配業者が同瓶を持って V 宅前まで行ったが，V 宅が留守で
あったため，V 宅の郵便受けに不在連絡票を残して同瓶を持ち帰ったところ，
V は，同連絡票に気付かず，同瓶を受け取ることはなかった。

3　同月 26 日午後 1 時，V が熱中症の症状を訴えて A 病院を訪れた。公務員
ではない医師であり，A 病院の内科に勤務する乙（30 歳，男性）は，V を診
察し，熱中症と診断した。乙から V の治療方針について相談を受けた甲は，
V が生きていることを知り，V に劇薬 Y を注射して V を殺害しようと考え
た。甲は，劇薬 Y の致死量が 6 ミリリットルであること，V の心臓には特
異な疾患があるため，V に致死量の半分に相当する 3 ミリリットルの劇薬
Y を注射すれば，V が死亡する危険があることを知っていたが，V を確実
に殺害するため，6 ミリリットルの劇薬 Y を V に注射しようと考えた。そ
して，甲は，乙の A 病院への就職を世話したことがあり，乙が甲に恩義を
感じていることを知っていたことから，乙であれば，甲の指示に忠実に従う
と思い，乙に対し，劇薬 Y を熱中症の治療に効果のある B 薬と偽って渡し，
V に注射させようと考えた。

甲は，同日午後 1 時 30 分，乙に対し，「V に B 薬を 6 ミリリットル注射
してください。私はこれから出掛けるので，後は任せます。」と指示し，6
ミリリットルの劇薬 Y を入れた容器を渡した。乙は，甲に「分かりまし
た。」と答えた。乙は，甲が出掛けた後，甲から渡された容器を見て，同容
器に薬剤名の記載がないことに気付いたが，甲の指示に従い，同容器の中身
を確認せずに V に注射することにした。

乙は，同日午後 1 時 40 分，A 病院において，甲から渡された容器内の劇
薬 Y を V の左腕に注射したが，V が痛がったため，3 ミリリットルを注射
したところで注射をやめた。乙が V に注射した劇薬 Y の量は，それだけで
は致死量に達していなかったが，V は，心臓に特異な疾患があったため，
劇薬 Y の影響により心臓発作を起こし，同日午後 1 時 45 分，急性心不全に
より死亡した。乙は，V の心臓に特異な疾患があることを知らず，内科部
長である甲の指示に従って熱中症の治療に効果のある B 薬と信じて注射し
たものの，甲から渡された容器に薬剤名の記載がないことに気付いたにもか
かわらず，その中身を確認しないまま V に劇薬 Y を注射した点において，
V の死の結果について刑事上の過失があった。

4　乙は，A 病院において，V の死亡を確認し，その後の検査の結果，V に劇

薬Yを注射したことが原因でVが心臓発作を起こして急性心不全により死亡したことが分かったことから，Vの死亡について，Vに対する劇薬Yの注射を乙に指示した甲にまで刑事責任の追及がなされると考えた。乙は，A病院への就職の際，甲の世話になっていたことから，Vに注射した自分はともかく，甲には刑事責任が及ばないようにしたいと思い，専ら甲のために，Vの親族らがVの死亡届に添付してC市役所に提出する必要があるVの死亡診断書に虚偽の死因を記載しようと考えた。

　乙は，同月27日午後1時，A病院において，死亡診断書用紙に，Vが熱中症に基づく多臓器不全により死亡した旨の虚偽の死因を記載し，乙の署名押印をしてVの死亡診断書を作成し，同日，同死亡診断書をVの母親Dに渡した。Dは，同月28日，同死亡診断書記載の死因が虚偽であることを知らずに，同死亡診断書をVの死亡届に添付してC市役所に提出した。

Ⅰ. 基礎編

> **▶基礎的事項のチェック**
> 1. 離隔犯・間接正犯の実行の着手
> 2. 虚偽診断書作成罪
>   - ・医師
>   - ・公務所に提出すべき
>   - ・診断書・検案書・死亡証書
>   - ・虚偽の記載
> 3. 犯人蔵匿隠避罪
>   - ・罰金以上の刑に当たる罪を犯した者
>   - ・蔵匿
>   - ・隠避

1. 問題の捉え方

　甲は、Vを殺害する目的で、劇薬Xを混入したワインをVに郵送した。しかし、劇薬Xの致死量は実際は10ミリリットルのところ、甲は、これを4ミリリットルと勘違いしていて、Vを確実に殺害するために、8ミリリットルの

劇薬 X を用意してワインの瓶に注入していた。したがって、劇薬 X が致死量に達していないため、死の危険性が全く認められず、殺人に至る客観的危険性が認められないのではないかということが問題になる。すなわち、およそ殺人に至る危険性が認められないため、犯罪にはならない場合を不能犯又は不能未遂と呼ぶが、劇薬 X の注入が、殺人の不能犯になるのか、それとも未遂犯になるのかということが問題になるのである。次に、甲は劇薬 X 入りのワインの瓶を V 宅宛てに送ったところ、宅配業者が同瓶を持って V 宅前まで行ったが、V 宅が留守であったため、V 宅の郵便受けに不在連絡票を残して同瓶を持ち帰ったものの、V は、同連絡票に気付かず、同瓶を受け取ることはなかった。この場合に、殺人の実行の着手が認められ、甲には殺人未遂が認められるのか、それともまだ予備の段階であるとして、殺人予備罪しか認めらないのかということが問題になる。毒入りワインを郵送する場合のように、行為から結果発生までの間に一定の時間的場所的な離隔がある場合を離隔犯と呼ぶ。したがって、本問では離隔犯の場合にいつ実行の着手が認められるのかということが問題になる。

　V が熱中症の症状を訴えて A 病院を訪れ、乙が V を診察し、熱中症と診断した上で、乙が V の治療方針について甲に相談したため、甲は、V が生きていることを知るところとなった。そこで、甲は V に劇薬 Y を注射して V を殺害するため、致死量が 6 ミリリットルである劇薬 Y が入った容器を、B 薬が入っていると偽り渡した。乙は、甲が出掛けた後、甲から渡された容器を見て、同容器に薬剤名の記載がないことに気付いたが、甲の指示に従い、同容器の中身を確認せずに V に注射した。V が痛がったため、乙は 3 ミリリットルを注射したところで注射をやめたが、V には心臓に特異な疾患があったため、V は劇薬 Y の影響により心臓発作を起こし、急性心不全により死亡した。この場合、医師として熱中症の治療の際のことであるので、乙に業務上過失致死罪が成立しないかということが問題になる。その際、V の心臓には、通常の診断では判明しえない特異な疾患があったことから、V の死の原因はこの心臓疾患によるものではないか、すなわち、乙の過失行為と V の死の間に因果関係が認められないのではないかということが問題になる。また、乙の行為を利用した甲にはどのような責任が認められるのかということが問題になる。

　その後、乙は、A 病院において、V の死亡を確認し、その後の検査の結果、

Vに劇薬Yを注射したことが原因でVが心臓発作を起こして急性心不全により死亡したことが分かった。そこで、乙は、Vの死亡について、Vに対する劇薬Yの注射を乙に指示した甲が刑事責任を追及されるのを防ぐため、Vの親族らがVの死亡届に添付してC市役所に提出する必要があるVの死亡診断書の用紙に、Vが熱中症に基づく多臓器不全により死亡した旨の虚偽の死因を記載し、乙の署名押印をしてVの死亡診断書を作成し、同日、同死亡診断書をVの母親Dに渡している。この点について、まず、乙に虚偽診断書作成罪が成立しないかということが問題になる。また、内容虚偽の診断書を作成した目的が、V死亡の真犯人である甲に刑事責任の追及を免れさせる点にあったことから、乙に犯人隠避罪が成立しないかということが問題になる。また、甲に有利な証拠を作り出したことから、証拠偽造罪も成立しないかということが問題になる（これらのうち、因果関係と証拠偽造罪については、平成23年度に出題されており、また不能犯については平成25年度に出題されているので、そちらの解説を参照）。以下では、離隔犯及び間接正犯の実行の着手、業務上過失致死罪、虚偽診断書作成罪及び犯人蔵匿隠避罪について見て行こう。

2. 離隔犯及び間接正犯の実行の着手に関する基礎的事項

（1）はじめに

　本問では特に離隔犯の実行の着手が問題になるが、離隔犯の実行の着手と間接正犯の実行の着手はいっしょに議論されているため、ここでもいっしょに見ていこう。

（2）離隔犯及び間接正犯の実行の着手

　離隔犯、例えば、殺意をもって毒入りのワインを郵送した場合の実行の着手については、発送時に実行の着手を認める発送時説と宛先に到達し、受領者が飲食しうる状態になった時とする到達時説及び発送時の時もあれば、到達時の時もあるとする個別化説が主張されている。また、間接正犯の実行の着手についても、利用者が被利用者を利用し始めた時点とする利用者標準説、被利用者が実行行為を開始した時点とする被利用者標準説及び結果発生の現実的危険性又は法益侵害の具体的危険性が発生したときに実行の着手を認めるため、利用

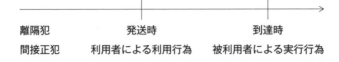

離隔犯　　　　　発送時　　　　　　　　到達時
間接正犯　　　利用者による利用行為　　被利用者による実行行為

者標準の場合もあれば、被利用者標準の場合もあるとする個別化説が主張されている。

間接正犯形態での離隔犯の実行の着手に関する判例は、以下のとおりである。まず、大判明治43年6月23日刑録16輯1276頁は、検事を懲戒処分に付する目的で、虚偽の内容を記載した嘆願書を検事総長などに宛てて郵送したという事案について、「誣告罪（虚偽告訴等罪）ハ刑事又ハ懲戒処分ヲ受ケシムル爲メ不實ノ事項ヲ申告スルニ因リテ成立スルモノナレハ單ニ其事項ヲ記載セル書面ヲ郵便ニ付スルモ未タ以テ犯罪行爲ニ着手セルモノト云フヲ得ス何トナレハ其書面ノ到達セサル限リハ申告ノ事實ナケレハナリ」としている。また、大判大正3年6月20日刑録20輯1289頁は、金員を詐取しようと、電信為替を偽造して、郵便局に提出したが、発電前に局員に見破られて遂げなかったという事案について、詐欺はまだ実行の着手に至っておらず、予備段階にあるとして詐欺罪の未遂を認めなかった。さらに、大判大正5年8月28日刑録22輯1332頁は、恐喝の目的で、他人を畏怖させる文書を郵送し、これが相手方に到達したという事案について、「受信人ヲシテ其内容ヲ認識シ得ヘキ状態ニ置キ之ニ依リ其文書ハ行使セラレタルモノナルヲ以テ恐喝罪ノ實行ニ着手シタルモノト云フヘク」とした。そして、大判大正7年11月16日刑録24輯1352頁は、殺害する目的で毒を入れた砂糖を郵送したという事案について、「他人カ食用ノ結果中毒死ニ至ルコトアルヘキヲ豫見シナカラ毒物ヲ其飲食シ得ヘキ状態ニ置キタル事實アルトキハ是レ毒殺行爲ニ著手シタルモノノ外ナラサルモノトス」とした。これらの大審院の4つの判例のうち、大判明治43年6月23日及び大判大正3年6月20日は郵送に付する前の段階で実行の着手を認めず、大判大正5年8月28日及び大判大正7年11月16日は郵送して相手方に届いた段階で実行の着手を認めていることから、離隔犯について到達時説に立っていると解されている。

戦後のリーディングケースとされている宇都宮地判昭和40年12月9日下刑集7巻12号2189頁は、殺人目的で農道の端に毒入りジュースを置いたと

いう事案であるが、これも到達時説に立っていると考えられている。

○宇都宮地判昭和 40 年 12 月 9 日下刑集 7 巻 12 号 2189 頁

> ……毒入りジュースの配置をもって尊属殺および普通殺人の各予備行為
> と解し……、ただ本件被害者らによって右ジュースが拾得飲用される直前
> に普通殺人について実行の着手があり……、殺害によって普通殺人罪が既
> 遂に達しこれと尊属殺人の予備罪とは観念的競合となると解する。

　他方で、大阪高判昭和 27 年 4 月 28 日高刑集 5 巻 5 号 714 頁は、運送会社
の社員らが同社の支店において輸送貨物として保管する物件について密かに荷
札を取換えて送先を変更し、ほしいままに作成した虚無人名義の送状を附し、
被告人らが荷主名義人となり、その物件を自由に処分しうる状態を作出した上、
情を知らない係員をして駅の貨物発送部に運送方を委託させ、発送せしめ、貨
物に対する保管関係をその意思に反し離脱させたという事案について、窃盗罪
の構成要件である占有権の侵害があるとした。また、最判昭和 27 年 11 月 11
日集刑 69 号 175 頁も、鉄道手荷物の荷札を管理者が知らぬ間に抜き取り、手
荷物を被告人 A 方に輸送させるようにした荷札につけ替え、A 方に到着せし
め、又は A 方に輸送の途中で発見されたという事案について、窃盗罪の既遂
又は未遂を認めている。これらの判例は、発送した段階で実行の着手を認めた
と考えることができるので、発送時説に立っていると考えることができる。そ
うすると、上述の大審院の判例や宇都宮地裁の判例と矛盾するとも考えられる。
　このように、到達時に実行の着手を認めたと考えられる判例と、発送時に実
行の着手を認めたと考えられる判例がある。前者のうち大判明治 43 年 6 月 23
日では現行刑法の虚偽告訴罪が問題になったのであるが、虚偽告訴罪における
虚偽の申告は、当該官署に到達し、捜査官らが閲覧しうる状態が作出されれば
既遂になるとされている（大判大正 3 年 11 月 3 日刑録 20 輯 2110 頁）。そうすると、
虚偽告訴の実行の着手は、捜査官らが閲覧しうる状態が作出される危険性が認
められる段階で虚偽の申告に着手したと言えることになる。大判明治 43 年 6
月 23 日の被告人は、岐阜地方裁判所に宛てて当時の東京市内で郵便に付した
のであるが、まだそれだけでは閲覧しうる状態が作出される危険性が認められ
ないと、大審院が判断したと考えられる。次に、大判大正 3 年 6 月 20 日では

詐欺罪が問題になったのであるが、詐欺罪の実行の着手は、欺罔行為を開始した時点である。電信為替の場合、少なくとも発電しないと欺罔行為は始まらないと考えられるが、大判大正3年6月20日では、発電前に局員に見破られて、発電すらできなかったので、欺罔行為は開始されていないと考えられる（したがって、発送時説に立っても実行の着手を認めることはできないとも考えられる）。さらに、大判大正5年8月28日では恐喝罪が問題になったが、恐喝罪の実行の着手は、財物を脅し取る目的で脅迫を開始した時点である。この脅迫とは他人を畏怖させるに足りる害悪を告知することなので、恐喝罪の実行の着手は害悪の告知を開始した時点であり、文書の郵送による場合には、害悪を告知したと言える状態になることが必要である。この文書を郵送することによる害悪の告知は、文書を作成し、これを投かんし、相手方に到達し、相手方が文書を確認するという段階に分けられる。まず文書を作成しただけでは害悪の告知を開始したとは言えないと考えられる。被害者と対面して害悪の告知が行われる場合には、すぐにそれが相手方に伝わるが、文書を郵送する場合もそれと同じ状況が生じたときに害悪の告知を開始したと考えることになる。明治から大正にかけての郵便事情は明らかではないが、誤配又は郵便事故などにより必ずしも相手方に届くとは限らないことから、受信人が文書を受領した時点で初めて、受信人がその内容を認識しうる状態になったと言え、害悪の告知が開始されたことになると考えられる。大判大正7年11月16日も、同様で、宅配便などで発送したとしても、相手方が受領するかどうかということが明らかではないことから、相手方が受領した時点で殺人に着手したと考えることができる。なお、今日の郵便や宅配便の事情であれば、発送時に着手を認めることも可能であろう。宇都宮地判昭和40年12月9日も、農道の端に農薬入りのジュースを置いただけではどのような危険があるのかということが必ずしもはっきりしない。確かに殺人の危険性も認められるが、その他に、他人の飼い犬を殺害する目的であれば器物損壊の危険性も認められるし、あるいはそのまま放置されてゴミとして回収されたり、容器が倒れて中身がこぼれ、何も生じずに終わるということも考えられる。宇都宮地裁も、農村においては野ねずみ、害虫などの駆除のため毒物混入の食品を農道に配置することもあるであろうし、道に棄てた物を必ずしも人が食用に供するとは限らないということを指摘している。したがって、よりはっきりと殺人の危険性が認められる被害者が毒入りジュースを収得飲用

しうる段階で殺人の着手を認めたと考えることができる。

以上に対して、大阪高判昭和27年4月28日及び最判昭和27年11月11日では、窃盗罪が問題になった。窃盗罪の実行行為は「窃取」すなわち他人の占有を排除して自己又は第三者の占有下に置くことであり、簡単に言えば、他人の占有を排除する行為に着手したときに窃盗の着手が認められることになる。いずれの場合にも、発送した時点で、他人の占有を排除する状態になったと考えられることから、窃盗の着手が認められたと考えられる。

以上のように、離隔犯の場合、判例は、問題になっている犯罪の実行行為の特徴とそれぞれの事案に応じて、犯罪に至る危険性を判断し、実行の着手の有無を判断しているのではないかと考えられる。危険性はそれぞれの犯罪及びそれぞれの事案により異なるのであるから、発送時説及び到達時説のうちのいずれか一方に決定することはできないのではないかと思われる。その意味では、結局個別化説により、それぞれの犯罪の実行行為の特徴とそれぞれの事案に従って犯罪に至る危険性を判断し、実行の着手の有無を判断せざるをえないであろう。その際、重要なのは、実行の着手の有無を判断した根拠となる事実をていねいに認定して、示すことである。

間接正犯の実行の着手も同様に考えることができ、利用者標準とか被利用者標準というように一律に実行の着手を決定するのではなく、利用者と被利用者の関係、問題になっている犯罪の実行行為の特徴及び実際に行われた行為の状況などを総合的に判断して、問題になっている犯罪に至る客観的危険性が生じたかどうかということを判断するべきであろう。

3. 業務上過失致死に関する基礎的事項

(1) はじめに

刑法211条は、「業務上必要な注意を怠り、よって人を死傷させた者は、5年以下の懲役若しくは禁錮又は100万円以下の罰金に処する。重大な過失により人を死傷させた者も、同様とする。」と規定する。前段の業務上必要な注意を怠った場合が業務上過失致死傷罪であり、後段の重大な過失による場合が重過失致死傷罪である。本問では、劇薬Yを乙が確認しなかったことについて、乙に過失が認められることが問題文に記載されていることから、ここでは、

過失に関する説明には深入りせず、その他の要件について見ていこう。

(2) 業務上過失致死罪及び重過失致死罪の構成要件

「業務」とは、「本来人が社会生活上の地位に基き反覆継続して行う行為であって……、かつその行為は他人の生命身体等に危害を加える虞あるものである」（最判昭和 33 年 4 月 18 日刑集 12 巻 6 号 1090 頁）。「社会生活上の地位に基づく」とは、家事や育児などの個人的な私生活あるいは家庭生活上の活動を除くという趣旨である（大塚仁・川上和雄・中山義房・古田佑紀編『大コンメンタール刑法（第 3 判）第 11 巻』（青林書院、2014）33 頁［和田雅樹］）。但し、その従事する業務は、本務たると兼務であるとを問わず（最判昭和 26 年 6 月 7 日刑集 5 巻 7 号 1236 頁）、娯楽のためでもよく（前掲最判昭和 33 年 4 月 18 日）、業務が適法であるか、それとも違法であるかということも問わない（最決昭和 32 年 4 月 11 日刑集 11 巻 4 号 1360 頁）。次に「反復継続して」行われるものであることが必要である。但し、現に反復継続して行われたことまでは不要であり、反復継続して行う意思をもって行われれば、1 回でもよいとされている（東京高判昭和 35 年 3 月 22 日東高刑時報 11 巻 3 号 73 頁参照）。なお、自動車運転の場合には、現在は自動車運転処罰法の過失運転致死傷罪により処罰されるため、反復継続性は問題にならない。業務上過失致死傷罪の保護法益が「人の生命・身体」であることから、類型的にこれらに危害を加える虞のある行為であることが必要である。この行為には、「人の生命・身体の危険を防止することを義務内容とする業務も含まれる」（最決昭和 60 年 10 月 21 日刑集 39 巻 6 号 362 頁）。

「業務上必要な注意を怠り」とは、業務者として必要な注意義務に違反した場合であり、注意義務は予見可能性に基づく予見義務及び回避可能性に基づく回避義務で構成される（最決昭和 42 年 5 月 25 日刑集 21 巻 4 号 584 頁。なお、最決平成 24 年 2 月 8 日刑集 66 巻 4 号 200 頁は、予見可能性と回避義務についてしか判断していないが、これは上告趣意に答えたものであって、予見義務を不要としたものではないと考えるべきである）。

業務上過失致死傷罪が通常の過失致死傷罪よりも重く処罰されるのは、一定の業務に従事する者には、通常人に比べて特別な注意義務があるとされているためである（前掲最判昭和 26 年 6 月 7 日）。業務上過失致死傷罪の対象とされる行為は、類型的に他人の生命・身体に危害を加える虞がある行為であるので、特

別な注意義務が課されていると考えられる。

なお、後段の重過失致死傷罪における「重大な過失とは、注意義務違反の程度が著しい場合、すなわち、わずかな注意を払うことにより結果の発生を容易に回避しえたのに、これを怠って結果を発生させた場合をいい」、「発生した結果が重大であることあるいは結果の発生すべき可能性が大であったことは必ずしも必要」ではない（東京高判昭和57年8月10日刑月14巻7＝8号603頁）。

4. 間接正犯に関する基礎的事項

（1）はじめに

判例によれば、以下の場合に間接正犯が認められている。①刑法上の行為とは言えない身体活動を利用した場合、②被利用者の行為が一定の構成要件要素を欠く場合、③構成要件に該当するが、行為の違法性が阻却される場合及び④故意のある幇助的道具の場合などである。以下ではそれぞれ具体的に見ていこう（平成27年度予備試験の解説も参照）。

（2）刑法上の行為とは言えない身体活動を利用した場合

この類型には、被利用者の意思が抑圧されていた場合及び被利用者が意思能力を有しないなどの場合がある。前者の類型については、例えば、刑事未成年である被利用者が利用者の日頃の言動に畏怖し意思を抑圧されていた場合（最判昭和58年9月21日刑集37巻7号1070頁）、利用者を極度に畏怖していた被利用者に暴行脅迫を加えて自殺をさせようとした場合（最決平成16年1月20日刑集58巻1号1頁）などを挙げることができるであろう。また、後者の類型については、例えば、通常の意思能力もなく、自殺の何たるかを理解しない被利用者に自殺をさせた場合（最決昭和27年2月21日刑集6巻2号275頁）などを挙げることができるであろう。

（3）被利用者の行為が一定の構成要件要素を欠く場合

この類型には、被利用者に故意がない場合、目的犯において被利用者に目的がない場合（目的なき故意ある道具）、身分犯において被利用者に身分がない場合（身分なき故意ある道具）がある。最初の被利用者に故意がない場合については、

他人の財物を、勝手に情を知らない第三者に売却し、購入した第三者がさらに別の者に売却したところ、その者が財物を運び出したという場合（最判昭和31年7月3日刑集10巻7号955頁）が挙げられる。目的なき故意ある道具及び身分なき故意ある道具に関する判例はないようであるが、通説によれば、行使の目的を持たない被利用者に通貨を偽造させる場合や公務員が公務員の身分のない自分の妻に賄賂を受け取らせた場合などが挙げられている（平成27年度予備試験を参照）。

（4）構成要件に該当するが、行為の違法性が阻却される場合

　妊婦の依頼により違法な堕胎手術を施したところ、妊婦の身体に異常が発生したため、医師に正当業務行為としての堕胎手術をさせた場合（大判大正10年5月7日刑録27輯257頁）が挙げられる。

（5）故意のある幇助的道具の場合

　会社の取締役である被告人が、法定の除外事由がないのに、食糧管理法に違反して、会社の従業員にコメを運搬させた場合（最判昭和25年7月6日刑集4巻7号1178頁）が挙げられる。

　これらの判例を全体的に見ると、被利用者の意思が抑圧された状態、先行行為により発生した緊急状態や情を知らない状態などにより、被利用者が利用者の道具と評価しうる状態であった時に間接正犯が認められていると考えることができるであろう。

　他方で、刑事未成年を利用した場合に、被利用者に是非弁別の能力があり、利用者の指示命令が被利用者の意思を抑圧するに足りる程度のものではなく、被利用者が自らの意思により犯罪の実行を決意した上、臨機応変に対処して犯罪を完遂したような場合には共謀共同正犯になるとされている（最決平成13年10月25日刑集55巻6号519頁）。

5. 虚偽診断書作成罪に関する基礎的事項

（1）はじめに

　刑法160条は「医師が公務所に提出すべき診断書、検案書又は死亡証書に

虚偽の記載をしたときは、3年以下の禁錮又は30万円以下の罰金に処する。」
と規定する。これは、文書を作成する権限を有する者が、虚偽の内容を記載し
た場合の1つである虚偽診断書作成罪の規定である。

(2) 文　書

　「文書」とは、文字又はこれに代わる可読的符号により一定程度継続的に観
念又は意思を表したものを言うとされている。この文書の定義から2つの問題
が出てくる。1つは、文書に記載された観念又は意思は誰のものなのかという
問題である。これが作成名義人の問題である。もう1つはその観念又は意思の
内容は何かという問題である。そして、前者の作成名義人を偽る場合を有形偽
造と呼び、後者の観念又は意思の内容を偽る場合を無形偽造と呼ぶ。前者の有
形偽造を原則として処罰する立法主義を形式主義と呼び、後者の無形偽造を原
則として処罰する立法主義を実質主義と呼ぶ。日本の刑法は、159条で私文書
の作成名義人を偽る場合を処罰し、160条で私文書のうち公務所に提出するべ
き診断書、検案書又は死亡証書に限定して、虚偽の内容を記載した場合を処罰
していることから、形式主義を採用していると言える。文書偽造の問題を考え
るときには、作成名義人はだれなのかということ、及び文書を作成した者に、
その文書の作成権限があるのかということを確認する必要がある。

$$
\left\{
\begin{array}{l}
\text{有形偽造：作成名義人を偽ること ⇒ 形式主義 ＝ 日本刑法} \\
\text{無形偽造：内容を偽ること　　　 ⇒ 実質主義}
\end{array}
\right.
$$

(3) 虚偽診断書作成罪の構成要件

　文書偽造罪については説明することが多いので、ここでは虚偽診断書作成罪
についてだけ見ていこう。
　「医師」とは、公務員ではない医師の免許を受けた者を言う。医師が公務員
である場合には、作成権限を有する公務員が虚偽の内容の文書を作成した場合
である虚偽公文書作成罪（156条）が成立する（最判昭和30年12月2日刑集9巻13
号2582頁参照）。国立病院の医師は独立行政法人国立病院機構法の14条により
国家公務員と見なされ、また市民病院などの公立病院の医師は地方独立行政法

人法47条により地方公務員と見なされる。

「公務所」とは「官公庁その他公務員が職務を行う所をいう」(7条)。「提出すべき」とは「提出が予定されている」という意味である。「診断書」とは「医師の診察の結果に関する判断を表示して人の健康上の状態を証明する」文書をいう（最決昭和30年12月2日刑集9巻13号2582頁参照）。「検案」とは、医師が死因などを判定するために死体の外表を検査することをいい（最判平成16年4月13日刑集58巻4号247頁）、「検案書」とは、その結果を記載した文書である。「死亡証書」とは、医師法20条の死亡診断書のことであり、「自らの診療管理下にある患者が、生前に診療していた傷病に関連して死亡したと認める場合」に作成される文書である（『平成30年度版　死亡診断書（死体検案書）記入マニュアル』(厚生労働省) 4頁参照）。

「虚偽の記載」とは、事実及び判断に関して実質的に真実に反する記載をすることを言う。虚偽の診断書などが作成されたことで既遂になり、その後に診断書が公務所に提出されたかどうかということは虚偽診断書作成罪の成立に影響しない。

6. 犯人蔵匿隠避罪に関する基礎的事項

（1）はじめに

刑法103条は「罰金以上の刑に当たる罪を犯した者又は拘禁中に逃走した者を蔵匿し、又は隠避させた者は、3年以下の懲役又は30万円以下の罰金に処する。」と規定する。

（2）犯人蔵匿隠避罪の構成要件

「罰金以上の刑に当たる罪を犯した」には、刑法103条が司法に関する国権の作用を防害する者を処罰しようとするという立法の目的を達成するため、犯罪の嫌疑によって捜査中の者も含まれる（最判昭和24年8月9日刑集3巻9号1440頁）。また、その犯罪は、官憲に発覚している必要はない（最判昭和28年10月2日刑集7巻10号1879頁）。なお、犯人蔵匿隠避を行った者に「罰金以上の刑に当たる」という認識は必要ない（最決昭和29年9月30日刑集8巻9号1575頁）。

「蔵匿」とは犯人の発見を免れるべき場所を提供することを言う。「隠避」と

は蔵匿以外の方法で官憲の発見逮捕を免れされる一切の行為を言う（大判昭和5年9月18日刑集9巻668頁）。

　なお、犯人蔵匿隠避罪についても105条の親族による犯罪の特例が適用される場合がある（平成23年度予備試験の解説を参照）。

Ⅱ. 応用編

1. ワインの瓶の郵送について

（1）致死量に満たない劇薬Xの混入について

　甲は、Vを殺害する目的で、劇薬Xを混入したワインの瓶をVに郵送したが、結果的にVがワインの瓶を受け取らなかったため、Vは死ななかった。この場合、甲に殺人罪の未遂が成立するのかということが問題になる。刑法43条本文は、「犯罪の実行に着手してこれを遂げなかった者は、その刑を減軽することができる。」と規定する。そこで、Vにワインの瓶を郵送した甲に、殺人罪の実行の着手があったのかということが問題になる。殺人罪の実行の着手があったと言えるのは、殺人に至る客観的危険性が認められるときである。ところが、まず、ワインの瓶に注入したXの致死量は10ミリリットルのところ、甲は、これを4ミリリットルと勘違いしていて、Vを確実に殺害するために、8ミリリットルを用意してワインの瓶に注入していた。そこで、Xを致死量に満たない8ミリリットル飲んでも、死の危険性が認められないと考えられる。したがって、殺人に至る客観的危険性が生じていないと考えられるため、不能犯として処罰されないのではないかということが問題になる。

　不可罰的な不能犯と可罰的な未遂犯の区別について、最高裁が採用しているとされている客観的危険説によれば、Vには心臓に特異な疾患があり、そのVが8ミリリットルのXを数時間以内で摂取した場合、死亡する危険があったとされていることから、8ミリリットルのXをVが摂取すれば絶対に死なないとは言えないと考えられる。したがって、Xが致死量に満たなかったという点は相対不能と考えられるため、可罰的な未遂犯になる。また、（特に下級審が採用する）具体的危険説によれば、Vの心臓の特異な疾患は通常の診断では判明しえないものであり、したがって、一般人は認識しえない事情であったが、

甲自身は認識していたことから、心臓の特異な疾患という事情を考慮に入れて、危険性を判断することになる。Ｘの致死量は 10 ミリリットルであるが、心臓に特異な疾患がある Ｖ が、致死量に近い 8 ミリリットルを摂取した場合には、一般人は Ｖ が死亡する危険があったと考えるであろうから、殺人の危険が認められるであろう。さらに修正された客観的危険説によれば、甲が Ｘ を勘違いにより 8 ミリリットル入れたのであるが、甲が Ｘ の致死量を確認するなどして 10 ミリリットル入れる可能性は行為当時ありえたと考えられるので、殺人の危険性は認められるであろう。

(2) 劇薬Ｘ入りのワインの瓶の郵送について

　致死量に満たない劇薬 Ｘ をワインの瓶に入れる行為に殺人の危険性が認められるとしても、甲が Ｖ 宅宛に送った Ｘ 入りのワインの瓶を、宅配業者が Ｖ 宅前まで持って行ったが、留守であったため、Ｖ 宅の郵便受けに不在連絡票を残して同瓶を持ち帰っている。そして、Ｖ は、その連絡票に気付かなかったため、Ｘ 入りのワインの瓶を受け取ることはなかった。この場合、すでに甲は殺人の実行に着手しているとして、甲に殺人罪の未遂が認められるのか、それともまだ甲が殺人の実行に着手したとは言えないとして、甲に殺人罪の予備しか認めらないのかということが問題になる。

　判例によれば、殺人罪の実行の着手は殺人に至る客観的危険性が生じたときに認められる。本問のような離隔犯の場合、今日の宅配事情を考えれば、いったん宅配荷物を発送すれば、確実に受取人に届き、受取人がこれを受領すると考えられるので、甲が Ｖ 宅宛に Ｘ 入りのワインの瓶を発送した時点で、殺人に至る客観的危険性を認めることができる（発送時説）。したがって、ワインの瓶の発送時に実行の着手が認められるため、甲には殺人罪の未遂が認められる。

　それに対して、今日の宅配事情でも、事故により届かない場合も全くないとは言えず、また、本問のように、受取人の不在のために宅配業者が宅配荷物を持ち帰る場合も多く、中にはそのまま保管期間が経過して発送人に戻される場合もあるので、ワインの瓶を発送しただけでは、まだ殺人に至る客観的危険性が認められないとも考えることができる（到達時説）。この到達時説による場合には、2 つの考え方が可能であると思われる。1 つは、一度は到達し、不在連絡票が郵便受けに残されたことから、Ｖ がそれに気づいて宅配業者に連絡し、

X 入りのワインの瓶を受領し、そのワインを飲用する可能性が生じたと考え、殺人の客観的危険性を認めるという考え方である。これによれば、甲に殺人罪の未遂が認められる。もう1つは、不在連絡票が郵便受けに残されただけでは、まだ V が受け取るとは限らないため、殺人に至る客観的危険性を認めることはできず、V が宅配業者に連絡し、再配達をしてもらうなどして、V がワインの瓶を受け取った時点以降のどこかで殺人に至る客観的危険性を認める考え方である。これによれば、本問の場合には V の郵便受けに不在連絡票が残されただけで、V が毒入りのワインの瓶を受領していないため、まだ V がワインを飲む状況が生じていない。したがって、殺人に至る客観的危険性を認めることはできず、甲には殺人罪の予備しか認められない。

それぞれの犯罪の実行行為とそれぞれの事案に従って危険性の判断をし、実行の着手の有無を判断するという個別化説によれば、発送時説の結論も、到達時説の結論も可能であり、殺人に至る客観的危険性をどのように判断するのかということにかかっている。

2. 乙による V への注射について

(1) 乙による V への注射について

V が熱中症の症状を訴えて A 病院を訪れ、乙が V を診察し、熱中症と診断したうえで、乙が V の治療方針について甲に相談したために、V が生きていることを知った甲は、V に劇薬 Y を注射して V を殺害するため、致死量が6ミリリットルである Y が入った容器を、B 薬が入っていると偽り渡した。乙は、甲が出掛けた後、甲から渡された容器を見て、同容器に薬剤名の記載がないことに気づいたが、容器の中身を確認せずに V に注射し、その結果 V は死亡している。乙は医師という社会生活上の地位に基づいて、反復継続して人の生命・身体の危険を防止することを義務内容とする治療という行為を行っているため、乙による V への注射行為は業務上のものと言える。また、問題文によれば、甲に渡された容器の中身を確認しないまま V に Y を注射した点において、V の死の結果について刑事上の過失があったとされていることから、必要な注意を怠ったと言える。ただ、乙は、注射の際に V が痛がったことから、致死量の半分の3ミリリットル注射したところで、注射を止めたが、V

の心臓にあった特異な疾患と相まって死亡している。そこで、乙の注射行為とVの死の間に因果関係が認められるのかということが問題になる。

　まず条件関係が認められるかという点であるが、乙が容器の中身を確認していれば、劇薬Yに気づき、これを注射しなかったと言え、劇薬Yを注射しなければ、Vは死ななかったと言えるため、乙による注射行為とVの死との間に条件関係は認められる。したがって、条件説によれば、乙による注射行為とVの死との間の因果関係を肯定することができる。

　判例が今日採用しているとされる危険の現実化説によると、どのような結論になるであろうか。問題文によれば、Vはワイン好きで、気に入ったワインであれば、2時間から3時間でワイン1本（750ミリリットルの瓶入り）を1人で飲み切っていたとのことであるので、Vの心臓の特異な疾患は、日常生活に支障をきたし、Vの生命を危うくさせるほどのものではなかったと考えられる。また、Vは熱中症の症状を訴えていて、乙も熱中症の診断をしたとは言え、それが特にVの心臓疾患に影響を与えていたと考えられるような事情は示されていない。加えて、甲自身認識していたように、VにYの致死量6ミリリットルの半分の3ミリリットルを注射しただけでも死ぬ危険性が客観的にも存在していた。そうすると、特異な心臓疾患を有するVにとってみれば、Yを3ミリリットル注射すること自体、生命を落とす危険があったと言え、Yを注射する行為の危険性がVの死に現実化したと考えられる。

　さらに、相当因果関係説によると、どのような結論になるであろうか。相当因果関係説のうち、客観説の場合、行為時に存在した事情と行為後に介在した事情に分け、前者の行為時に存在した事情については全事情を、後者の行為後に介在した事情については一般人に予見可能な事情を考慮する。Vの特異な心臓疾患は、乙が注射した当時すでに存在していたことから、行為当時存在した事情になる。そして、特異な心臓疾患を有するVにYを3ミリリットル注射しただけでも死ぬと考えられるので、乙の注射行為とVの死の間に因果関係が認められることになる。他方で、折衷説の場合には、Vの特異な心臓疾患について、乙は認識していなかったので、これが一般人に認識可能であったのかということが問題になるが、通常の診察でも判明しえないものであったというのであるから、一般人も認識しえない事情になるであろう。そうすると、実際には、Vには、特異な心臓疾患があったにもかかわらず、これがなかっ

たものとして考えられることになる。特異な心臓疾患を持たない者に致死量の半分の３ミリリットルのＹを注射しても、死亡しないであろうと考えられるため、折衷説による場合には、乙の注射行為とＶの死亡との間に因果関係は認められず、せいぜい業務上過失致傷罪が成立するにすぎない。

（2）甲による乙の利用について

　甲は、乙を利用して、Ｖに劇薬Ｙを注射させた行為について甲にどのような責任が認められるのかということが問題になる。乙は、Ｖの心臓に特異な疾患があることを知らず、内科部長である甲の指示に従って熱中症の治療に効果のあるＢ薬と信じて注射したものの、甲から渡された容器に薬剤名の記載がないことに気付いたにもかかわらず、その中身を確認しないままＶに劇薬Ｙを注射した点において、Ｖの死の結果について刑事上の過失があった。しかし、甲は、乙のＡ病院への就職を世話したことがあり、乙が甲に恩義を感じていることを知っていたことから、乙であれば、甲の指示に忠実に従うと思って、乙に対し、「ＶにＢ薬を６ミリリットル注射してください。私はこれから出掛けるので、後は任せます。」と指示して、６ミリリットルのＹを入れた容器を渡したこと、甲が渡した容器には薬剤名の記載がなく、乙も、甲の指示に従い、容器の中身を確認せずにＶに注射したこと、さらに乙はＶの心臓の特異な疾患を知らず、またその疾患は通常の診断では知りえないようなものであったことから、情を知らない乙の過失行為を利用したと言える。

　また、甲がＹを渡し、これを乙に注射させた行為とＶの死の結果との間の因果関係についてであるが、甲がＹを渡さなければ、乙はＶにＹを注射しなかったと言えるので、条件関係は認められる。甲がＹの致死量６ミリリットルを、情を知らない乙を利用して注射させようとすること自体死の結果を招きかねない危険な行為と言え、心臓疾患を有するため致死量の半分でも死ぬ可能性があるＶに注射した結果死亡したので、甲の行為の危険性が現実化したと考えられる。したがって、危険の現実化説によっても因果関係が認められる。さらに、客観的相当因果関係説によっても因果関係は認められる。また、乙の過失行為とＶの死との間の因果関係を否定することになる折衷説によっても、甲はＶの心臓の特異な疾患を知っていたので、Ｖの心臓の特異な疾患も判断の基礎に入れられ、特異心臓疾患を有するＶにＹを注射すれば、致死量の

半分の3ミリリットルでも死ぬのは通常であると考えられるため、因果関係は認められるであろう。

　以上より、甲は、情を知らない乙の過失行為を自己の道具のように利用して、Vを死亡させたと言えるため、甲はVの死についての殺人罪の間接正犯になると考えられる。

3. 乙による内容虚偽の死亡診断書の作成について

　Vに劇薬Yを注射した後、乙は、A病院において、Vの死亡を確認し、その後の検査の結果、VにYを注射したことが原因でVが心臓発作を起こして急性心不全により死亡したことが分かった。そこで、乙は、Vの死亡について、Vに対するYの注射を乙に指示した甲にまで刑事責任が追及されるのを防ぐため、Vの親族らがVの死亡届に添付してC市役所に提出する必要があるVの死亡診断書の用紙に、Vが熱中症に基づく多臓器不全により死亡した旨の虚偽の死因を記載し、乙の署名押印をしてVの死亡診断書を作成し、同日、同死亡診断書をVの母親Dに渡した。乙は公務員ではない医師であり、Vの親族らがVの死亡届に添付して公務所たるC市役所に提出する必要がある死亡診断書の用紙に、真実はYを注射したことにより死亡したにもかかわらず、熱中症による多臓器不全により死亡した旨の虚偽の死因を記載し、乙の署名押印してVの死亡診断書を作成したので、乙に虚偽診断書作成罪が成立する。また、乙は内容虚偽の死亡診断書をVの母親Dに渡し、Dは、同死亡診断書記載の死因が虚偽であることを知らずに、同死亡診断書をVの死亡届に添付してC市役所に提出したことから、虚偽診断書の行使罪も成立する。虚偽診断書作成罪と虚偽診断書の行使罪は牽連犯になる。

　また、内容虚偽の診断書を作成した目的が、V死亡の真犯人である甲に刑事責任の追及を免れさせる点にあったことから、乙に犯人隠避罪が成立しないかということが問題になる。甲は、前述のとおり、殺人犯人であり、罰金以上の刑に当たる罪を犯した者に当たる。また、乙の行為は、殺人犯人である甲の発見を免れるべき場所を提供すること以外の方法で官憲の発見逮捕を免れされる行為と言える。問題文からは乙の認識は明らかではないが、少なくとも、甲は乙からVの治療についての相談を受けた際に、医師という社会生活上の地

位に基づいて、乙から診療の相談を受けるという反復継続して行われると考えられる行為を行っているため、乙に甲の業務上過失致死罪の認識が認められるため、いずれにせよ罰金以上の刑に当たる罪を犯した者の認識があると言える。したがって、乙に犯人隠避罪が成立する。

　さらに、乙は甲に刑事責任が及ばないような証拠を作り出したことから、証拠偽造罪も成立しないかということが問題になる。乙が作り出した虚偽の内容の診断書は甲の殺人という刑事事件に関する証拠であり、本来ならば存在しないはずの甲に有利な証拠を新たに作り出したのであるから、乙には証拠偽造罪が成立すると言える。

　なお、虚偽診断書作成罪、犯人隠避罪及び証拠偽造罪は、虚偽の診断書の作成という1個の行為で行われたことから、観念的競合になる。

4. 出題趣旨について

(1) 出題趣旨

　法務省から公表された平成29年度予備試験の出題趣旨は以下のとおりである（http://www.moj.go.jp/content/001267367.pdf）。

　本問は、(1)医師甲が、劇薬Xを混入したワインをVに飲ませてVを殺害しようと考え、劇薬Xをワインの入った瓶に注入し、同瓶をV宅宛に宅配便で送ったが、V宅が留守であったため、Vが同瓶を受け取ることはなかったこと（Vの心臓には特異な疾患があり、そのことを甲は知っていた。また、劇薬Xの致死量は10ミリリットルであり、甲は致死量を4ミリリットルと勘違いしていたところ、Vを確実に殺害するため、8ミリリットルの劇薬Xを同瓶に注入したが、Vがその全量を摂取した場合、死亡する危険があった）、(2)甲が、Vに劇薬Yを注射してVを殺害しようと考え、医師乙に6ミリリットルの劇薬YをVに渡してVに注射させたところ、Vが痛がったため、3ミリリットルを注射したところで注射をやめたが、Vは劇薬Yの影響により心臓発作を起こし、急性心不全により死亡したこと（乙は、甲から渡された容器に薬剤名の記載がないことに気付いたが、その中身を確認せずにVに劇薬Yを注射した。また、甲は、劇薬Yの致死量が6ミリリットルであること、心臓に特異な疾患が

あるVに3ミリリットルの劇薬Yを注射すれば、Vが死亡する危険があることを知っていたが、乙は、Vの心臓に特異な疾患があることを知らなかった）、(3)公務員ではない医師乙が、専ら甲のために虚偽の死因を記載したVの死亡診断書を作成し、Vの母親Dを介して、同死亡診断書をC市役所に提出したことを内容とする事例について、甲及び乙の罪責に関する論述を求めるものである。

　甲の罪責については、殺人未遂罪又は殺人予備罪、殺人罪の成否を、乙の罪責については、業務上過失致死罪、虚偽診断書作成罪及び同行使罪、証拠隠滅罪、犯人隠避罪の成否を検討する必要があるところ、事実を的確に分析するとともに、各罪の構成要件、離隔犯における実行の着手時期、未遂犯と不能犯の区別又は予備行為の危険性、間接正犯の成否、因果関係の有無等に関する基本的理解と事例への当てはめが論理的一貫性を保って行われていることが求められる。

(2) コメント

　出題趣旨にあるように、本問は、甲の罪責については、殺人未遂罪又は殺人予備罪、殺人罪の成否を、乙の罪責については、業務上過失致死罪、虚偽診断書作成罪及び同行使罪、証拠隠滅罪、犯人隠避罪の成否が主に問われている。

　これらのうち、殺人罪及び業務上過失致死罪の成否を検討するに当たり、間接正犯・離隔犯の実行の着手、不能犯及び因果関係が問題になるが、いずれも刑法学では基本的な問題点であり、また内容的にも、それらの基本的な知識及び判例や通説を理解することができていれば、十分に解答することができるものである。その他の犯罪については、各構成要件の基本的な知識を理解し、ていねいに事実を当てはめることで解答することができる。

5. 参考答案例

第1　ワインの郵送について
(1)　致死量に満たない劇薬Xの混入について
1　甲は、Vを殺害する目的で、劇薬Xを混入したワインをVに郵送したが、Vは死ななかった。甲に殺人罪の未遂が成立しないか。

2 未遂は犯罪の実行に着手してこれを遂げなかった場合に成立する（43条）。殺人罪の実行の着手があったと言えるのは、殺人に至る客観的危険性が発生した時である。ところが、甲はXを致死量に満たない8ミリリットルしかワインの瓶に入れなかったので、およそ殺人の危険が認められず、殺人罪の実行とは言えないのではないか。

3 実行の着手が認められる客観的危険性は、実行行為が客観的構成要件要素であるので、客観的に判断されるべきである。具体的には、①結果が発生しなかった原因を特定し、②その原因の代わりにどのような事情が代替すれば結果が発生するのかということを考え、③その代替事情が行為時に存在しえたかどうかということを一般人の観点から検討し、これが肯定されるときには、未遂犯になり、そうでなければ不能犯になる。甲は劇薬Xを勘違いにより8ミリリットルしか入れなかったが、甲が確認するなどしてXを致死量の10ミリリットル入れる可能性は行為当時ありえたと考えられる。

　以上より、殺人に至る客観的危険性は認められ、甲の行為は不能犯にはならない。

(2)　劇薬X入りのワインの瓶の郵送について

1 V宅が留守であったため、宅配業者はX入りのワインの瓶を不在連絡票を残して持ち帰った。Vは、その連絡票に気付かなかったため、X入りのワインの瓶を受け取らなかった。甲に殺人罪の未遂が成立しないか。

2 郵送などによる離隔犯においては、宅配物を発送しただけでは、まだ受取人も宅配便があることを知らず、事故などにより届かない場合も考えられるので、まだ殺人に至る客観的危険性は認められない。しかし、一度でも宅配便が相手方に到達すれば、不在連絡票が郵便受けに残され、相手方がそれに気づいて宅配業者に連絡し、宅配物を受領する可能性が生じるので、殺人に至る客観的危険性が認められる。本問でもワインの瓶が一度はV宅に届いており、不在連絡票によりVがワインの瓶が届いたことを知り、これを受領し、ワインを飲用する可能性が生じている。よって、甲は殺人の実行に着手したと言え、甲に殺人罪の未遂が成立する。

第2　乙によるVへの注射について

(1)　乙によるVへの注射について

1 乙は、劇薬Yを確認せずにVに注射し、その結果Vは死亡した。乙に業務上過失致死罪が成立しないか。

2 業務上過失致死罪は、業務上必要な注意を怠り、よって人を死亡させた場合に成立する（211条）。乙は、医師という社会生活上の地位に基づいて、反復継続して治療するうえで注射をし、その結果Vは死亡したと言える。乙にはYを確認しなかったことについて刑事上の過失があった。ただ、乙はYを致死量の半分の3ミリリットル注射したところで注射を止めたが、Vの心臓にあった特異な疾患と相まってVは死亡した。そこで、乙の注射行為とVの死の間に因果関係が認められるか。

3 刑法上の因果関係が認められるためには、「あれなければ、これなし」という条件関係が認められることを前提に、行為者の責任の範囲を適切に画するために行為の危険性が結果に現実化したと言えなければならない。

乙が容器の中身を確認していれば、Yに気づき、これを注射しなかったと言え、Yを注射しなければ、Vは死ななかったと言えるため、乙による注射とVの死との間に条件関係は認められる。

Vは2、3時間でワイン1本を1人で飲み切っていたので、Vの心臓疾患それ自体は、Vの生命に影響するほどのものではなかった。また、熱中症がVの心臓疾患に影響したと考えられる事情もない。加えて、Yを致死量の半分の3ミリリットルの注射をしただけでも死ぬ危険性がVに客観的に存在していた。そうすると、Yを3ミリリットル注射すること自体、Vが死亡する危険があったと言え、その危険性が注射により現実化したと言える。

4 以上より、乙は業務上過失致死罪の責任を負う。

(2) 甲による乙の利用について

1 甲は、Vを殺害するために、劇薬Yが入った容器をB薬が入っていると偽り乙に渡し、Yを乙に注射させた結果、Vは死亡した。甲に殺人罪が成立しないか。

2 乙は、内科部長である甲の指示にしたがってB薬と信じて注射していること、乙はA病院への就職の件で甲に恩義を感じており、甲はそれを利用して注射をさせるために容器Bを渡したこと、さらに乙はVの心臓疾患のことを知らず、またそれは通常の診断では知りえない疾患であったことから、甲が指示を出せば、乙はVに注射をすると考えられる。よって、乙は甲の道具と言える。

3 甲の行為とVの死の結果との間の因果関係も以下のとおり認められる。まず甲が劇薬Yを渡してそれを注射するよう指示しなければ、乙はこれをV

に注射せず、Ｖは死亡しなかったと言えるので、条件関係は認められる。また甲がＹの致死量６ミリリットルを注射すること自体Ｖの死を招きかねない危険な行為であり、心臓疾患を有するため致死量の半分でも死ぬ可能性があるＶに対して乙をして注射させた結果Ｖが死亡したので、甲の行為の危険性がＶの死に現実化したと言える。

　以上より、甲は、情を知らない乙の過失行為を利用した殺人罪の間接正犯の責任を負う。

第３　乙による内容虚偽の死亡診断書の作成について

１　公務員ではない医師である乙は、Ｖの死亡について、真実劇薬Ｙにより死亡したにもかかわらず、熱中症による多臓器不全という虚偽の死因を死亡診断書に記載し、同死亡診断書をＶの母親Ｄに渡し、ＤはこれをＣ市役所に提出したので、乙に虚偽診断書作成罪及び同行使罪も成立する。

２　乙は、殺人という罰金以上の刑に当たる罪を犯した甲を、虚偽診断書の作成という場所を提供すること以外の方法で官憲による甲の発見逮捕を免れさせる行為を行った。そして、少なくとも、甲は乙からＶの治療についての相談を受けた際に、医師として乙から診療の相談を受け、治療方針を指示するという反復継続して行われると考えられる行為を行ったので、乙には業務上過失致死罪の認識が認められる。したがって、乙には罰金以上の刑に当たる罪を犯した者の認識がある。以上より乙に犯人隠避罪が成立する。

３　乙は虚偽の内容の診断書を作成することで、甲による殺人という刑事事件に関する本来ならば存在しないはずの甲に有利な証拠を新たに作り出したので、乙に証拠偽造罪が成立する。

第４　罪　数

　以上より、甲には殺人罪の未遂及び既遂が成立し、両罪は併合罪になる（45条）。

　乙には業務上過失致死罪、虚偽診断書作成罪及び同行使罪、犯人隠避罪及び証拠偽造罪が成立し、虚偽診断書作成罪及び同行使罪は牽連犯、これらと犯人隠避罪及び証拠偽造罪は、虚偽の診断書の作成という１個の行為で行われたので観念的競合になり（54条１項前段）、これらと業務上過失致死罪は併合罪になる。

以上

Ⅲ. 展開編

　本問では、乙が劇薬Yについての確認を怠ったため、乙が、Vに実際に注射したのはYであるということを知らなかった場合であるが、仮に乙が容器に薬剤名の記載がないことに気づいて、容器の中身を確認し、Yであることに気づいたものの、それでも甲の意図を察知して、Yを注射し、Vを殺害した場合はどうであろうか。乙にはVについての殺人罪が成立するとして、甲の責任はどうなるであろうか。甲は、乙に事情を知らせずにYを乙に注射させようとしたことから、甲の認識は殺人の間接正犯である。それに対して、乙は途中で容器の中身を確認し、その中身がYであることを認識したうえで、甲の意図を酌んでそのままVにYを注射しているので、甲は乙を道具として利用したということはできず、客観的には間接正犯とは言えないことになる。この問題は、従来、間接正犯の故意で教唆の事実を実現した場合と言われ、間接正犯と教唆犯は、他人を利用して犯罪を実現するという点で、重なり合うとして、甲は軽い殺人の教唆犯の限度で責任を負うとされてきた。しかし、この結論は妥当であろうか（この問題は、平成25年度の司法試験でも問われている）。

　仮に、甲が乙に容器の中身がYであることを教え、Vの殺害を依頼した結果、乙が、甲にA病院への就職の件で世話になったことから、甲のために、甲の依頼を受け入れて、VにYを注射したとしよう。この場合乙が殺人の実行正犯になるが、甲の責任はどうなるであろうか。この事例で、乙は甲の道具とは言えないため、甲はVの殺害の間接正犯にはならない。そこで、甲に共謀共同正犯が成立しないかということが検討されることになる。共謀共同正犯の成立要件は、判例によれば、共謀、一部の者による実行及び正犯意思である。甲が乙にVの殺害を依頼し、乙がこれを受け入れたことから、Vの殺害の共謀が認められる。また、乙がVにYを注射したことから、乙による実行も認められる。そして、甲は自己のためにVの殺害を依頼しているので、甲に正犯意思も認められる。したがって、仮に、甲がVの殺害を乙に依頼したとすれば、その場合の甲は乙によるVの殺害についての共謀共同正犯が成立する。

　そうすると、甲が乙に事情を知らせずに、乙を道具として利用してVを殺害しようとしたが、乙が途中で事情を知った場合には、間接正犯の故意で教唆の事実を実現した場合として甲に教唆犯が成立するのに、甲が乙に事情を話し、

乙にVの殺害を依頼した場合には甲はVの殺害についての共謀共同正犯の責任を負うことになる。間接正犯と共謀共同正犯を比べると、間接正犯の方に正犯意思がより強く認められるにもかかわらず、間接正犯の故意があった場合の方が共謀共同正犯の場合よりも軽い教唆犯として処罰されることになるが、この結論は妥当であろうか。そこで、甲が情を知らない乙を利用しようとしたが、乙が途中で事情を知った場合にも甲に共謀共同正犯の責任を負わせることができないかということを検討するべきことになる。

　甲が情を知らない乙を利用しようとしたが、乙が途中で事情を知った場合でも、乙による実行と甲の正犯意思は認められる。そこで、甲と乙の間に共謀が認められれば、甲に共謀共同正犯が認められることになる。確かに、甲は乙に事情を話しておらず、乙の殺害についての共謀は認められない。しかし、純粋に事実として見た場合には、注射についての話し合いが認められる。そして、甲が乙に劇薬Yを注射して殺害することを乙に話さなかったのは、甲が乙を一方的に利用しようと考えていたためである。そこで、この共謀共同正犯を超える正犯意思が認められることを理由に、甲が乙にVへの注射を依頼したことをもって、実際には存在しない共謀を補填することができると考えられないであろうか。仮に間接正犯の故意で教唆の事実を実現した場合と理解したとしても、甲は乙にVの殺害を依頼していないので、甲は乙にVの殺害を教唆したとは言えず、したがって存在しない教唆行為を補填するものが必要であろう（最判昭和26年12月6日刑集5巻13号2485頁参照）。あるいは、教唆の場合には存在しない教唆行為を補填するものがなくても教唆が認められるのであれば、共謀共同正犯の場合も存在しない共謀を補填するものがなくても共謀共同正犯が認められると考えるべきではないだろうか。甲が乙にVへの注射を依頼したことをもって存在しない教唆を補填すると考えることができるのであれば、同様に存在しない共謀を補填すると考えることもできるであろう。

　そもそも、共謀共同正犯を否定する見解によれば、教唆犯と評価される事例を、共謀共同正犯を肯定する見解は、共同正犯として取り込んでいるのであるから、共謀は認められないが、教唆は認められるとするのは妥当ではないであろう。まして、近時の判例によれば、共謀は主観的謀議を言うとされているのであるから、共謀共同正犯と教唆犯でその形態は変わらないと考えられる。

　以上より、これまで間接正犯の故意で教唆の事実を実現した場合とされてき

た事例は、少なくとも判例の立場を前提にする以上、間接正犯の故意で共謀共同正犯の事実を実現した場合と理解し、共謀共同正犯を認めるべきことになる。この理解は、刑事未成年を利用した場合に、間接正犯ではなく、共謀共同正犯を認めた判例とも合致すると思われる（最決平成13年10月25日刑集55巻6号519頁）。

詐欺罪、業務上横領罪及び強盗罪の成否

◀ **問題** ▶

　以下の事例に基づき，甲及び乙の罪責について論じなさい（住居等侵入罪及び特別法違反の点を除く。）。

1　甲は，新たに投資会社を立ち上げることを計画し，その設立に向けた具体的な準備を進めていたところ，同会社設立後の事業資金をあらかじめ募って確保しておこうと考え，某年 7 月 1 日，知人の V に対し，同年 10 月頃の同会社設立後に予定している投資話を持ち掛け，その投資のための前渡金として，V から現金 500 万円を預かった。その際，甲と V の間では，前記 500 万円について，同会社による投資のみに充てることを確認するとともに，実際にその投資に充てるまでの間，甲は前記 500 万円を甲名義の定期預金口座に預け入れた上，同定期預金証書（原本）を V に渡し，同定期預金証書は V において保管しておくとの約定を取り交わした。同日，甲は，この約定に従い，V から預かった前記 500 万円を A 銀行 B 支店に開設した甲名義の定期預金口座に預け入れた上，同定期預金証書を V に渡した。なお，同定期預金預入れの際に使用した届出印は，甲において保管していた。

2　甲は，約 1 年前に無登録貸金業者の乙から 1000 万円の借入れをしたまま，全く返済をしていなかったところ，同年 7 月 31 日，乙から返済を迫られたため，V に無断で前記定期預金を払い戻して乙への返済に流用しようと考えた。そこで，同年 8 月 1 日，甲は，A 銀行 B 支店に行き，同支店窓口係員の C に対し，「定期預金を解約したい。届出印は持っているものの，肝心の証書を紛失してしまった。」などとうその話をして，同定期預金の払戻しを申し入れた。C は，甲の話を信用し，甲の申入れに応じて，A 銀行の定期預金規定に従って甲の本人確認手続をした後，定期預金証書の再発行手続を経て，同定期預金の解約手続を行い，甲に対し，払戻金である現金 500 万円を交付した。甲は，その足で乙のところへ行き，受け取った現金 500 万円を乙に直接手渡して，自らの借入金の返済に充てた。なお，この時点で，乙は，甲が返済に充てた 500 万円は甲の自己資金であると思っており，甲

がVから預かった現金500万円をVに無断で自らへの返済金に流用したという事情は全く知らないまま，その後数日のうちに甲から返済された500万円を自己の事業資金や生活費等に全額費消した。

3　同年9月1日，Vは，事情が変わったため甲の投資話から手を引こうと考え，甲に対し，投資のための前渡金として甲に預けた500万円を返してほしいと申し入れたところ，甲は，Vに無断で自らの借入金の返済に流用したことを打ち明けた。これを聞いたVは，激怒し，甲に対し，「直ちに500万円全額を返してくれ。さもないと，裁判を起こして出るところに出るぞ。」と言って500万円を返すよう強く迫った。甲は，その場ではなんとかVをなだめたものの，Vから1週間以内に500万円を全額返すよう念押しされてVと別れた。その後すぐに，甲は，乙と連絡を取り，甲がVから預かった現金500万円をVに無断で乙への返済金に流用したことを打ち明けた。その際，乙が，甲に対し，甲と乙の2人でV方に押し掛け，Vを刃物で脅して，「甲とVの間には一切の債権債務関係はない」という内容の念書をVに無理矢理作成させて債権放棄させることを提案したところ，甲は，「わかった。ただし，あくまで脅すだけだ。絶対に手は出さないでくれ。」と言って了承した。

4　同月5日，甲と乙は，V方を訪れ，あらかじめ甲が用意したサバイバルナイフを各々手に持ってVの目の前に示しながら，甲が，Vに対し，「投資話を反故にした違約金として500万円を出してもらう。流用した500万円はそれでちゃらだ。今すぐここで念書を書け。」と言ったが，Vは，念書の作成を拒絶した。乙は，Vの態度に立腹し，念書に加え現金も取ろうと考え，Vに対し，「さっさと書け。面倒かけやがって。迷惑料として俺たちに10万円払え。」と言って，Vの胸倉をつかんでVの喉元にサバイバルナイフの刃先を突き付けた。Vは，このまま甲らの要求に応じなければ本当に刺し殺されてしまうのではないかとの恐怖を感じ，甲らの要求どおり，「甲とVの間には一切の債権債務関係はない」という内容の念書を作成して，これを甲に手渡した。

　そこで，甲がV方から立ち去ろうとしたところ，乙は，甲に対し，「ちょっと待て。迷惑料の10万円も払わせよう。」と持ち掛けた。甲は，乙に対し，「念書が取れたんだからいいだろ。もうやめよう。手は出さないでくれと言ったはずだ。」と言って，乙の手を引いてV方から外へ連れ出した上，乙か

ら同ナイフを取り上げて立ち去った。
5　その直後，乙は，再びＶ方内に入り，恐怖のあまり身動きできないでいるＶの目の前で，その場にあったＶ所有の財布から現金10万円を抜き取って立ち去った。

Ⅰ. 基礎編

▶**基礎的事項のチェック**
1. 共謀の射程

1. 問題の捉え方

　甲は、無登録貸金業者の乙から1000万円の借入れをしたまま、全く返済をしていなかったところ、乙から返済を迫られたため、Ｖから預かった500万円を、Ｖに無断で定期預金を払い戻して乙への返済に流用しようと考え、Ａ銀行Ｂ支店に行き、同支店窓口係員のＣに対し、「定期預金を解約したい。届出印は持っているものの、肝心の証書を紛失してしまった。」などとうその話をして、同定期預金の払戻しを申し入れた。Ｃは、甲の話を信用し、甲の申入れに応じて、Ａ銀行の定期預金規定に従って甲の本人確認手続をした後、定期預金証書の再発行手続を経て、同定期預金の解約手続を行い、甲に対し、払戻金である現金500万円を交付した。まず、この甲の行為について詐欺罪が成立しないかということが問題になる。

　次に、甲は、その足で乙のところへ行き、受け取った現金500万円を乙に直接手渡して、自らの借入金の返済に充てた。この甲による500万円の乙への交付について、業務上横領罪が成立しないかということが問題になる。

　その後、Ｖから甲に預けていた500万円の返却を求められたため、甲は、乙と連絡を取り、甲がＶから預かった現金500万円をＶに無断で乙への返済金に流用したことを打ち明けた。その際、乙が、甲に対し、甲と乙の2人でＶ方に押し掛け、Ｖを刃物で脅して、「甲とＶの間には一切の債権債務関係はない」という内容の念書をＶに無理矢理作成させて債権放棄させることを提案したところ、甲は、「わかった。ただし、あくまで脅すだけだ。絶対に手は

出さないでくれ。」と言って了承した。甲と乙は、Ｖ方を訪れ、あらかじめ甲が用意したサバイバルナイフを各々手に持ってＶの目の前に示しながら、甲が、Ｖに対し、「投資話を反故にした違約金として500万円を出してもらう。流用した500万円はそれでちゃらだ。今すぐここで念書を書け。」と言ったが、Ｖは、念書の作成を拒絶した。乙は、Ｖの態度に立腹し、念書に加え現金も取ろうと考え、Ｖに対し、「さっさと書け。面倒かけやがって。迷惑料として俺たちに10万円払え。」と言って、Ｖの胸倉をつかんでＶの喉元にサバイバルナイフの刃先を突き付けた。Ｖは、このまま甲らの要求に応じなければ本当に刺し殺されてしまうのではないかとの恐怖を感じ、甲らの要求どおり、「甲とＶの間には一切の債権債務関係はない」という内容の念書を作成して、これを甲に手渡した。この点について、甲及び乙に強盗利得罪が成立しないかということが問題になる。

　その後、甲がＶ方から立ち去ろうとしたところ、乙は、甲に対し、「ちょっと待て。迷惑料の10万円も払わせよう。」と持ち掛けたが、甲は、乙に対し、「念書が取れたんだからいいだろ。もうやめよう。手は出さないでくれと言ったはずだ。」と言って、乙の手を引いてＶ方から外へ連れ出した上、乙から同ナイフを取り上げて立ち去ったが、その直後、乙は、再びＶ方内に入り、恐怖のあまり身動きできないでいるＶの目の前で、その場にあったＶ所有の財布から現金10万円を抜き取って立ち去っている。この点について、乙に強盗罪が成立しないかということが問題になり、さらに甲と乙は念書を取ることだけを共謀しており、10万円については乙がＶを脅す現場で言い出したことであるので、10万円について共謀が成立しているのか、すなわち乙が10万円を奪ったことが念書を取ることについての共謀の範囲内にあるのかという共謀の射程が問題になる。また共謀が成立しているとすれば、そのまま乙と共犯の責任を負うのか、それとも、乙が10万円を奪おうとした際に、これを止めていることから、その時点で共犯関係が解消されたものとして、共犯の責任を負わないのかということが問題になる。詐欺罪については平成25年度予備試験の解説に、業務上横領罪については平成26年度予備試験及び平成27年度予備試験の解説に、強盗罪については平成26年度予備試験の解説に及び共犯関係の解消については平成24年度予備試験の解説に、本問を解答するのに必要なことを説明してあるので、それらを参照のこと。ここでは共謀の射程について

だけ見ていこう。

2. 共謀の射程に関する基礎的事項

（1）はじめに

　共謀の射程は、共犯の過剰において問題とされてきた。すなわち共同正犯において当初の共謀を超える過剰な結果を生じさせた場合に、過剰結果を生じさせなかった者はどのような責任を負うのかということが問題になる。これは、従来、共犯の錯誤の問題として議論されてきた。しかし、例えば、昏睡強盗を計画したA男及びB子から誘われた被告人は、これに同意し、A男らとVの経営するスナックで、Vに睡眠薬入りのビールを飲ませるなどしたが、Vは、意識がもうろうとし始めたものの、眠り込むまでには至らなかったため、Vが眠り込むのを待ち切れなかったAが、Vに暴行を加えて気絶させた上、金品を奪取しようと考え、Vに暴行を加え、傷害を負わせるとともに気絶させ、A男及びB子が、Vのバッグの中から現金約10万円及びネックレスなどを奪い、被告人も、A男が金品強取の意図で暴行を加えていることを認識しながら、B子に促されて、カウンターの上に置いてあったコンパクトディスク十数枚と、引出しの中にあった現金数千円を奪ったという事案について、東京地判平成7年10月9日判時1598号155頁は、共犯の錯誤の問題として処理しなかった（結論的には承継的共同正犯の理論により、被告人に強盗罪の成立を認めた）。

○東京地判平成7年10月9日判時1598号155頁

　　……被告人とA男らとの間には昏酔強盗の共謀が事前に成立し、その実行行為にも着手していたと認められるものの、昏酔強盗とは手段方法が質的に異なっている暴行脅迫を手段とする強盗についての共謀が認められないのであれば、右暴行によって生じた致傷の結果について直ちに被告人に責任を負わせることはできない。

　　……被告人にはA男らとの間で暴行脅迫を手段とする強盗の共謀が成立したとは認められないので、右共謀の存在を前提として強盗致傷罪の責任を負わせることはできない。

この事案を共犯の錯誤として理解し、判例通説の法定的符合説によれば、当初の共謀は昏睡強盗であり、発生した結果は強盗であるので、両者は相手の反抗を抑圧するための手段に違いがあるだけで、反抗を抑圧して財物を奪う点では符合するとして客観的に発生した強盗罪による強盗致傷罪の責任を負わせることが可能なはずである。しかし、東京地判平成7年10月9日は昏睡強盗罪と強盗罪の符合を問題にすることなく、昏睡強盗とは手段方法が質的に異なる強盗の共謀が成立していないとして、強盗致傷罪の責任を負わせなかったのである。昏睡強盗の共謀に強盗の共謀が含まれないとすれば、強盗の共謀が成立していないので、強盗についての責任を負わせることができず、したがって強盗致傷罪の責任を負わせることができないのは当然である。この当初の昏睡強盗の共謀に強盗が含まれているかどうかという問題が共謀の射程の問題である。

　したがって、共犯の過剰の問題は、今日では、まず、客観的に発生した事実が当初の共謀の範囲に含まれるかという共謀の射程を検討し、共謀の射程の範囲に含まれると判断された場合に、共犯の錯誤として処理するという二段構造になる。

(2) 共謀の射程

　共謀の射程の問題は、客観的に発生した事実が当初の共謀の範囲内にあるかどうかという問題であるが、その範囲内かどうかということの基準が問題になる。判例からはその基準は必ずしも明確であるとは言えないが、東京高判昭和60年9月30日判タ620号214頁が参考になるであろう。

　東京高判昭和60年9月30日は、「2名以上の者が犯罪につき謀議を遂げる場合、その過程でさまざまな意見が述べられるのは当然のことであって、重要なのは、関与者の最終的な合意内容として、どれだけのものが取り込まれたかということである。」として、謀議の内容などについて詳細な事実認定をして、最終的な合意内容を確定させている。また、その認定の際に、過剰行為へと至る可能性の考慮について、「現実に存在せず、被告人らも認識していなかったような仮定の状況を謀議の内容に持ち込むのは相当ではない。」として、客観的に存在する状況と被告人らのその認識から認定している。前述の東京地判平成7年10月9日も、当初の昏睡強盗の謀議を認定し、ほぼ同様の判断をしていると考えられる。これらの判例によれば、問題に示されている謀議の内容と

実際に発生した事実を見て、現実に過剰行為へと発展する可能性のある事実が存在したかどうかということ、及びそれを過剰行為を行わなかった者が認識していたかどうかということを検討しつつ、最終的な合意内容に、過剰行為も含んでいたと言えるかどうかということを判断することになると思われる。

Ⅱ. 応用編

1. 詐欺罪について

　甲は、A銀行B支店に行き、同支店窓口係員のCに対し、「定期預金を解約したい。届出印は持っているものの、肝心の証書を紛失してしまった。」などとうその話をして、同定期預金の払戻しを申し入れ、甲の話を信用したCは、甲の申入れに応じて、A銀行の定期預金規定に従って甲の本人確認手続をした後、定期預金証書の再発行手続を経て、同定期預金の解約手続を行い、甲に対し、払戻金である現金500万円を交付したので、甲に詐欺罪が成立しないかということが問題になる。

　甲はA銀行B支店の職員であるCに対し、真実は、Vとの約定により、Vが定期預金証書を所持しているのに、証書を紛失した旨の虚偽の事実を述べてCを欺いている。定期預金口座の名義人が解約を依頼し、その際届出印を持っていて、証書を紛失したと言えば、銀行の職員においては証書の再発行手続を行って、定期預金を解約するのもやむをえないと考えられるので、甲が述べた虚偽の事実は、証書を再発行して定期預金の払い戻しに応じるかどうかを判断するための基礎となる重要な事項であると言える。また、Cは、甲の話を信じて錯誤に陥り、その結果A銀行の定期預金規定に従って甲の本人確認手続をした後、定期預金証書の再発行手続を経て、同定期預金の解約手続を行い、甲に対し、払戻金である現金500万円を交付し、甲がこれを受領したので、甲に詐欺罪が成立する。

2. 業務上横領罪について

　甲は、Cから現金500万円を受け取った足で乙のところへ行き、500万円を

乙に直接手渡して、自らの借入金の返済に充てた。甲は、投資会社設立に向けて、具体的な準備を進めていく者という社会生活上の地位に基づいて、同会社設立後の事業資金をあらかじめ募って確保しておくことを目的にVから500万円を預かるという反復継続して行われる事務のうち、Vから委託を受けてVの500万円を占有、保管することを内容とする事務を行っている。そこで、甲は業務上の500万円の保管者と言え、本問では業務上横領罪が成立しないかということが問題になる。

　まず、甲が、Vから預かった500万円の占有者であると言えるのかということが問題になる。横領罪における物の占有は、事実上の占有だけでなく、法律上の占有も含まれる。他人から預かった金銭を、自己の預金口座に入金した場合でも、預金通帳及び印鑑を持っていれば、預金口座の管理者と考えることができ、また、預金債権相当額の払い戻しを受けることができることから、預金通帳及び印鑑の所持者は、当該預金口座内の預金を、法律上占有していると言える（大判大正元年10月8日刑録18輯1231頁）。しかし、本問の甲の場合には、Vとの約定により、届出印は甲が保管していたが、定期預金証書はVが保管していた。したがって、甲がVから預かった500万円について占有していたと言えるのかということが問題になる。この点、甲が、「届出印は持っているものの、肝心の証書を紛失してしまった。」といううその申出により、A銀行の定期預金規定に従って甲の本人確認手続をした後、定期預金証書の再発行手続を経て、同定期預金の解約手続を行うことができたとのことであることから、A銀行においては、届出印を所持していただけでも定期預金口座の預金債権相当額を法律上占有していたと考えることができるであろう。したがって、甲は、Vから預かった500万円の占有者と言える。

　横領とは、不法領得の意思を実現する一切の行為を言い、不法領得の意思とは、他人の物の占有者が委託の任務に背いて、その物につき権限がないのに所有者でなければできないような処分をする意思を言うが、Vから投資の前渡金として500万円を預かった甲が、その投資の前渡金を預かるという任務に背いて、500万円につき、権限がないのに、乙への借金の返済という、500万円の所有者Vでなければできないような処分をする意思を実現したことから、甲には業務上横領罪が成立する。

3.V による 500 万円の債権の放棄について

　甲は、V から 1 週間以内に 500 万円を全額返すよう念押しされたことから、乙と連絡を取り、甲が V から預かった現金 500 万円を V に無断で乙への返済金に流用したことを打ち明けたところ、乙が、甲に対し、2 人で V 方に押し掛け、V を刃物で脅して、「甲と V の間には一切の債権債務関係はない」という内容の念書を V に無理矢理作成させて債権放棄させることを提案したので、甲はそれに了承した。そして、甲と乙は、V 方を訪れ、あらかじめ甲が用意したサバイバルナイフを各々手に持って V の目の前に示しながら、甲が、V に対し、債権放棄をするという念書を書くよう迫ったが、V は、これを拒絶したため、乙が V の態度に立腹し、念書に加え現金も取ろうと考え、V に対し、念書を書くよう迫るとともに、10 万円も要求し、V の胸倉をつかんで V の喉元にサバイバルナイフの刃先を突き付けた。V は、このまま甲らの要求に応じなければ本当に刺し殺されてしまうのではないかとの恐怖を感じ、甲らの要求どおり、「甲と V の間には一切の債権債務関係はない」という内容の念書を作成して、これを甲に手渡している。甲及び乙に強盗罪が成立しないかということが問題になる。

　乙が、2 人で V 方に押し掛け、V を刃物で脅して、「甲と V の間には一切の債権債務関係はない」という内容の念書を V に無理矢理作成させて債権放棄させることを提案したのに対して、甲は、「わかった。ただし、あくまで脅すだけだ。絶対に手は出さないでくれ。」と言って了承したので、甲と乙の間で、V を刃物で脅して債権放棄させるということについての共謀が成立している。そして、甲が用意したサバイバルナイフで各々手に持って V の目の前に示しながら、甲が、V に対し、「投資話を反故にした違約金として 500 万円を出してもらう。流用した 500 万円はそれでちゃらだ。今すぐここで念書を書け。」と言っている。問題文からは甲及び乙が使用したサバイバルナイフの形状、大きさなどが明らかではないが、サバイバルナイフは、それなりの大きさがあり（刃長 10 センチを超えるものが多い）また先が尖っているため、かなりの殺傷力が認められるので、これを突きつけられて脅されれば、一般的に反抗を抑圧されると考えられる（実際に V が反抗を抑圧される必要はない）。そうすると、甲及び乙がサバイバルナイフを突きつけた行為自体が反抗を抑圧する程度の脅迫と言え、

また甲及び乙のうちのいずれもが強盗の実行行為である反抗を抑圧する程度の脅迫を行っていることから、共同実行の事実も認められるので、甲及び乙は実行共同正犯になる。

他方で、まだ、サバイバルナイフをVの目の前に示しただけでは、反抗を抑圧する程度とは言えないとも考えられる。その場合には、乙が、Vに対し、「さっさと書け。面倒かけやがって。迷惑料として俺たちに10万円払え。」と言って、Vの胸倉をつかんでVの喉元にサバイバルナイフの刃先を突き付けた時に、強盗の実行の着手が認められることになるので、乙が実行正犯になり、甲と乙の間での強盗の共謀、乙による実行、甲が自分のために行おうとしたことから甲に正犯意思も認められるので、甲は共謀共同正犯になる。

Vは、念書の作成をいったんは拒絶したが、乙がVの胸倉をつかんでVの喉元にサバイバルナイフの刃先を突き付けたため、Vは、このまま甲らの要求に応じなければ本当に刺し殺されてしまうのではないかとの恐怖を感じ、甲らの要求どおり、「甲とVの間には一切の債権債務関係はない」という内容の念書を作成して、これを甲に手渡した。この場合、念書という財物を得たとして1項強盗罪が成立すると考えることもできるが、この念書は、Vをして債務免除させ、その後Vが500万円を請求することができなくするための手段にすぎず、実質的には、Vによる債務免除がなされ、事実上500万円の請求をVができなくなったととらえる方が自然であろう。したがって、甲が財産上の利益をサバイバルナイフを用いて脅迫するという不法の手段により得たと考えられ、2項強盗罪が成立すると考えるべきであろう。

4. 乙による10万円の奪取について

(1) 乙について

Vが念書を甲に手渡した後、甲がV方から立ち去ろうとしたところ、乙は、甲に対し、「ちょっと待て。迷惑料の10万円も払わせよう。」と持ち掛けた。甲は、乙に対し、「念書が取れたんだからいいだろ。もうやめよう。手は出さないでくれと言ったはずだ。」と言って、乙の手を引いてV方から外へ連れ出した上、乙が所持していたサバイバルナイフを取り上げて立ち去った。しかし、その直後、乙は、再びV方内に入り、恐怖のあまり身動きできないでいるV

の目の前で、その場にあった V 所有の財布から現金 10 万円を抜き取って立ち去っている。この場合に、乙がどのような責任を負うのかということが問題になる。

　甲が乙を V 宅から連れ出した時点で、念書を取った点についての強盗が終了したと考えれば、乙は、再び V 宅に戻って 10 万円を財布から抜き取る際に暴行脅迫を一切加えていないので、強盗罪の構成要件には該当せず、V の意思に反して 10 万円を奪ったとして窃盗罪が成立するとも考えられる。しかし、乙は V を脅迫する際に念書と共に 10 万円も要求していること、甲にいったん V 宅から連れ出されてすぐに V 方内に入っていること、V が反抗抑圧状態になったのは乙自身にも原因があること及び乙自身もそのことを認識した上で 10 万円を抜き取っていることを考えると、まだ、念書についての強盗の機会の範囲内にあると考えられる。そうすると、10 万円についても乙に 1 項強盗罪が成立することになる。念書及び 10 万円についての各強盗は同一機会に同一の脅迫に基づき、同一の被害者から奪ったと言えるため、念書について 1 項強盗罪が成立すると考えれば、それら全体について 1 項強盗罪になり、念書について 2 項強盗罪が成立すると考えれば、これと 10 万円についての 1 項強盗罪が成立し、それら全体を包括して 236 条の強盗罪が成立すると考えることになるであろう。これら 2 つの強盗罪を併合罪とすることも可能であるが、乙は 10 万円を奪う段階で暴行又は脅迫を行っておらず、念書を取ったときの脅迫に基づいて 10 万円を奪ったとして 1 項強盗罪にしていることからすると、完全に 2 つの別個の犯罪として評価することは妥当ではないと思われる。仮に併合罪とするのであれば、甲が乙を連れ出した時点で強盗罪は完全に終了し、10 万円については別個の犯罪として窃盗罪を認めるべきであろう。

(2) 甲について

　乙に 10 万円についての 1 項強盗罪又は窃盗罪が成立するとして、甲は、それについての責任を負うであろうか。まず、甲と乙の間でなされた念書を取ることについての共謀に、乙が 10 万円を奪ったことについての共謀も含まれるのかという点についてであるが、念書を取ることは、乙の提案であるが、その時には 10 万円を V に払わせることまでの提案はなされていない。また、念書を奪うことから 10 万円を奪うことに発展するような具体的な事情は存在して

いないし、甲自身もそのことを予期してはいなかった。したがって、念書を取るという最終的な合意に、10万円を奪うことも含むと解することはできない。ただ、Vが念書を甲に手渡した後、甲がV方から立ち去ろうとしたところ、乙は、甲に対し、「ちょっと待て。迷惑料の10万円も払わせよう。」と持ち掛けていることから、その時点で新たな共謀がなされたと理解することはできないであろうか。この点、甲は、乙に対し、「念書が取れたんだからいいだろ。もうやめよう。手は出さないでくれと言ったはずだ。」と言って、乙の手を引いてV方から外へ連れ出した上、乙が所持していたサバイバルナイフを取り上げていることから、10万円を奪うことについては、否定的な態度を示していると考えられ、10万円を奪うという新たな共謀は成立していないと解される。したがって、甲は、10万円についての1項強盗罪の責任を負わないことになる。

　他方で、500万円の返還請求権を放棄させようとする際に、それとともに金銭を奪うという可能性も否定できない。そうすると、念書を取るという共謀と乙による10万円の奪取は、因果性を持つと考えられ、念書を取るという共謀の範囲内に含まれると理解することもできなくはない。その際、乙が念書及び10万円を奪ったこと全体について強盗罪の責任を負うとすれば、すでに強盗の実行に着手したと認められるため、まず甲に10万円についての中止犯が成立しないかということが検討されることになるが、乙が10万円を奪い、強盗の結果が発生したため、中止犯の規定を適用できない。しかし、甲は乙に10万円を奪うことについては中止するように言い、乙からサバイバルナイフを取り上げたうえで、V方から乙を連れ出している。そこで、甲と乙の間に共犯関係が解消したとして、甲は乙がVから10万円を奪ったことについて責任を負わないのではないかということが問題になる。

　また、仮に、乙が10万円を奪ったことについて窃盗罪が成立するとしたら、窃盗罪については実行の着手前になるので、中止犯を検討するまでもなく、共謀関係の解消が認められるかということが問題になる。

　共犯関係の解消が認められるためには、当初の共謀により生じた自己の関与の心理的物理的因果性を遮断あるいは解消したと言える場合に認められる。そこで、甲が、当初の念書を取ることについての共謀により生じた甲の関与の因果性が遮断あるいは解消したと言えるかということを検討することになる。こ

の点、甲は、乙を止めたうえ、サバイバルナイフを取り上げ、V宅から連れ出しているので、因果性を遮断したと考えることができる。他方で、乙が10万円を奪うことを甲に提案していることから、乙が10万円を奪いに行く恐れがまだ残されていたにもかかわらず、サバイバルナイフを取り上げたのみで立ち去っているので、因果性をまだ遮断しきっていないとも考えられる（せめて、いったんはV宅から離れたところまで連れ出していく必要があるであろう）。これらのうち、いずれの結論も可能であるので、いずれの結論を採るのか、理由とともに示すことになる。因果性を遮断したと考えれば、甲は、乙との共犯関係の解消が認められ、10万円についての強盗又は窃盗に対する責任を負わないことになる。他方で、因果性を遮断していないと考えれば、甲に、乙との共犯関係の解消が認められないため、10万円についての強盗に対する責任も負うことになる。この場合には10万円についても、甲は乙と強盗の共同正犯になる。

10万円について乙に窃盗罪が成立するとした場合も同様である。

以上をまとめると、以下のとおりになる。

甲にはVからの預かり金500万円についての業務上横領罪と念書についての強盗罪が成立し、両者は併合罪になる。

乙には念書及び10万円についての強盗罪が成立することになる。なお、V宅への侵入については問題点から除外されているので、検討していない。

5. 出題趣旨について

(1) 出題趣旨

法務省から公表された平成30年度予備試験の出題趣旨は以下のとおりである（http://www.moj.go.jp/content/001281223.pdf）。

> 本問は、⑴甲が、Vから投資のための前渡金として預かった現金500万円を、Vとの約定により甲名義の定期預金口座に預け入れて保管していたところ、Vに無断で前記定期預金を解約し、その払戻金を自らの借入金の返済に充てて流用したこと、⑵その後、Vから前記500万円の返還を迫られた甲が乙と共にV方を訪れ、各々手に持ったサバイバルナイフをVの目の前に示したり、乙がVの胸倉をつかんでVの喉元に同ナイフの刃先を突

き付けたりして、「甲とVの間には一切の債権債務関係はない」という内容の念書をVに無理矢理作成させたこと、(3)その際、乙がVに迷惑料として10万円の支払を要求したところ、甲は、これを制止し、乙をV方から外へ連れ出した上、同ナイフを取り上げて立ち去ったものの、その直後に乙がV方内に戻り、Vの下から現金10万円を持ち去ったことを内容とする事例について、甲及び乙の罪責に関する論述を求めるものである。

　(1)については、甲には銀行に対する正当な払戻権限があることを踏まえて、甲における現金500万円に対する横領罪の成否について、預金の占有に関する擬律判断を含め、その構成要件該当性を検討し、(2)及び(3)については、甲及び乙における念書及び現金10万円に対する強盗罪の成否について、各構成要件該当性のほか、甲・乙間における共謀に基づく共同正犯の成立範囲や共犯関係の解消の有無を検討する必要があるところ、事実を的確に分析するとともに、横領罪及び強盗罪の各構成要件、共犯者による過剰行為がなされた場合の共同正犯の成否等に関する基本的理解と具体的事例への当てはめが論理的一貫性を保って行われていることが求められる。

(2) コメント

　出題趣旨にあるように、本問は、甲については横領罪及び強盗罪の成否、乙については強盗罪の成否が問題になっている。そして、横領罪については甲にVから預かった500万円の預金について占有が認められるかどうか、強盗罪については、特に乙が10万円を奪ったことについて強盗罪が成立するかどうか及びそれについて甲は責任を負うのかどうかということを、当初の共謀に基づくと言えるかどうか、当初の共謀に基づくと言えるのであれば、甲が乙を止めたことを理由に共犯関係の解消が認められないかどうかということが問題になる。いずれも刑法学では基本的な問題点であり、また内容的にも、それらの基本的な知識及び判例や通説を理解することができていれば、十分に解答することができるものである。

6. 参考答案例

第1　500万円の引き出しについて

1　甲は、A銀行B支店の窓口係員Cに対し、定期預金証書を紛失したと虚偽の事実を述べて、500万円の払戻しを受けている。甲に詐欺罪が成立しないか。

2　詐欺罪は、「人を欺いて、財物を交付させた」場合に成立する（246条1項）。甲は口座名義人であり、届出印を持っているので、甲が証書を紛失した旨述べれば、Cが甲の話を信用したとしてもやむをえず、また、口座名義人である以上、本人確認手続も問題なく行われうるので、その後の手続も問題なく行われる。したがって、甲がCに対して述べた事実は、Cが解約手続を行うにつき、その判断の基礎となる重要な事項であると言え、甲はCを欺罔したと言える。Cは甲の話を信用して錯誤に陥り、定期預金規定にしたがって甲の本人確認手続をした後、定期預金証書の再発行手続を経て、同定期預金の解約手続を行い、甲に対し、払戻金である現金500万円を交付し、甲はこれを受領した。したがって、甲には詐欺罪が成立する。

第2　借金の返済への充当について

1　甲は、払い戻しを受けた500万円を乙に渡して、自らの借入金の返済に充てた。甲に業務上横領罪が成立しないか。

2　業務上横領罪は、「業務上自己の占有する他人の物を横領した」場合に成立する（253条）。甲は、投資会社設立に向けた準備を進める者であり、その地位に基づいて、同会社設立後の事業資金をあらかじめ確保しておくという事務の1つとして、Vから委託を受けてVの500万円を占有、保管することを内容とする事務を行っている。

　横領罪における占有は、所有権を侵害する可能性のある占有を言うので、法律上の占有も含まれる。預金については、預金通帳及び印鑑の所持者は預金口座の管理者と考えられるので、これらの所持者は当該預金口座内の預金を法律上占有していると言える。しかし、甲が保管していたのは届出印のみで、定期預金証書を保管していたのはVなので、甲は同定期預金口座内の預金の占有者とは言えないとも思われる。この点、A銀行には定期預金規定があり、それにしたがって甲の本人確認手続をした後、定期預金証書を再発行できるので、A銀行においては、口座の名義人が届出印を所持していただけ

でも定期預金口座内の預金を法律上占有していたと言える。したがって、甲は、同定期口座内の預金の業務上の占有者である。

横領とは、不法領得の意思を実現する一切の行為を言い、不法領得の意思とは、他人の物の占有者が委託の任務に背いて、その物につき権限がないのに所有者でなければできないような処分をする意思を言う。甲は、Vから受け取った投資の前渡金を預かるという任務に背いて、500万円につき、権限がないのに、乙への借金の返済という、所有者Vでなければできないような処分をする意思を実現したと言える。

以上より、甲に業務上横領罪が成立する。

第3 Vによる500万円の債権の放棄について

1 甲及び乙が「甲とVの間には一切の債権債務関係はない」という念書を作成させ、実質的にVによる500万円の債権の行使を不可能にしたので、2項強盗罪が成立しないか。

2 Vを刃物で脅して、「甲とVの間には一切の債権債務関係はない」という内容の念書をVに作成させて債権放棄させるという乙の提案を、甲は了承したので、甲と乙は、Vを刃物で脅して債権放棄させてその念書を取るということを共謀したと言える。そして、甲が念書を書くように迫る際、甲及び乙は各々サバイバルナイフを手に持ってVに示している。サバイバルナイフは、それなりの大きさであり、また先が尖っていて、かなりの殺傷力が認められるので、これを突きつけて脅すことは、一般的に反抗を抑圧する程度と言える。そうすると、サバイバルナイフを突きつけた行為自体が反抗を抑圧する程度の脅迫と言え、甲及び乙の両者が反抗を抑圧する程度の脅迫を行っているので、共同実行の事実も認められる。したがって甲及び乙は実行共同正犯になる。

3 Vは、念書の作成をいったんは拒絶したが、さらに乙がVの胸倉をつかんでVの喉元にサバイバルナイフの刃先を突き付けて脅したため、Vは恐怖を感じ、念書を作成して、甲に手渡した。これによりVによる債務免除がなされ、甲が500万円の債務の免除という財産上の利益を得たと言える。

以上より甲及び乙は2項強盗罪の共同正犯になる。

第4 乙による10万円の奪取について

(1) 乙について

1 乙は、その後、恐怖のあまり身動きできないでいるVの目の前で、その場にあったV所有の財布から現金10万円を抜き取って立ち去った。乙に1

項強盗罪が成立しないか。

2 甲が乙をV宅から連れ出した時点で、債権放棄についての2項強盗が終了したとも考えられる。しかし、乙はVを脅迫する際に念書と共に10万円も要求していること、甲にV宅から連れ出された直後にV方内に入って10万円を奪っていること、Vが反抗抑圧状態になったのは乙自身にも原因があること及び乙自身もそのことを認識していたことから、まだ、債権放棄についての2項強盗の機会が継続していたと言える。したがって、10万円についても乙に1項強盗罪が成立する。

(2) 甲について

1 甲は、乙による10万円についての1項強盗の責任も負うか。念書を取ることについて乙が提案した時には10万円をVに払わせるという提案はなされていないこと、念書を奪うことから10万円を奪うことに発展するような事情が存在しないこと及び甲自身もそのことを予期してはいなかったことから、念書を取るという合意に、10万円を奪うことも含むと解することはできない。したがって、10万円を奪うことは、債権放棄についての共謀の射程には含まれない。

2 ただ、甲がV方から立ち去ろうとしたときに、乙が、甲に、迷惑料の10万円も払わせることを持ち掛けているので、新たな共謀が認められないか。この点、甲は、乙に対し、「念書が取れたんだからいいだろ。もうやめよう。手は出さないでくれと言ったはずだ。」と言って、乙の手を引いてV方から外へ連れ出した上、乙が所持していたサバイバルナイフを取り上げたことから、10万円を奪うことについて否定的な態度を示していると言える。したがって10万円を奪うことについての新たな共謀は認められない。

3 以上より、甲は、10万円についての1項強盗罪の責任を負わない。

第5 罪数

　以上より、甲には500万円の払戻しについての詐欺罪、Vから預かった500万円についての業務上横領罪及び500万円の債権を放棄させたことについての2項強盗罪が成立し、これらは併合罪になる（45条）。

　乙には500万円の債権を放棄させたことについての2項強盗罪及び10万円についての1項強盗罪が成立し、全体で1個の強盗罪になる。

以上

　本問では、甲及び乙が、500 万円の支払いを免れるために念書を奪う目的で、サバイバルナイフで脅した場合であるが、例えば、甲及び乙が、今後預かり金の返還を請求できないようにするため、V をサバイバルナイフで刺して殺害したり、サバイバルナイフではなく金属製の棒で頭部を殴るなどして気絶させ、その場の支払いを免れ、甲及び乙が V 宅から出た後、乙に 10 万円を奪う意思が生じ、再び V 宅に戻って 10 万円を V の財布から抜き取るという事例も考えられる。このように、反抗抑圧後に財物奪取の意思が生じた場合に、どのような責任を負うのかということが問題になる。上記の事例は、当初の暴行が強盗と評価しうるものであるが、特に問題になるのが、強盗以外の目的で暴行脅迫を加えたところ、相手方が反抗抑圧状態になったのを見て、財物奪取の意思が生じ、相手方の反抗抑圧状態を利用して財物を奪った場合である。この場合、どのような反抗抑圧状態が生じたかということにより、区別される。以下では、生じた反抗抑圧状態に応じて、区別して見ていこう。

（1）被害者が反抗抑圧状態になったが、意識があった場合

　まず、財物を奪うこと以外の目的で暴行脅迫を加えたところ、被害者が反抗抑圧状態になったが、特に気絶したり、殺されたりせず、被害者に意識があった場合が考えられる。この場合には財物奪取を目的とする新たな暴行脅迫が必要であるとされている。

○高松高判昭和 34 年 2 月 11 日高刑集 12 巻 1 号 18 頁

　……元来強盗罪は相手方の反抗を抑圧するに足る暴行若くは脅迫を手段として財物を奪取することによって成立する罪であるから、暴行脅迫後に初めて盗罪犯意を生じた場合その所為が強盗罪となるためには、犯人のその後の言動が暴行若くは脅迫を用いたものと評価される場合又は暴行脅迫を手段としたのと同視すべき場合でなければならない。

○東京高判昭和 48 年 3 月 26 日高刑集 26 巻 1 号 85 頁

　……強盗罪は相手方の反抗を抑圧するに足りる暴行または脅迫を手段と

して財物を奪取することによって成立する犯罪であるから、その暴行または脅迫は財物奪取の目的をもってなされるものでなければならない。それゆえ、当初は財物奪取の意思がなく他の目的で暴行または脅迫を加えた後に至って初めて奪取の意思を生じて財物を取得した場合においては、犯人がその意思を生じた後に改めて被害者の抗拒を不能ならしめる暴行ないし脅迫に値する行為が存在してはじめて強盗罪の成立があるものと解すべきである。

　他方で、強制わいせつや強姦（現行法の強制性交等）後の財物奪取の場合には、新たな暴行脅迫を不要としている。

○東京高判昭和 37 年 8 月 30 日高刑集 15 巻 6 号 488 頁

　　……強姦の目的で婦女に暴行を加えたものがその現場において相手方が畏怖に基いて提供した金員を受領する行為は、自己が作為した相手方の畏怖状態を利用して他人の物につき、その所持を取得するものであるから、ひっきょう暴行又は脅迫を用いて財物を強取するに均しく、その行為は強盗罪に該当する……。

　大阪高判昭和 61 年 10 月 7 日判時 1217 号 143 頁も、強制わいせつ行為後に被害者が金員を提供した段階において、被告人がこれを奇貨として金員取得の犯意を生じ、自己の先行行為による被害者の畏怖状態を利用して金員を奪ったことについて強盗罪を認めている（これらの他、大阪高判昭和 47 年 8 月 4 日日高刑集 25 巻 3 号 368 頁、東京高判昭和 47 年 8 月 24 日東高刑時報 23 巻 8 号 165 頁も参照）。なお、東京高判昭和 57 年 8 月 6 日判時 1083 号 150 頁も不要説に立っていると解されているが、被害者の反抗を抑圧した後も、被告人が「金はどこにある」という脅迫とも評価することができる言辞を行い、被害者にその所在を告げさせたりしているということも認定されていることから、新たな脅迫を必要とする見解でも強盗罪を認めることが可能であったという点に注意を要する。

○東京高判昭和 57 年 8 月 6 日判時 1083 号 150 頁

……強姦罪と強盗罪とは、目的、法益の点においては違いがあるものの、暴行、脅迫を手段として被害者の意思を制圧し、その意思に処分を委ねられた法益である貞操又は金品を奪うという点においては共通しており、犯罪構成要件の重要な部分である暴行、脅迫の点で重なり合いがあるのであるから、強姦の犯意で暴行、脅迫に及んで抗拒不能とした後、強盗の犯意に変り、それまでの暴行、脅迫の結果を利用して金品奪取の目的を遂げた場合には、右の暴行、脅迫をそのまま強盗の手段である暴行、脅迫と解してさしつかえがなく、したがって、たとい強盗の犯意に基づく新たな暴行、脅迫を加えていないときでも、強盗罪の成立を肯定するのが相当であって、暴行、脅迫を行った際の具体的な犯意が異るからといって強盗の故意がなかったとして強盗罪の成立を否定するのは相当でない。

また、最判昭和 24 年 12 月 24 日刑集 3 巻 12 号 2114 頁も、被害女性を強姦し終った後強盗の犯意を生じ同女からその所持金を強奪したという事案について、「被告人の本件所為は強姦罪と強盗罪との併合罪をもって処断すべき」としているが、姦淫した際に被害女性が畏怖しているのに乗じて「金をもっているか、其の金を寄越せ」などと言ったので、新たな暴行脅迫を認定しうる事案であった。

以上より、他の犯罪の目的で暴行脅迫を加えたのち、被害者の反抗が抑圧された状態になったのを見て財物奪取の意思が生じ、財物を奪った場合に、財物奪取行為を強盗罪と評価するためには、原則として、財物奪取時に新たな暴行脅迫（それ自体が反抗を抑圧する程度である必要はない）が必要であるが、先行する犯罪が強制わいせつ・強制性交等の場合には、新たな暴行脅迫がなくても、強盗罪を認めるのが判例であると評価できる。東京高判昭和 57 年 8 月 6 日判時 1083 号 150 頁が指摘するように、強制わいせつ罪や強制性交等罪における暴行脅迫は、反抗を著しく困難ならしめる程度とされており、強盗罪の暴行脅迫と共通すると言えるため、財物奪取時に新たな暴行脅迫は不要とされることになる。

（2）被害者を反抗抑圧状態にする手段として緊縛した場合

　次に、反抗抑圧状態を作り出す手段として、被害者を縛り上げるという手段も考えられる。財物を奪う目的で被害者を縛り上げるといういわゆる緊縛強盗の場合には強盗罪が認められることに問題はないが、他の犯罪の目的で被害者を縛り上げ、その後に財物奪取の意思が生じ、その状態を利用して財物を奪った場合はどうであろうか。この点、東京高判平成 20 年 3 月 19 日高刑集 61 巻 1 号 1 頁は、「強制わいせつの目的による暴行・脅迫が終了した後に、新たに財物取得の意思を生じ、前記暴行・脅迫により反抗が抑圧されている状態に乗じて財物を取得した場合に於いて、強盗罪が成立するには、新たな暴行・脅迫と評価できる行為が必要であると解される」としつつ、「被害者が緊縛された状態にあり、実質的には暴行・脅迫が継続していると認められる場合には、暴行・脅迫がなくとも、これに乗じて財物を取得すれば、強盗罪が成立すると解すべきである。」としている。その理由は、緊縛状態を利用した場合に強盗罪にならないとすることによる不均衡にあるとされている。

○東京高判平成 20 年 3 月 19 日高刑集 61 巻 1 号 1 頁

　……緊縛された状態にある被害者は一切の抵抗ができず、被告人のなすがままにまかせるほかないのであって、被告人の目的が最初は強制わいせつであったが、その後財物取得の意思が生じて財物を取得しても、なすすべが全くない状態に変わりはないのに、その行為が窃盗に過ぎないというのは、不当な結論であるといわなければならない。例えば、緊縛状態がなく、強制わいせつ目的による当初の暴行・脅迫により反抗を抑圧された被害者に被告人が『これを寄越せ』とか『貰っておく』と言って財物をとった場合に、その言動が新たな脅迫に当たるとして強盗罪が成立するのであれば、緊縛され問答無用の状態にある被害者から財物を取った場合に強盗罪でないというのは、到底納得できるところではない。

　前述の高裁判例とは異なり、強制わいせつ目的で暴行脅迫を加えたのちに、財物奪取の意思が生じたときでも、新たな暴行脅迫と評価される行為が必要であるとしている点には疑問もあるが、緊縛状態を利用した財物奪取についても強盗罪を認めている。この東京高裁の考え方によれば、強制わいせつ目的でな

く、緊縛が他の目的、例えば監禁目的で行われたときでも強盗罪になると考えられるであろう。

（3）被害者を気絶させた場合

　さらに、喧嘩などで暴行を加えた結果、被害者が気絶してしまい、その後に財物奪取の意思が生じ、気絶した状態を利用して財物を奪う場合も考えられる。この場合には、判例は強盗罪ではなく、窃盗罪を認めている（例えば、高松高判昭和34年2月11日高刑集12巻1号18頁、大阪高判昭和61年7月17日判タ624号234頁、札幌高判平成7年6月29日判時1551号142頁等）。

○札幌高判平成7年6月29日判時1551号142頁

　　……反抗不能状態の利用の意思については、暴行・脅迫により反抗不能状態を生じさせた者が、金品を取る犯意を生じて金品を取った場合には、特段の事情の認められない限り、その意思があるというべきであるが、そのような反抗不能状態の利用の意思があるにしても、失神した状態にある被害者に対しては、脅迫をすることが全く無意味というほかなく、……反抗不能の状態を継続させるために、新たな暴行・脅迫の必要があるのは、被害者が失神していない場合か、あるいは失神して意識を取り戻した場合又はその気配を感じた時である。犯意に関していえば、……被害者が失神している場合は、もともと、脅迫をすることはもちろん、新たな暴行を加えることも考え難いから、犯人の主観としては、窃盗の犯意はありえても、暴行・脅迫による強盗の犯意は考え難いというべきである。……さらに、被害者が金品を奪取されることを認識していないのであるから、被害者が失神している状態にある間に金品を取る行為は、反抗不能の状態に陥れた後に金品を取る犯意を生じて、被害者に気付かれないように金品を盗み取る窃盗、更にいえば、殺人犯が人を殺した後、犯意を生じ死者から金品を取る窃盗とさほどの差がないというべきである。

（4）被害者を殺害した場合

　最後に、暴行の攻撃力がさらに強く、被害者を殺害してしまった場合も考えられる。被害者を殺害してから財物を奪う場合は①はじめから財物を奪う目的

で相手を殺害し、財物を奪う場合、②財物を奪う目的がなくして被害者を殺害した後に、財物領得の意思が生じ、財物を奪った場合、③無関係の第三者が死者から財物を奪う場合の3つに分けて考えられるが、これらのうち、①の場合には、強盗殺人罪になり（大判大正2年10月21日刑録19輯982頁）、③の場合には、遺失物等横領罪になる（大判昭和16年11月11日刑集20巻598頁）。

　問題は②である。死者に占有を認める見解も主張されているが、占有が認められるための要件が占有の事実及び占有の意思であることにかんがみると、死者には原則として占有が認められないと考えるべきであろう。死者に占有を認めないのが通説である。死者に占有を認める見解であれば、窃盗罪を認めることができるが、死者に占有を認めないとする通説によれば、遺失物等横領罪になると考えられる。しかし、被害者を殺害して被害者の財物の占有を離脱させる行為を自ら行っておきながら、形式的に被害者が死亡したということを理由に、遺失物等横領罪にしかならないという結論は妥当であろうか。暴行の程度が弱く、例えば被害者が死なずに気絶しただけであれば、被害者に占有が認められるため、窃盗罪が成立するのに、暴行の程度が強く、被害者が死亡すれば、遺失物等横領罪にしかならないというのは結論的にバランスが取れないのではないだろうか。そこで、被害者を殺害した後に財物奪取の意思が生じ、被害者の財物を奪った場合に窃盗罪を認めるべきであるという考え方が出てくる。判例は窃盗罪を認める（最判昭和41年4月8日刑集20巻4号207頁）。

○最判昭和 41 年 4 月 8 日刑集 20 巻 4 号 207 頁

　……被告人は、当初から財物を領得する意思は有していなかったが、野外において、人を殺害した後、領得の意思を生じ、右犯行直後、その現場において、被害者が身につけていた時計を奪取したのであって、このような場合には、被害者が生前有していた財物の所持はその死亡直後においてもなお継続して保護するのが法の目的にかなうものというべきである。そうすると、被害者からその財物の占有を離脱させた自己の行為を利用して右財物を奪取した一連の被告人の行為は、これを全体的に考察して、他人の財物に対する所持を侵害したものというべきであるから、右奪取行為は、占有離脱物横領ではなく、窃盗罪を構成するものと解するのが相当である。

この判決によれば、最高裁は死者の占有を認めないことを前提に、財物を奪うときに被害者の死亡により認められない財物の占有について、死亡直後においては、占有を喪失させた先行する殺害行為と財物を奪う行為を全体的に考察して占有侵害を認めている。このように考えるのであれば、さらに進んで、被害者を殺害することにより生じた反抗抑圧状態を利用して財物を奪ったと考えることができ、殺害後の財物奪取を強盗罪とするべきではないかという考えも生じるであろう。しかし、強盗罪は、反抗を抑圧する程度の暴行脅迫が財物を奪う目的でなされ、その結果財物を奪ったことが必要であるが、この強盗罪の基本構造を崩してまで、強盗罪を認めるのは妥当なのかという疑問が生じる。最判昭和41年4月8日も強盗罪までは認めていない。なお、最判昭和41年4月8日の事案は、路上という殺害されると直ちに占有が失われると考えることができる場所で被害者が殺害され、その場で被害者の財物が奪われたというものである。したがって、被害者を殺害した後、被害者の財物を奪う意思が生じ、例えば被害者宅や被害者の職場のロッカー、机の抽斗内などの被害者の支配領域内から財物が奪われた場合には、占有の喪失について特別の配慮をする必要があるであろう。時間的に相当な経過が見られる場合でも被害者の占有が失われていないと考えることも可能であると思われる。

　以上のように考えると、暴行が強く、被害者が気絶したり、死亡したりすると窃盗罪になり、暴行がそれほど強くなく、被害者に意識がまだあったような場合には強盗罪が成立する場合もあるという結論には疑問が生じるであろう。しかし、この結論は、強盗罪による処罰の限界として、受け入れざるをえないであろう。

事項索引

判例索引

《著者紹介》

関根　徹　獨協大学法学部総合政策学科教授

実戦演習刑法──予備試験問題を素材にして

2020（令和2）年3月15日　初版1刷発行
2023（令和5）年6月15日　同　2刷発行

著　者　関根　徹
発行者　鯉渕　友南
発行所　株式会社　弘文堂　　101-0062 東京都千代田区神田駿河台1の7
　　　　　　　　　　　　　TEL 03(3294)4801　振替 00120-6-53909
　　　　　　　　　　　　　https://www.koubundou.co.jp

装　幀　青山　修作
印　刷　三　陽　社
製　本　井上製本所

ISBN 978-4-335-35808-1